경영학과 2단계 집필진 및 감수진

■ 윤 호 정

〈마케팅조사〉

서울대학교 경영학과 학사 · 스탠포드대학교 통계학 석사 ·
퍼듀대학교 박사 졸업(마케팅)
(현) 세종대학교 경영대학 마케팅 교수
(현) 세종어학원 원장, 세종대학교 비즈니스 A.I. 연구소 연구소장
(현) 전문경영인학회 부회장 및 사무총장, 마케팅관리학회 이사, 편집위원, 상품학회 이사
(현) 마케팅조사 5판, 마케팅원론 ABC 1판 저자, Zeithaml 서비스마케팅 옮김

■ 이 정 이

〈회계원리〉 | 〈원가관리회계〉

숭실대학교 대학원 회계학과 석사 · 박사 졸업
(현) 숭실대학교 회계학과 겸임교수
(현) 숭실대학교 학교기업스페이스 본부장
(현) 한국공학대학교 경영학부 외래교수
(현) 안산대학교 세무회계과 겸임교수
(현) 더존TV AT 자격시험 인터넷강의
(현) 한국정부회계학회 섭외이사
(현) 대한회계학회 이사
(현) 한국지식경영교육협회 교육이사
(현) 한국지식경영교육협회 회계세무경진대회 출제위원
(전) 광명세무서 국세심사위원회 위원
(전) 안산시 계약심의위원회 위원
(전) 부천시 소상공인 산학협력위원
(전) 한국방송통신대학교 프라임칼리지 재직자 기초과정 교수
(전) 한국폴리텍2대학 실업자 대상 회계실무 강사
2018 숭실대 베스트티쳐상 수상
2018 안산대 강의향상평가분야 우수상 수상

■ 전 지 원

〈마케팅원론〉

이화여자대학교 소비자학과 석 · 박사 통합과정 졸업
(현) 삼육대학교 건설관리융합기술연구소 연구교수
(전) 금융소비자연맹 책임연구원

■ 최 민 주

〈인적자원관리〉

경희대학교 사회과학대학 국제경영학부 졸업
(현) 클리프에듀 대표
(전) 노무법인 삼신 팀장
시대에듀, 주석직업전문학교, 부천일드림센터,
동명생활경영고등학교 등 강의 진행

■ 이 종 태

〈경영정보론〉

(현) 서울여자대학교 경영학과 부교수
(전) 포스코경영연구원 수석연구원 재직
(전) 서울대학교 농경제사회학부 강의
(전) KT하이텔 재직
(전) SK커뮤니케이션즈 재직
(전) 프리챌 재직

■ 정 병 태

〈조직행동론〉 | 〈인적자원관리〉

숭실대학교 경영대학원 석사 졸업
호서대학교 벤처대학원 박사 재학
(현) 금융파트너스(주) 대표
(현) 국제사이버대학교 경영학과 겸임교수
(현) 서울커뮤니케이션교육대학원 교수
(전) 숭실대학교 경영대학원 강의

▼ 정오표

※ [시대에듀] → [정오표]에서 정오사항을 확인하실 수 있습니다.

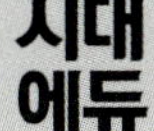

끝까지 책임진다! 시대에듀!

QR코드를 통해 도서 출간 이후 발견된 오류나 개정법령, 변경된 시험 정보, 최신기출문제, 도서 업데이트 자료 등이 있는지 확인해 보세요! **시대에듀 합격 스마트 앱**을 통해서도 알려 드리고 있으니 구글 플레이나 앱 스토어에서 다운받아 사용하세요.
또한, 파본 도서인 경우에는 구입하신 곳에서 교환해 드립니다.

편집진행 천다솜 · 심수연 | **표지디자인** 박종우 | **본문디자인** 김예슬 · 고현준

이 책의 구성과 특징 STRUCTURES

01 기출복원문제

다년간의 문제를 추린 '기출복원문제'를 풀어 보며 출제 경향을 파악해 보세요.

02 핵심이론

평가영역을 바탕으로 꼼꼼하게 정리된 '핵심이론'을 통해 꼭 알아야 하는 내용을 명확히 파악해 보세요.

03 OX로 점검하자

'핵심이론' 학습 후, 중요 내용을 'OX문제'로 한 번 더 점검해 보세요.

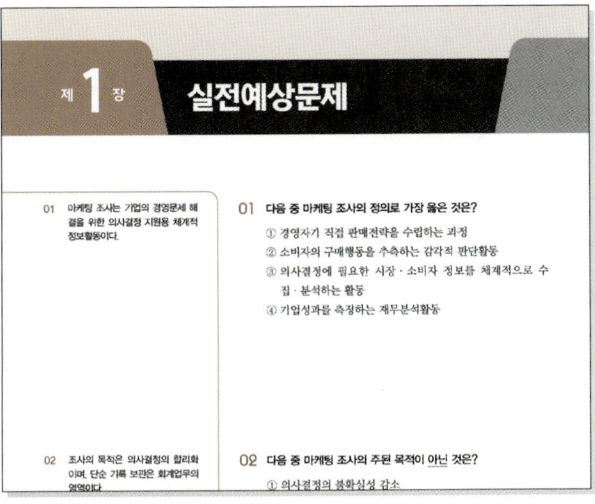

04 실전예상문제

'핵심이론'에서 공부한 내용을 바탕으로 '실전예상문제'를 풀어 보며 문제를 해결하는 능력을 길러 보세요.

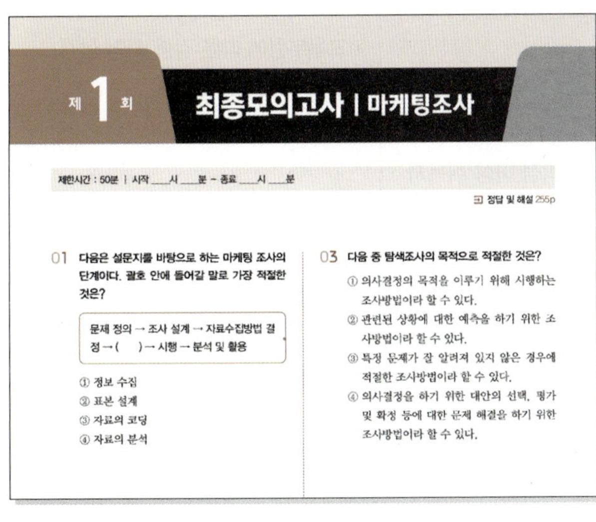

05 최종모의고사

'최종모의고사'를 실제 시험처럼 풀어 보며 실력을 점검해 보세요.

+ P / L / U / S +

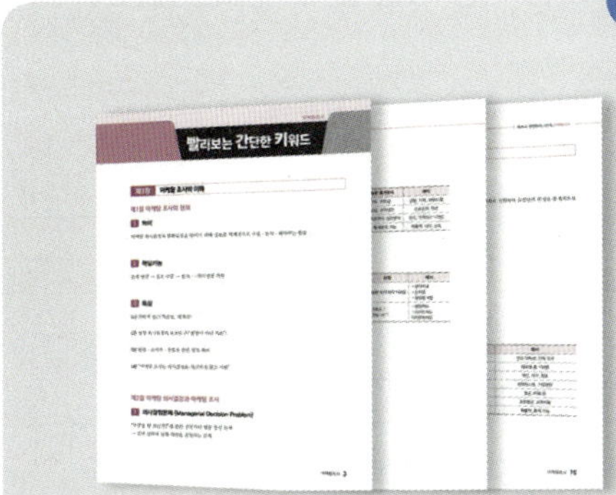

시험 직전의 완벽한 마무리!

빨리보는 간단한 키워드

'빨리보는 간단한 키워드'는 핵심요약집으로 시험 직전까지 해당 과목의 중요 핵심이론을 체크할 수 있도록 합니다.

또한, 시대에듀 홈페이지(www.sdedu.co.kr)에 접속하시면 해당 과목에 대한 핵심요약집 무료 강의도 제공하고 있으니 꼭 활용하시길 바랍니다!

독학학위제란?

「독학에 의한 학위취득에 관한 법률」에 의거하여 국가에서 시행하는 시험에 합격한 사람에게 학사 학위를 수여하는 제도

과정별 응시자격

4개의 과정(교양, 전공기초, 전공심화, 학위취득 종합시험)을 모두 거쳐 합격하면 학사 학위 취득 가능

단계	과정	응시자격	과정(과목) 시험 면제 요건
1	교양	• 고등학교 졸업 또는 동등한 학력 보유자 • 12년 이상의 정규교육을 수료한 외국학적 보유자	• 대학(교)에서 각 학년 수료 및 일정 학점 취득 • 학점은행제 일정 학점 인정 • 국가기술자격법에 따른 자격 취득 • 교육부령에 따른 각종 시험 합격 • 면제지정기관 이수 등
2	전공 기초		
3	전공 심화		
4	학위 취득	• 1~3단계 시험 합격(또는 면제)자 • 대학 3년 이상 수료 또는 105학점 이상 취득자 • 3년제 전문대 졸업 또는 동등한 자격 보유자 • 학점은행제 105학점 인정 보유자(전공 28학점 포함) • 15년 이상의 정규교육을 수료한 외국학적 보유자	없음(반드시 응시)

※ 시험 일정 : 1단계 – 2월 중 / 2단계 – 5월 중 / 3단계 – 8월 중 / 4단계 – 10월 중
※ 접수 방법 : 온라인으로만 가능
※ 일정은 변동될 수 있으며, 자세한 일정 및 제출 서류 등은 독학학위제 홈페이지(bdes.nile.or.kr) 참조

합격 기준

❶ 1~3단계 : 각 과목을 100점 만점으로 하여 전(全) 과목 60점 이상 득점(합격 여부만 결정)
  ▸ 1단계 : 5과목 합격
  ▸ 2~3단계 : 6과목 합격
❷ 4단계 : 총점 합격제 또는 과목별 합격제 선택

구분	합격 기준	유의사항
총점 합격제	• 총점(600점)의 60% 이상 득점(360점) • 과목 낙제 없음	• 6과목 모두 신규 응시 • 기존 합격 과목 불인정
과목별 합격제	• 각 과목 100점 만점으로 하여 전 과목 (교양 2, 전공 4) 60점 이상 득점	• 기존 합격 과목 재응시 불가 • 1과목이라도 60점 미만 득점하면 불합격

📌 문항 수 및 배점

❶ 1~2단계
- ▸ 일반 과목 : 객관식 총 40문항×2.5점 = 100점
- ▸ 예외 과목 : 객관식 총 25문항×4점 = 100점

❷ 3~4단계
- ▸ 일반 과목[총 28문항(100점)] : 객관식(24문항×2.5점 = 60점) + 주관식(4문항×10점 = 40점)
- ▸ 예외 과목[총 20문항(100점)] : 객관식(15문항×4점 = 60점) + 주관식(5문항×8점 = 40점)

※ 시험 범위 : 독학학위제 홈페이지(bdes.nile.or.kr) ➡ 학습정보 ➡ 과목별 평가영역에서 확인

📌 독학학위제 전공 분야 (11개 전공)

※ 간호학 : 4단계만 개설
※ 유아교육학 : 3, 4단계만 개설
※ 정보통신학 : 4단계만 2026년까지 응시 가능하며 이후 전공 폐지
※ 시대에듀는 현재 6개 전공(국어국문학, 영어영문학, 심리학, 경영학, 컴퓨터공학, 간호학) 개설 완료

📌 경영학과 2단계 시험 과목 및 시간표

교시	시간	시험 과목명
1교시	09:00~10:40(100분)	회계원리, 인적자원관리
2교시	11:10~12:50(100분)	마케팅원론, 조직행동론
중식 12:50~13:40(50분)		
3교시	14:00~15:40(100분)	경영정보론, 마케팅조사
4교시	16:10~17:50(100분)	생산운영관리, 원가관리회계

※ 시험 일정 및 세부사항은 반드시 독학학위제 홈페이지(bdes.nile.or.kr)를 통해 확인하시기 바랍니다.
※ 시대에듀에서 개설된 과목은 빨간색으로 표시했습니다.

독학학위제 출제방향 GUIDE

국가평생교육진흥원에서 고시한 과목별 평가영역에 준거하여 출제하되, 특정한 영역이나 분야가 지나치게 중시되거나 경시되지 않도록 한다.

독학자들의 취업 비율이 높은 점을 감안하여, 과목의 특성을 반영하는 범주 내에서 학문적이고 이론적인 문항뿐만 아니라 실무적인 문항도 출제한다.

단편적 지식의 암기로 풀 수 있는 문항의 출제는 지양하고, 이해력ㆍ적용력ㆍ분석력 등 폭넓고 고차원적인 능력을 측정하는 문항을 위주로 한다.

이설(異說)이 많은 내용의 출제는 지양하고 보편적이고 정설화된 내용에 근거하여 출제하며, 그럴 수 없는 경우에는 해당 학자의 성명이나 학파를 명시한다.

교양과정 인정시험(1과정)은 대학 교양교재에서 공통적으로 다루고 있는 기본적이고 핵심적인 내용을 출제하되, 교양과정 범위를 넘는 전문적이거나 지엽적인 내용의 출제는 지양한다.

전공기초과정 인정시험(2과정)은 각 전공영역의 학문을 연구하기 위하여 각 학문 계열에서 공통적으로 필요한 지식과 기술을 평가한다.

전공심화과정 인정시험(3과정)은 각 전공영역에 관하여 보다 심화된 전문적인 지식과 기술을 평가한다.

학위취득 종합시험(4과정)은 시험의 최종 과정으로서 학위를 취득한 자가 일반적으로 갖추어야 할 소양 및 전문지식과 기술을 종합적으로 평가한다.

교양과정 인정시험 및 전공기초과정 인정시험의 시험 방법은 객관식(4지택1형)으로 한다.

전공심화과정 인정시험 및 학위취득 종합시험의 시험 방법은 객관식(4지택1형)과 주관식(80자 내외의 서술형)으로 하되, 과목의 특성에 따라 다소 융통성 있게 출제한다.

합격수기 COMMENT

ma*****
★★★★★

시대에듀의 문을 두드리시는 많은 학습자분들처럼, 저 또한 직장생활과 육아를 병행하며 공부에 대한 열정을 놓지 않았습니다. 학력에 대한 미련이 있었기에 독학사에 자연스레 관심이 생겼고, 시대에듀 교재로 공부를 해서 합격했습니다. 처음 독학학위제 공식 홈페이지에서 평가영역을 봤을 때, 많은 범위들을 보고 막막했습니다. 하지만 시대에듀의 교재는 이를 일목요연하게 정리해주어 방대한 학습량을 쪼개어 이해할 수 있도록 도와주는 길잡이 역할을 해주었습니다. 또한 예상문제 수록으로 회독이 지루하지 않게 도와주었습니다.

---

ar*****
★★★★★

시대에듀 덕분에 많은 불안감을 뒤로하고 시험에 합격할 수 있었습니다. 제가 시대에듀를 선택한 이유는 무엇보다 교재의 내용이 매우 훌륭했기 때문입니다. 중요한 개념은 보기 좋게 표시되어 있었고, 예상문제도 질적·양적으로 모두 만족스러웠습니다. 시험이 임박한 시점에 최종모의고사를 통해 효과적으로 마무리 정리를 할 수 있었던 점이 특히 큰 도움이 되었습니다. 저는 사실 공부란 책 한 권으로 혼자 열심히 이뤄내는 과정이라고 생각했습니다. 하지만 시대에듀를 통해 양질의 책과 강의로 공부하는 것이 효율적이고 중요하다는 것을 깨달았습니다.

---

ss*****
★★★★★

시대에듀 독학사 패키지를 통해 10개월 만에 학위를 취득한 직장인입니다. 직장생활을 하면서 전문성을 키우고 싶었으나, 정규 대학은 시간도 금액도 부담이 되었습니다. 그러던 중 독학사 제도를 알게 되었고, 시대에듀의 효율적인 온라인 강의에 매력을 느껴 선택하게 되었습니다. 2~3단계를 학습할 때는 배운 내용을 실제 일상과 업무에 적용하며 이해도를 높이려 노력했고, 마지막 학위취득 과정인 4단계에서는 모의고사 등 문제풀이를 통해 학습한 내용을 총정리하였습니다.
일과 학업을 병행하는 과정이 쉽지는 않았습니다. 하지만 목표를 상기하며 꾸준히 노력한 덕에 합격할 수 있었습니다. 이 과정에서 시대에듀가 큰 도움이 되었습니다!

---

wl*****
★★★★★

타 업체 도서로 먼저 공부하다가 시대에듀 도서를 봤는데, 이론이 체계적으로 한눈에 들어오게 구성되어 있고, 중요 표시도 잘 되어 있어서 좋았습니다. 단원별로 풍부하게 수록된 문제들을 통해 충분한 연습이 가능했고, 해설이 문제 바로 옆에 배치되어 학습 시간을 크게 단축할 수 있어 효율적인 학습에 매우 적합한 교재였습니다. 강의도 들었는데, 이전 업체 강의보다 훨씬 상세하고 쉽게 설명해 주셔서 기대 이상의 큰 도움이 되었으며 그 가치를 충분히 느꼈습니다. 직장생활과 병행하며 공부하는 게 정말 쉽지 않았지만, 자기계발을 위한 시험으로는 독학사만한 게 없다고 생각합니다. 처음부터 시대에듀로 했더라면 더 좋았을 것 같아요.

목차 CONTENTS

목차 CONTENTS

기록의 힘

나만의 학습 플래너

D -

공부 시작일 (YEAR / MONTH / DAY)　　　/　　　/

독학학위제 시험 일정　　　/　　　/

WEEK 1	WEEK 2	WEEK 3
WEEK 4	**WEEK 5**	**WEEK 6**
WEEK 7	**WEEK 8**	**< MEMO >**

학습 진행률 확인

	20%	40%	60%	80%	100%

기출복원문제 및 최종모의고사 점수 변화

점수

80

60

40

20

0

회차

나만의 키워드 정리

과목 마케팅조사

키워드	설명	비고

※ 공부하면서 어려웠거나 헷갈렸던 개념, 중요한 개념 등을 한 번 더 정리해 보세요!

빨간키

마케팅조사

빨/리/보/는 간/단/한/ 키/워/드/

※ 한국 통계학회에 따르면 '검증'과 '검정'은 모두 통용되는 용어입니다. 본 책에서는 용어의 일관성을 위해 '검증'으로 통일하여 기술하였습니다.

※ 본 교재에는 내용의 이해를 돕기 위해 계산 공식을 일부 수록했습니다. 시험 대비 학습 시에는 공식의 개념을 가볍게 이해하는 수준으로 정리하시면 보다 효율적으로 학습하실 수 있습니다.

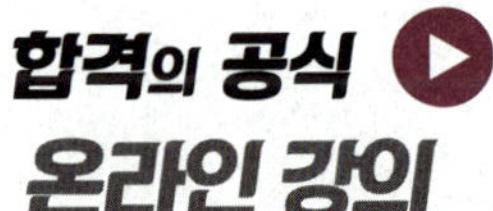

보다 깊이 있는 학습을 원하는 수험생들을 위한
시대에듀의 동영상 강의가 준비되어 있습니다.

www.sdedu.co.kr ➜ 회원가입(로그인) ➜ 강의 살펴보기

빨리보는 간단한 키워드

제1장　마케팅 조사의 이해

제1절 마케팅 조사의 정의

1 의의

마케팅 의사결정의 불확실성을 줄이기 위해 정보를 체계적으로 수집 · 분석 · 해석하는 활동

2 핵심기능

문제 발견 → 정보 수집 → 분석 → 의사결정 지원

3 특징

(1) 과학적 접근(객관성, 체계성)

(2) 경영 의사결정의 보조도구("결정이 아닌 지원")

(3) 환경 · 소비자 · 경쟁자 관련 정보 확보

(4) "마케팅 조사는 의사결정을 대신하지 않고 지원"

제2절 마케팅 의사결정과 마케팅 조사

1 의사결정문제(Managerial Decision Problem)

"무엇을 할 것인가?"에 관한 경영자의 행동 중심 문제
→ 전략 선택과 실행 대안을 결정하는 문제

2 조사문제(Marketing Research Problem)

"무엇을 알아야 하는가?"에 관한 정보 탐색 중심 문제
→ 의사결정문제를 해결하기 위해 필요한 정보 요구 사항
→ "의사결정문제 vs 조사문제의 차이 구분"

제3절 기업의 마케팅 조사 영역

1 시장환경조사, 소비자조사, 마케팅믹스 조사, 성과조사 등으로 구분

2 고객만족조사는 소비자조사의 하위 영역으로, 서비스 품질 · 재구매 · 충성도 등을 측정

3 브랜드조사 · 촉진조사 · 성과조사는 기업의 마케팅 활동 효과를 평가하기 위한 핵심 조사영역

제2장　마케팅 조사의 절차

제1절 마케팅 조사 문제의 규명

1 의의

(1) 마케팅 조사의 출발점은 "증상(symptom)"이 아니라 "원인(cause)" 규명

(2) 정확한 문제정의가 잘못되면, 이후의 조사설계와 자료수집이 모두 무의미

2 조사유형 구분

구분	특징	예시
신디케이트 조사	• 다수 기업이 공동 활용 • 정기 리포트 형태	소비자 패널, POS 데이터
애드혹 조사	특정 기업 문제 해결을 위한 일회성 맞춤조사	신제품 테스트, 광고효과 측정

제2절 조사의뢰기업에 의한 마케팅 조사 프로젝트 착수

1 마케팅 조사 5단계 절차

문제정의	→	조사설계	→	자료수집	→	자료분석	→	보고 및 활용

2 조사설계(Research Design)

유형	목적	주요 특징
탐색조사(Exploratory)	문제 규명 · 가설 설정	• 문헌 · 전문가 · 사례조사 • 정성적
기술조사(Descriptive)	현상 기술 · 비교	• 서베이 · 패널조사 • 정량적
인과조사(Causal)	원인 − 결과 규명	• 실험, A/B테스트 • 조작 · 통제 중심

3 자료수집방법

방법	장점	한계
관찰법	비언어적 정보 파악 가능	내면 동기 파악 어려움
서베이법	광범위 · 신속 조사 가능	응답 편향 위험
실험법	인과관계 검증 가능	시간 · 비용 부담

4 표본설계 단계

모집단 정의	→	표본 프레임 설정	→	표본추출방법 선택	→	표본크기 결정	→	확률표본(단순, 층화, 집략, 계통) / 비확률표본(판단, 할당, 눈덩이)

제3절 조사회사에 의한 조사계획서 작성

1 조사계획서(Research Proposal)

(1) 의뢰기업의 RFP(Request for Proposal)에 대한 공식 응답 문서

(2) 조사 목적, 범위, 방법, 일정, 예산, 품질관리 및 윤리 항목을 포함한 조사 프로젝트의 설계도

(3) 조사의 수행 범위와 성과 기준을 규정하며, 조사 전 단계에서 작성

제3장　마케팅 조사의 종류와 마케팅 자료

제1절 연구목적에 따른 마케팅 조사의 종류

구분	조사 목적	주요 방법	핵심 키워드	주의점
탐색조사 (Exploratory)	• 문제 규명 • 가설 설정	문헌조사, 사례조사, 전문가조사, FGI, 심층면접, 파일럿조사	• 정성적(qualitative) • 예비조사	• 일반화 어려움 • 주관적 해석 가능
기술조사 (Descriptive)	• 현상 묘사 • 시장 구조 · 태도 파악	서베이(설문), 패널조사, 관찰	• 정량적(quantitative) • 수치 · 통계 중심	인과관계 규명 불가
인과조사(Causal)	원인 – 결과 관계 검증	실험(전 · 진 · 준실험), A/B 테스트	• 원인 – 결과 • 독립 · 종속변수 • 통제집단	• 시간 · 비용 높음 • 윤리제약

1　탐색조사의 주요 방법

(1) **문헌조사** : 기존 연구 · 통계 · 보고서 활용(저비용, 신속, 최신성 한계)

(2) **사례조사** : 특정기업 · 사건 분석(현장감, 일반화 한계)

(3) **전문가조사** : 업계 리더 · 전문가 인터뷰(통찰력 확보, 대표성 부족)

(4) **FGI(집단면접)** : 8~12명 자유토론(아이디어 창출, 사회자 편향 가능)

(5) **심층면접** : 1:1 내면탐색(동기 · 신념 파악, 시간 · 비용 높음)

(6) **파일럿조사** : 본조사 전 예비테스트(문항 · 도구 검증)

2　기술조사의 주요 방법

(1) **설문(서베이, Survey)** : 구조화된 설문지, 다수 응답자로부터 태도 · 의견 · 행동을 정량적으로 수집

(2) **패널조사(Panel Survey)** : 동일한 응답자를 반복 조사, 시간에 따른 변화와 추이를 분석

3 주요 인과관계

(1) 직접 인과관계 : 원인 변수가 결과 변수에 직접 영향을 미치는 관계

(2) 간접 인과관계 : 매개변수를 통해 원인 변수가 결과 변수에 영향을 미치는 관계

(3) 허위 인과관계 : 제3의 변수로 인해 인과관계처럼 보이지만 실제 인과는 없는 관계

(4) 상호 인과관계 : 두 변수가 서로 원인이자 결과가 되는 관계

제2절 마케팅 조사를 통해 수집되는 자료의 종류

구분	정의	장점	단점	예시
1차 자료 (Primary)	조사자가 직접 새로 수집	• 목적적합 • 신뢰도 · 통제 높음	시간 · 비용 부담	설문, 관찰, 실험, 패널조사
2차 자료 (Secondary)	기존 축적 자료를 재활용	• 빠름 • 저비용 • 예비분석에 유용	• 목적불일치 • 최신성 부족	통계청, KOSIS, 내부 CRM, 산업리포트

1 패널 및 추적자료

(1) 정의 : 동일 응답자를 반복 조사하여 시간 변화 분석 (종단조사)

(2) 유형

    ① 소비자패널(구매행동)

    ② 점포패널(유통데이터)

    ③ 시청률패널(미디어행태)

(3) 유지관리 요건 : 피로도관리 · 보상 · 가중치조정

(4) 활용 : 브랜드 충성도, 구매패턴, LTV 분석

제4장 자료의 측정

제1절 측정대상의 결정

1 측정의 개념

(1) 관찰할 수 없는 개념(construct)을 수치화하여 객관적으로 표현하는 과정

(2) 마케팅에서 주로 태도 · 인지 · 만족 · 충성도 · 이미지 등 추상개념을 수치로 전환

2 측정대상

구분	예시	특징
행동적 개념	구매빈도, 방문횟수, 재구매율	관찰 가능, 객관적
심리적 개념	만족도, 충성도, 인식, 선호	관찰 불가, 측정도구 필요

3 측정의 단계

- 개념 정의 : 무엇을 측정할 것인가를 규정
- 조작적 정의 : 그것을 어떻게 측정할 것인가를 규정

제2절 척도

1 척도의 의의

측정대상에 숫자 · 기호를 부여하여 비교 · 분석을 가능하게 하는 기준

구분	정의	의미 수준	가능한 통계분석	예시
명목척도(Nominal)	분류 목적의 수치 부여	동일/상이 구분	빈도, 최빈값	성별, 지역, 브랜드명
서열척도(Ordinal)	순서나 서열 정보 제공	순위 구분	중앙값, 순위상관	선호순위, 학년
등간척도(Interval)	간격 동일, 절대영점 없음	차이 비교 가능	평균, 표준편차, 상관분석	온도, 만족도(1~7점)
비율척도(Ratio)	절대영점 존재	비율계산 가능	모든 통계분석 가능	매출액, 나이, 소득

제3절 측정방법

구분	개요	장점	단점	예시
비교척도 (Comparative Scale)	자극 간 직접 비교	• 응답 일관성 • 간단한 판단	세밀한 차이 파악 어려움	• 쌍대비교 • 순위법 • 일정합계법
비비교척도 (Non-comparative Scale)	자극을 독립적으로 평가	• 세분화 가능 • 정밀성↑	• 피로도↑ • 응답시간↑	• 평정척도 • 리커트 척도 • 의미분화척도

1 대표적 척도유형

(1) **쌍대비교척도** : 두 항목 중 선호도 선택(예 코카콜라 vs 펩시)

(2) **순위법** : 여러 항목의 선호순서 매기기

(3) **일정합계법** : 100점을 항목별로 배분

(4) **평정척도** : 각 항목에 점수 부여

(5) **리커트 척도** : "매우 그렇다~전혀 아니다"의 5 · 7점 척도

(6) **의미분화척도** : "좋다 – 나쁘다", "고급 – 저가" 등 양극단 어의 사용

제4절 측정의 평가

1 신뢰도(Reliability)

동일한 대상을 반복 측정했을 때 일관된 결과가 나오는 정도

2 타당도(Validity)

측정도구가 의도한 개념을 제대로 측정했는가의 정도

유형	설명
내용타당도(Content Validity)	문항이 개념을 충분히 포괄하는가
기준타당도(Criterion Validity)	다른 기준변수와 일치하는가(예 예측타당도)
구성타당도(Construct Validity)	개념 간 관계가 이론과 일치하는가

3 신뢰도와 타당도의 관계

(1) 신뢰도는 타당도의 필요조건, 그러나 충분조건은 아님

(2) 신뢰도는 일관성의 문제이고, 타당도는 정확성의 문제

제5장　설문지의 작성

제1절 설문지 작성을 위한 사전준비단계

1 설문지의 개념

(1) 조사자가 조사문제의 해답을 얻기 위해 설계한 표준화된 질문지

(2) 응답자가 스스로 응답할 수 있도록 구성된 논리적 · 체계적 문항집합

(3) 설문지 작성 단계에서 이미 측정방법과 분석방식의 대다수가 결정

2 작성의 중요성

(1) 설문지는 조사결과의 신뢰도 · 타당도를 좌우함

(2) 질문 설계 단계에서 이미 측정방법 · 분석방식 · 활용방향이 결정되어야 함

3 사전 준비사항 핵심

(1) **조사목적 및 가설 명확화** : 측정 개념의 조작적 정의(예 만족도, 충성도)

(2) **정보요구의 결정** : 필요한 정보 · 자료원(1차/2차) · 분석연계 확인

(3) **측정방법 선정** : 명목 · 서열 · 등간 · 비율척도 중 선택

(4) **응답자 특성 고려** : 연령 · 교육 · 사회적 민감도 · 응답동기 반영

(5) **조사방식 결정** : 대면/전화/우편/온라인의 장단점 비교

4 예비조사(탐색조사)

문헌 · 전문가 · 인터뷰를 통한 문제구조 파악

5 사전조사(파일럿조사)

설문 초안 검증, 오류 수정, 신뢰도 · 타당도 검토

제2절 개별질문항목의 완성

구분	설명	장점	단점	예시
개방형 질문	응답자가 자유롭게 서술	• 다양 · 심층 정보 • 창의적 응답	• 분석 · 코딩 어려움 • 무응답↑	"제품 개선점을 자유롭게 서술하시오."
고정형 질문	제시된 대안을 선택	• 분석 용이 • 표준화 • 통계처리	응답자 의견 반영 한계	"구매 경험 있습니까? (예/아니요)"
이분형 질문	두 대안 중 선택	단순 · 명확	세밀한 분석 어려움	예/아니요
선다형 질문	복수 대안 중 선택	통계처리 용이	항목 누락 시 왜곡	"구매 이유 : 가격/디자인/기능…"
척도형 질문	태도 · 만족 등 수치화	세밀한 측정 가능	• 응답 피로감 • 척도설계 복잡	"이 제품에 얼마나 만족하십니까?(1~7점)"

※ 개방형은 탐색에, 고정형 · 척도형은 비교 · 분석에 적합

제3절 질문순서의 결정

1 배열 원칙

'일반적 질문 → 구체적 질문 → 민감한 질문' 순으로 전개

2 순서효과(Order Effect)

문항 순서가 응답에 영향

3 피로효과(Fatigue Effect)

설문 후반 응답 품질 저하

제4절 설문지 초안의 완성

구성요소	주요 내용
표지	조사목적, 익명성 보장, 응답시간, 감사문구
응답자 파악자료	응답자 기본정보(최소화)
주요 질문	핵심 가설검증용 문항
지시사항	응답방법, 체크규칙, 스킵지시 명시
분류자료	인구통계 문항(성별 · 연령 등, 후반부 배치)

제5절 설문지 사전조사 및 설문지의 완성

구분	시기	목적	주요 점검
예비조사(Exploratory Pretest)	설문 초안 전	개념 명확화, 문항 초안 도출	탐색적, 비공식 조사(전문가 · FGI 등)
사전조사(Pilot Test)	본조사 직전	신뢰도 · 타당도 검증	크론바흐 α, 응답패턴, 스킵규칙 확인

1 최종 완성단계

제6장　표본의 추출

제1절 표본추출의 의미 및 단계

1 표본추출(Sampling)의 개념

모집단 전체(Population)가 아닌 일부 단위(Sample)를 과학적 절차로 선택하여 모집단의 특성을 통계적으로 추정하는 과정

2 표본추출의 필요성

(1) **시간 · 비용 절감** : 전수조사(모두 조사)는 비효율적

(2) **측정오차 통제** : 표본조사는 품질관리 가능

(3) **통계적 추론 가능** : 적절한 표본설계로 모집단 특성 추정

(4) **분석의 효율성** : 세분집단 · 추세분석 가능

3 표본추출 관련 주요 개념

용어	의미	예시
모집단	조사대상 전체	전국 대학생, 전체 고객
표본	모집단의 일부	대학생 중 100명
표본추출단위	추출 최소 단위	개인, 가구, 점포
표본추출프레임	표본추출 목록	회원리스트, 기업명단
모수(Parameter)	모집단의 실제값	평균, 비율 등
추정량(Statistic)	표본으로부터 계산된 통계량	표본평균, 표본비율
표본오차	무작위 추출 시 발생하는 오차	확률적, 통제 가능

4 표본추출의 일반 단계

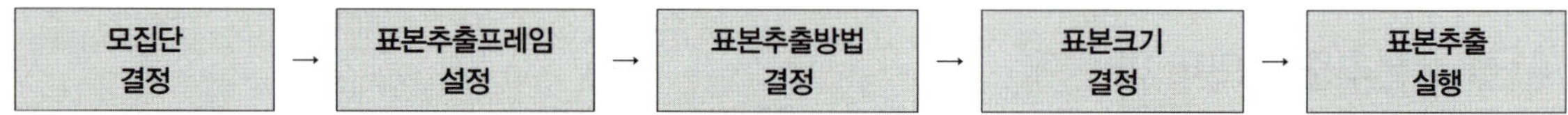

제2절 표본추출방법

1 기준

각 구성원이 표본으로 선정될 확률을 알고 있는가에 따라 구분

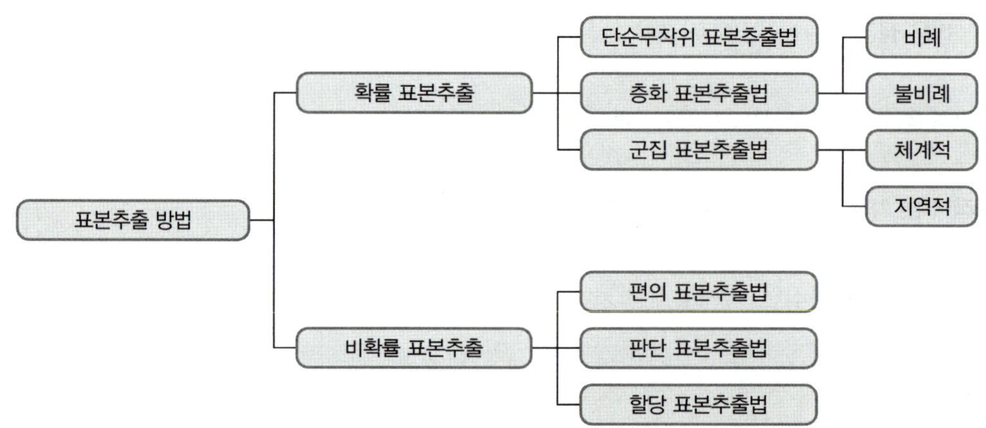

구분	의미	대표방법	장점	단점
확률표본추출	모든 단위가 동등한 확률로 선택	단순무작위, 층화, 군집, 체계적	• 대표성↑ • 통계추론 가능	• 시간·비용↑ • 설계복잡
비확률표본추출	임의적·편의적 선택	편의, 판단, 할당, 눈덩이	속도↑, 비용↓	• 편향↑ • 일반화 불가

※ 일반화와 통계적 추론이 필요하면 확률표본을, 탐색·접근성이 중요하면 비확률표본을 사용

제3절 확률표본추출

방법	개념	장점	유의점
단순무작위추출(Simple Random)	모집단의 각 요소가 동일한 확률로 추출	• 편향 최소 • 분석 용이	표본프레임 필요
층화추출(Stratified Sampling)	모집단을 동질 집단(층)으로 나누고 각 층에서 무작위 추출	• 층별 대표성↑ • 분산↓	층 정확히 구분
체계적추출(Systematic)	k번째 간격으로 규칙적 추출	• 간단 • 경제적	주기성 존재 시 편향 가능
군집추출(Cluster)	모집단을 이질 집단(군집)으로 나눈 뒤 일부 군집만 추출	• 비용↓ • 접근 용이	군집 간 동질성 부족 시 오차↑

1 비례층화 vs 불비례층화

(1) **비례층화** : 모집단 비율에 따라 표본배분

(2) **불비례층화** : 특정층을 더 많이 추출(세밀분석용)

제4절 비확률표본추출

방법	개념	장점	단점	주요 활용
편의표본(Convenience)	접근 쉬운 대상을 선택	• 빠름 • 저비용	대표성 낮음	초기 탐색조사
판단표본(Judgment)	조사자가 경험으로 적합 대상 선택	전문성 반영	주관편향 위험	전문가조사
할당표본(Quota)	인구비율에 맞춰 할당 비율 설정	통제 일부 가능	무작위성 부족	여론조사, 상점조사
눈덩이표본(Snowball)	기존 응답자가 새로운 응답자 소개	접근 어려운 집단 조사 가능	표본편향 큼	소수집단, 네트워크 연구

제5절 표본크기 결정

1 의의

모집단을 대표할 수 있는 최소한의 표본 수를 정하는 과정

2 원칙

"필요한 만큼 충분히 크되, 가능한 한 경제적으로"

3 고려요소

영향 방향
• 조사목적이 중요할수록 표본크기 증가
• 모집단이 다양할수록 표본크기 증가
• 허용오차가 작을수록 표본크기 증가
• 신뢰수준이 높을수록 표본크기 증가
• 예산 · 시간 제약이 많을수록 표본크기 감소
• 면접조사보다 온라인조사가 표본확보에 용이

4 평균추정을 위한 표본크기 공식

$$n = \frac{Z^2 \times \sigma^2}{d^2}$$

- Z : 신뢰수준(90% → 1.65, 95% → 1.96, 99% → 2.58)
- σ^2 : 모집단의 분산 (Pilot test로 추정 가능)
- d : 허용오차

5 비율추정을 위한 표본크기 공식

$$n = \frac{Z^2 \times p(1-p)}{d^2}$$

- p : 성공확률(예 구매경험률 0.4 등)

6 중요

(1) $Z\uparrow, \sigma^2\uparrow, d\downarrow \rightarrow n\uparrow$

(2) 확률표본만 통계적 표본크기 계산 가능

(3) 비확률표본은 예산 · 시간에 따라 판단

제7장　실사의 실시

제1절 실사의 의미 및 중요성

1 실사의 개념(Fieldwork)

(1) 조사설계를 실제 데이터로 구현하는 단계이며, 자료의 품질을 최종적으로 결정

(2) 설문, 면접, 관찰 등 자료수집수단을 실행 · 검증 · 코딩 · 편집까지 포함하는 전체 과정

2 실사의 목적

(1) 조사설계의 타당성 검증

(2) 수집자료의 대표성 · 정확성 · 일관성 확보

(3) 분석 가능한 형태로 자료를 정제 · 처리

3 실사의 중요성

(1) 설계가 정교해도 현장품질이 낮으면 자료 신뢰도 상실

(2) 비표집오차(non-sampling error) 관리의 핵심 단계

(3) 실사는 단순한 수집이 아니라 품질관리(Quality Control) 과정

제2절 실사의 일반적 절차

자료수집 (Data Collection)	→	검수 (Validation)	→	편집 (Editing)	→	코딩 (Coding)	→	입력 (Data Entry)

1 자료수집

(1) 주요 자료수집방법

구분	개념	장점	단점
면접법	대면 조사(응답자와 직접)	• 심층응답 • 신뢰성 높음 • 환경통제 가능	• 시간 · 비용↑ • 접근제한
전화면접법	전화 이용	• 신속 · 저비용 • 접근성↑	• 짧은 문항 위주, • 대표성 한계
우편질문법	우편 발송 · 회수	• 광범위 조사 • 면접자 영향 ×	• 회수율 낮음 • 응답지연
이메일 · 온라인조사	웹 기반 설문	• 자동화 • 속도↑ • 비용↓	• 보안취약 • 표본대표성 한계

2 검수(Validation)

(1) 목적 : 조사지침에 맞게 정확히 수행되었는지 검토

(2) 점검항목 : 응답자 확인, 무응답 · 대리응답 점검, 논리 일관성 검토

(3) 결과 : 불량설문 폐기, 검수보고서(Validation Report) 작성

3 편집(Editing)

(1) 의의 : 오류 · 누락 · 모순을 수정해 데이터 일관성 확보

(2) 주요 점검
① 결측치 처리(97, 99 등 결측코드 부여)
② 논리오류("자동차 없음"+"브랜드 보유") 수정
③ 분기오류(Skip Error) 확인 및 재적용
④ 중복응답 정리

4 코딩(Coding)

(1) 정의 : 응답내용을 숫자 · 기호로 부호화하여 통계분석이 가능하게 함

(2) 절차

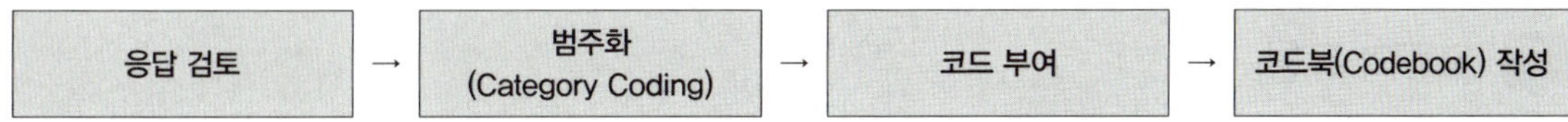

(3) 효과
① 데이터 정합성 유지
② 통계처리 용이
③ 오류 · 중복 검증 가능

5 데이터 입력(Data Entry)

(1) 시험투입(Spot Check)으로 입력오류 확인

(2) **코드검증(Verification)** : 코드북 일치 확인

(3) **결측값 처리**

(4) **입력 후 검증** : 범위초과 · 중복 · 모순 응답 점검

제8장 가설검증과 통계기법의 종류

제1절 가설검증의 의미 및 절차

1 가설의 구조

(1) **귀무가설(H_0)** : 차이 · 효과가 없다는 가설(현상유지)

(2) **대립가설(H_1)** : 차이 · 효과가 있다는 가설(연구자가 지지하려는 가설)

(3) 귀무가설과 대립가설은 동시에 참일 수 없음 (상호배타적)

2 오류의 유형

구분	의미	예시
1종 오류(α)	H_0가 참인데 기각	실제 차이 없음 → 차이 있다고 판단
2종 오류(β)	H_0가 거짓인데 채택	실제 차이 있음 → 차이 없다고 판단
검증력($1-\beta$)	실제로 차이가 있을 때 H_0를 기각할 확률	높을수록 바람직

실제상황 통계적 결정	H_0가 사실(참)	H_0가 허위(거짓)
H_0 기각	1종 오류	옳은 결정
H_0 채택	옳은 결정	2종 오류

3 p값과 유의수준

(1) p값 : "H_0가 참일 때 관측치 이상 결과가 나올 확률"

(2) 유의수준(α) : 허용 가능한 제1종 오류 확률(일반적으로 0.05)

(3) 판단기준 : $p \leq \alpha \rightarrow H_0$ 기각(유의), $p > \alpha \rightarrow H_0$ 채택(기각 불가)

4 단측검증 vs 양측검증

구분	방향성	기각역 위치	예시
단측검증	한쪽 방향(↑ 또는 ↓)	한쪽	"평균이 10보다 크다"
양측검증	양쪽 방향	양쪽	"평균이 10과 다르다"

5 가설검증 5단계

$H_0 \cdot H_1$ 설정 → 검증통계량 선택 → 유의수준(α)·기각역 결정 → 검증통계량 계산 → p값 또는 임계치로 결론 도출

제2절 단일모집단 평균과 비율에 대한 가설검증

구분	검증명	사용분포	검증통계량	비고
평균 검증	일표본 t-검증(One-sample t-test)	t분포	$t = \dfrac{\overline{X} - \mu_0}{s/\sqrt{n}}$	모집단 분산 σ^2 모름
비율 검증	일표본 Z-검증(One-sample Z-test for p)	Z분포	$Z = \dfrac{p - \pi_0}{\sqrt{\pi_0(1-\pi_0)/n}}$	모집단 비율 검증

1 판단기준

(1) p-값 $\leq$ α → H_0 기각(유의)

(2) p-값 $>$ α → H_0 채택(유의하지 않음)

(3) **단측검증 예시** : "시장점유율이 20%보다 크다" → 우측검증

(4) **양측검증 예시** : "평균 만족도가 4점과 다르다" → 양측검증

제3절 통계기법의 종류

구분	주요 목적	검증통계량	비고 · 예시
평균 검증	모집단 평균이 특정값과 다른지 확인	t, Z	일표본 t-검증
비율 검증	모집단 비율이 특정값과 다른지 확인	Z	브랜드 인지도율
평균차이검증	두 집단 평균의 차이 검증	t, Z	독립 · 대응표본 t-검증
비율차이검증	두 집단 비율 비교	Z	남녀 구매비율 차이
분산분석(ANOVA)	세 집단 이상 평균 비교	F	유의 시 사후검증(Tukey 등)
상관분석	두 변수 간 선형관계 강도 측정	t	상관계수 r, "상관≠인과"
회귀분석	독립변수가 종속변수에 미치는 영향 검증	F(모형), t(계수)	"회귀는 F와 t를 모두 사용"
χ^2 독립성검증	두 범주형 변수의 독립성 확인	χ^2	성별×구매여부
χ^2 적합도검증	관찰빈도와 기대빈도 일치 여부	χ^2	주사위 · 복권의 공정성 검증
판별분석	집단 구분 기준 검증	F, χ^2	고객 세분화, 그룹 분류

1 중요

(1) 1종 오류(α) : H_0 참인데 기각 → "없는데 있다고 판단"

(2) 2종 오류(β) : H_0 거짓인데 채택 → "있는데 없다고 판단"

(3) $p \leq 0.05$ → 유의, H_0 기각

(4) 표본크기↑ → 유의 가능성↑ → 효과크기(effect size) 고려 필요

(5) t-검증 : 평균비교, Z-검증 : 비율비교, F-검정 : 세집단 평균비교, 카이제곱(χ^2) 검증 : 범주형 독립성

제9장 | 집단 간 차이 검증을 위한 분석

제1절 두 집단 간 평균차이에 대한 가설검증

1 목적

두 집단의 평균차이가 우연인지 통계적으로 유의한 차이인지 검증

2 검증통계 : t-검증(t-test)

3 귀무가설(H_0) : $\mu_1 = \mu_2$

4 대립가설(H_1) : $\mu_1 \neq \mu_2$

구분	비교대상	사용검증
독립표본 t-검증	서로 다른 두 집단	남녀 간 만족도 비교
대응표본 t-검증	동일집단의 전후 비교	광고 전후 브랜드 호감도 비교

5 **독립표본 t-검증**

$$t = \frac{\overline{X_1} - \overline{X_2}}{S_p \sqrt{\dfrac{1}{n_1} + \dfrac{1}{n_2}}}$$

$$S_p^2 = \frac{(n_1-1)S_1^2 + (n_2-1)S_2^2}{n_1 + n_2 - 2}$$

(1) 두 표본의 크기가 다를 경우 결합표준편차(S_p) 사용

(2) 가정 : 정규성 · 등분산성(variance homogeneity)

6 **대응표본 t-검증**

$$t = \frac{\overline{d} - D_0}{s_d / \sqrt{n}}$$

- $\overline{d}$: 각 표본요소 값들의 차이의 평균값 ($\overline{X_1} - \overline{X_2}$)
- D_0 : 귀무가설로 설정된 차이의 평균값 ($\mu_1 - \mu_2$)
- $s_d = \sqrt{\dfrac{\sum\limits_{i=1}^{n}(d_i - \overline{d})^2}{n-1}}$ = 표본요소들의 차이값들의 표준편차
- $s_d / \sqrt{n}$: $\overline{d}$의 표준오차
- $d.f. = n-1$: 자유도(degree of freedom)
- n : 표본의 관측수

(1) D : 두 시점(또는 조건)의 차이값

(2) **예시** : 광고 전후 평균 호감도 차이 검정

(3) p값 $< 0.05 \rightarrow$ 유의한 차이(**예** 광고효과 있음)

제2절 두 집단 간 비율차이에 대한 가설검증

1 목적

두 집단의 비율(p_1, p_2)차이 유의성 검증

2 검증통계

Z-검증(Z-test)

$$Z = \frac{(\hat{p}_1 - \hat{p}_2)}{\sqrt{\hat{p}(1-\hat{p})(1/n_1 + 1/n_2)}}$$

- $\hat{p}_1$ = 비율추정치로서 표본 1의 비율값
- $\hat{p}_2$ = 비율추정치로서 표본 2의 비율값
- $\hat{p} = \dfrac{x_1 + x_2}{n_1 + n_2}$ (※ x_1과 x_2는 각 표본에서 특정 속성을 갖는 구성원의 수)
- n_1 = 표본 1의 크기
- n_2 = 표본 2의 크기

(1) **예시** : 남녀별 쿠폰사용률(10% vs 30%) 비교

(2) p값이 0.05보다 작으면 $\rightarrow$ 성별 간 차이 유의

제3절 분산분석(Analysis of Variance; ANOVA)

1 개념

(1) 세 집단 이상(두 집단 이상도 가능) 평균 차이를 분산의 비율로 검증

(2) t-검증의 확장 개념

(3) F통계량 = 집단 간 분산 / 집단 내 분산

$$F = \frac{MS_{Between}}{MS_{Within}}$$

$$MS_{Between} = \frac{SS_B}{df_B}, \ MS_{Within} = \frac{SS_W}{df_W}$$

2 가정

(1) 모집단은 정규분포

(2) 분산의 동질성

(3) 표본의 독립성

3 가설 설정

(1) **귀무가설**(H_0) : $\mu_1 = \mu_2 = \mu_3$ (모든 집단 평균은 같음)

(2) **대립가설**(H_1) : 적어도 하나의 집단 평균은 다름

(3) **해석**

    ① F값이 커질수록 집단 간 차이 큼 → H_0 기각
    ② F≈1 → 집단 간 차이 거의 없음

(4) 사후검증(Post-hoc test)

① H_0 기각 후, 어느 집단이 다른지 확인

② Tukey, Scheffé, Duncan 등

제4절 카이제곱(χ^2) 검증

1 목적

(1) 범주형(질적) 자료의 관계 또는 적합성 검증

(2) 평균이 아니라 빈도(관찰값 vs 기댓값) 비교

2 종류

구분	의미	예시
적합도 검증(Goodness-of-fit)	기대빈도와 관찰빈도의 일치 여부	주사위 공정성
독립성 검증(Test of Independence)	두 범주형 변수 간 관계 검증	성별×구매여부

3 검증통계량

$$\chi^2 = \sum \frac{(O-E)^2}{E}$$

- O : 관찰빈도, E : 기대빈도
- χ^2값이 클수록 → 귀무가설(H_0 : 독립이다) 기각 가능성 ↑

4 특징

(1) χ^2검증은 양측검증만 존재함

(2) 기대빈도는 5 이상이어야 함(작을 경우 범주 통합)

제10장　변수 간 종속관계의 검증을 위한 통계분석

제1절 상관관계(Correlation)

1 의의

두 변수(X, Y)가 함께 변하는 정도와 방향을 수치로 나타냄

(1) "함께 변하지만, 원인과 결과는 아님(상관 ≠ 인과)"

(2) **시험단골** : 아이스크림 판매량과 익사자 수 → 가성상관(spurious correlation)

2 측정지표

피어슨 상관계수(Pearson's r)

$$-1 \leq r \leq +1$$

$|r|$이 1에 가까울수록 선형관계 강함

(1) $r > 0$: 양(+)의 상관 → 한쪽 증가 시 다른 쪽도 증가

(2) $r < 0$: 음(−)의 상관 → 한쪽 증가 시 다른 쪽 감소

(3) $r = 0$: 선형적 관계없음

3 검증방법

(1) **귀무가설** H_0 : $\rho = 0$(모집단 상관 없음)

(2) **대립가설** H_1 : $\rho \neq 0$(상관 있음)

(3) t-검증으로 유의성 판단($p < 0.05$ → 유의)

4 활용 예

(1) 광고비 ↔ 매출액

(2) 만족도 ↔ 충성도

(3) 브랜드 이미지 ↔ 재구매 의도

5 주의

(1) 인과관계를 의미하지 않음

(2) 이상치(outlier)에 민감

(3) 두 변수 모두 등간척도 이상 + 선형관계일 것

제2절 회귀분석(Regression)

1 개념

(1) 상관관계보다 한 단계 발전된 기법

(2) 독립변수(X)가 종속변수(Y)에 미치는 영향을 방정식 형태로 모델링 및 예측

$$Y_i = \beta_0 + \beta_1 X_i + \epsilon_i$$

- β_0 : 회귀계수(절편)
- β_1 : 회귀계수(기울기)
- X_i : 자료
- ϵ : 잔차항(※ 독립적인 정규분포로서 평균은 0, 분산은 σ^2을 가진다.)

2 목적

(1) 변수 간 영향관계 파악

(2) 독립변수가 종속변수를 얼마나 설명하는가(R^2)

(3) 예측(Prediction)

3 주요 통계량

(1) 회귀계수(β) : X가 Y에 미치는 영향의 방향과 크기

(2) 결정계수(R^2) : Y의 총변동 중 X로 설명되는 비율

> $R^2 = 0.6 \rightarrow$ X가 Y변동의 60%를 설명

(3) F-검증 : 전체모형 유의성 검증 (모든 계수=0)

(4) t-검증 : 개별계수 유의성 검증 (β=0)

(5) p값 $< 0.05 \rightarrow$ 유의

4 기본 가정

(1) X와 Y의 관계는 직선적(linear)

(2) 오차항은 정규분포를 따름

(3) 오차의 등분산성(homoscedasticity)

(4) 오차항 간 독립성(independence)

(5) 오차와 독립변수 간 비상관성(no autocorrelation)

5 회귀계수 추정 – 최소제곱법(OLS)

(1) 실제값과 예측값 간의 잔차제곱합($\sum e^2$) 최소화하는 직선 선택

(2) 잔차합 = 0, 회귀선은 항상 $(\overline{X}, \overline{Y})$을 지남

6 회귀분석의 활용 예시

분야	예시
마케팅	광고비가 매출에 미치는 영향
가격정책	할인율이 구매의도에 미치는 영향
경제예측	금리 변화 → 소비지출 변화
머신러닝	주택가격 예측(선형회귀 기반 모델)

제3절 판별분석(Discriminant Analysis)

1 개념

(1) 사전에 집단이 구분되어 있을 때(예 구매자 vs 비구매자), 여러 독립변수를 이용해 집단을 판별하는 함수(판별함수)를 도출

(2) **종속변수** : 명목척도(집단)

(3) **독립변수** : 등간 · 비율척도(계량형)

2 판별함수식

$$Z = a + w_1 X_1 + w_2 X_2 + \cdots + w_n X_n$$

- Z : 판별점수
- w_1 : 판별계수(변수의 기여도)

→ 각 사례의 Z값을 두 집단의 중심점(centroid)과 비교해 분류

3 주요 통계량

구분	의미	기준
Wilks' Lambda(λ)	판별력의 크기 (작을수록 좋음)	$\lambda \to 0$: 판별력 높음
χ^2검증	판별함수 유의성	$p < .05 \to$ 유의
Hit Ratio	실제집단과 예측집단 일치율	70% 이상 바람직
구조행렬(loading)	변수별 기여도	$\pm.40$ 이상이면 중요

4 특징 및 비교

구분	판별분석	회귀분석	분산분석
종속변수	명목형	계량형	계량형
독립변수	계량형	계량형	범주형
목적	분류(Classification)	예측(Prediction)	평균비교

5 활용사례

(1) **고객세분화** : 우량 vs 비우량 고객 판별

(2) **CRM** : 이탈고객 예측

(3) **마케팅전략** : 충성고객 특성 구분

(4) **HR분석** : 승진자 vs 비승진자 구분

제11장 유사성이 높은 변수나 응답자들을 묶기 위한 통계분석

제1절 요인분석(Factor Analysis)

1 개념

(1) 다수 변수의 상관구조를 소수의 잠재요인으로 요약하여, 변수 간 공통된 개념 구조를 도출하는 기법

(2) 독립 · 종속변수 구분이 없는 탐색적 분석법 → 인과관계보다는 변수 구조를 파악

(3) 브랜드 이미지, 고객만족 요인(품질 · 가격 · 서비스 등) 분석에 활용

(4) **핵심** : "상관이 높은 변수 → 하나의 요인으로 묶어내는 통계기법"

2 목적

(1) **자료 요약** : 수많은 변수를 소수의 요인으로 묶어 단순화

(2) **변수 구조 파악** : 변수들 간 공통된 구조와 관계 탐색

(3) **불필요한 변수 제거** : 기여도 낮은 변수는 제외

(4) **타당성 검증** : 동일 개념을 측정하는 문항들이 같은 요인에 속하는지 확인

3 주요 가정

(1) 변수들은 정규분포를 따름

(2) 관찰치는 상호 독립적임

(3) 등분산성(동일한 분산)을 만족해야 함

(4) 변수는 등간척도 이상의 정량적 자료

4 절차 및 해석 포인트

	단계	주요내용	체크포인트
1	적합성 검토	요인분석 가능한 자료인지 판단	KMO ≥ 0.6 / Bartlett p < 0.05
2	요인 추출	공통된 요인 도출	주성분분석(PCA) 가장 일반적
3	요인 수 결정	사용할 요인 개수 결정	고유값 ≥ 1, 누적설명력 ≥ 60%
4	요인 회전	해석을 용이하게 조정	Varimax(독립), Promax(상관 허용)
5	요인 명명	요인의 의미 부여	요인적재값 ≥ 0.4~0.5

- 요인적재값(Factor Loading) : 변수와 요인 간 상관 정도
- 공통성(Communality) : 변수의 분산 중 요인으로 설명되는 비율
- 설명분산율 : 추출된 요인이 전체 변동의 몇 %를 설명하는지

5 분석유형

구분	의미
탐색적 요인분석(EFA)	구조를 모를 때 요인 수와 관계 탐색
확인적 요인분석(CFA)	기존 구조의 타당성 검증(구조방정식과 연결)

6 특징 · 요약

(1) 가설검증보다는 상관구조 탐색에 중점

(2) 종속 · 독립변수 구분 없음

(3) 모수 · 통계량보다는 요인 적재값 해석 중심

(4) 측정도구의 타당성 평가에 유용

제2절 군집분석(Cluster Analysis)

1 개념

(1) 유사성이 높은 응답자나 객체를 하나의 그룹으로 묶는 통계기법

(2) 사전 집단 정의 없이 데이터로부터 자연스러운 그룹(세분시장)을 탐색

(3) 마케팅의 시장세분화(segmentation), 고객 타깃 도출에 활용

(4) **핵심** : "비슷한 사람끼리 묶는 탐색적 분류 기법(분류 목적, 설명 목적 아님)"

2 분석과정

	단계	내용	체크포인트
1	변수 선택	어떤 특성으로 묶을지 결정	예 연령, 소득, 소비성향
2	유사성 계산	거리(distance) 산출	유클리드 거리 가장 흔함
3	군집화	비슷한 개체끼리 묶기	계층적/비계층적 방법
4	군집 해석	각 군집의 특성 분석	A집단=젊고 소비多/B집단=고소득 등

3 방법론

구분	개념	특징
계층적 군집분석	각 사례를 하나의 군집으로 시작, 단계적으로 병합	• 덴드로그램으로 시각화 • 초기 오류 수정 어려움
비계층적 군집분석	미리 군집 수(k)를 지정, 반복 재배정	• K-means 방법이 대표적 • 대규모 데이터에 적합

4 해석 및 주의사항

(1) 결과는 각 군집별 평균값 비교(프로파일링)로 해석

(2) 변수 단위가 다를 경우 표준화(Z점수 변환) 필수

(3) 판별분석과의 차이

    ① 판별분석 : 집단 정의 ○ → 판별함수로 분류
    ② 군집분석 : 집단 정의 × → 분석 결과로 군집 형성

5 활용사례

(1) **시장세분화** : 고객 특성별 타깃마케팅

(2) **경쟁자 분류** : 경쟁 브랜드 간 유사성 분석

(3) **고객 프로파일링** : 연령 · 소득 · 구매패턴별 군집

제12장 소비자지각을 기반으로 한 통계분석

제1절 컨조인트분석(Conjoint Analysis)

1 개념

(1) 제품·서비스의 여러 속성(attribute)과 수준(level)을 조합하여 소비자가 느끼는 선호도(효용, utility)를 정량적으로 분석하는 기법

(2) 신제품 개발, 가격정책, 속성별 중요도 측정, 시장세분화에 활용됨

(3) 종속변수가 서열척도일 때 적합함

(4) **중요** : "소비자에게 어떤 속성이 얼마나 중요한가를 계량적으로 파악"

2 주요 목적

구분	내용
속성 중요도 파악	소비자 의사결정 시 어떤 속성을 더 중시하는가
최적 조합 탐색	시장에서 가장 선호받을 속성 조합(product profile) 찾기
시장 예측	속성별 효용합을 통해 점유율·선호 예측 가능

3 분석 절차

(1) **속성과 수준 정의** : 예 가격(저/중/고), 브랜드(A/B/C), 디자인(전통/현대)

(2) **자극물(Stimuli) 설계** : 속성 수준을 조합하여 제품 프로파일 작성

(3) **응답 수집** : 각 프로파일의 선호도 평가(순위, 점수, 선택 등)

(4) **효용치 추정** : 회귀분석 등으로 각 수준별 부분효용치(part-worth) 계산

(5) **시장 예측 및 해석** : 속성별 중요도와 선호 조합 분석

4 주요 용어 및 해석

용어	의미
부분효용치(part-worth)	각 속성 수준의 기여도
속성 중요도	각 속성의 부분효용 범위 비율로 계산
모형추정 방법	계량적(회귀분석), 비계량적(MONANOVA, LINMAP, PREFMAP)
디자인 방법	전체요인설계(Full factorial), 부분요인설계(Orthogonal)

5 활용사례

(1) 신제품 개발(예 최적 가격 · 디자인 조합)

(2) 시장세분화(예 성능중시형 vs 가격민감형)

(3) 가격정책 · 광고콘셉트 결정

(4) 브랜드 포지셔닝 전략 수립

6 한계 및 유의점

(1) 분석 가능한 속성 수 제한(보통 6개 이내)

(2) 비정량적 속성은 수준 구분 어려움

(3) 개인적 취향 · 감정의 과도한 반영 방지 필요

(4) 설문 피로도 방지를 위한 부분요인설계 활용

제2절 다차원척도법(MDS, Multidimensional Scaling)

1 개념

(1) 소비자가 인식하는 브랜드 · 제품 간 유사성(similarity) 자료를 2차원 또는 다차원 공간에 시각화하는 기법

(2) **결과물** : 지각도(perceptual map)

(3) 포지셔닝 전략, 브랜드 이미지 분석에 활용

(4) **중요** : "소비자 인식 속에서의 상대적 위치를 지도처럼 보여주는 기법"

2 분석 절차

(1) **유사성 자료수집** : 소비자에게 브랜드 간 유사성 평가(등간 or 서열척도)

(2) **거리행렬 계산** : 유사성 → 거리(distance)로 변환

(3) **차원 축소 및 좌표화** : 2~3차원 상에 각 브랜드 배치

(4) **지각도 작성 및 해석** : 각 축에 의미 부여(예 고급↔저가, 전통↔현대)

3 분석 유형

구분	설명	예시
비속성자료 기반	소비자의 전반적 인식(속성 제시 없음)	"이 브랜드가 더 좋다"
속성자료 기반	명시적 속성 평가를 반영	"가격, 품질, 디자인 기준으로 비교"

4 해석 및 활용

(1) 지각도(perceptual map)

① 브랜드 간 거리가 가까울수록 → 유사하게 인식

② 브랜드 산 거리가 멀수록 → 차별적으로 인식

③ 소비자 이상점(ideal point)을 표시하면 목표 포지셔닝 가능

(2) 적합도 지표

Stress 값↓, R^2↑ → 적합한 지각도

(3) 활용 예시

① 경쟁 브랜드 간 유사성 파악

② 포지셔닝 전략(공백시장, 니치시장 탐색)

③ 브랜드 자기잠식(cannibalization) 점검

5 컨조인트분석 vs 다차원척도법(MDS) 비교 요약

	컨조인트분석	다차원척도법(MDS)
분석기준	속성(attribute)	유사성(similarity)
자료형태	속성자료	비속성자료
주요목적	속성 효용·중요도 추정	브랜드 간 인식거리 시각화
결과물	효용치, 속성중요도	지각도(perceptual map)
활용	제품설계, 시장세분화	포지셔닝 전략
척도수준	서열척도 중심	명목/서열척도 가능
분석방법	회귀분석, MONANOVA 등	거리행렬 기반 차원축소

- 컨조인트 분석은 '선호의 구성 요소'를, MDS는 '지각의 공간 구조'를 이해하는 데 목적이 있음
- 컨조인트 분석과 다차원척도법의 결과는 시장세분화, 포지셔닝, 제품설계 의사결정에 직접 활용됨

제13장　보고서의 작성 및 마케팅 조사의 윤리적 측면

제1절 보고서의 역할

1 보고서의 의의

(1) 마케팅 조사 결과를 의사결정자가 이해할 수 있는 형태로 전달하는 최종 산출물

(2) 단순한 데이터 나열이 아닌, 문제해결 중심의 인사이트 제시가 핵심

(3) '조사의 품질은 보고서의 명확성 · 객관성 · 활용도로 판단된다'는 점이 중요

2 좋은 보고서의 요건

(1) **명확성(Clarity)** : 논리적 구조, 불필요한 전문용어 배제

(2) **간결성(Conciseness)** : 핵심결과 중심, 요약표 · 그림 적극 활용

(3) **객관성(Objectivity)** : 조사자의 주관 개입 최소화

(4) **시각화(Visualization)** : 그래프 · 도표로 결과 명확히 제시

(5) **활용성(Actionability)** : 경영 의사결정에 직접 연결 가능한 제언 포함

3 보고서의 기본 구성

(1) **표지 및 요약(Summary)** : 조사목적 · 방법 · 주요결과 · 핵심결론

(2) **조사개요(Introduction)** : 조사배경 · 문제정의 · 가설

(3) **조사방법(Methodology)** : 표본설계 · 조사도구 · 절차

(4) **조사결과(Findings)** : 표 · 그래프 중심의 통계결과

(5) **결론 및 제언(Conclusion)** : 시사점 · 한계 · 향후전략 제시

제2절 결과의 구두 발표

1 목적

조사결과를 경영진 · 의사결정자에게 직접 설명하여, 핵심 인사이트를 빠르고 설득력 있게 전달하기 위함

2 특징 및 유의점

(1) 슬라이드 · 시각자료 중심, 스토리라인 구조로 전개

(2) 청중의 수준에 맞는 전문용어 사용

(3) 결과 중심(What) → 해석(Why) → 제언(How) 순서로 설명

(4) 질문응답(Q&A) 대비 필요 : 한계나 통계적 제약 투명하게 제시

제3절 마케팅 조사의 윤리적 측면

1 조사윤리의 의의

(1) 조사는 단순한 정보수집이 아니라, 응답자 · 의뢰자 · 사회에 대한 책임행위임

(2) 윤리 위반은 조사결과의 신뢰성 상실로 이어짐

2 주요 윤리 원칙

주체	윤리적 의무
조사자	진실된 보고, 데이터 조작 금지, 응답자 개인정보 보호
의뢰자(클라이언트)	조사결과의 왜곡 · 은폐 금지, 공정한 계약 준수
응답자	자발적 참여 보장, 비밀유지
사회 · 공공	공공의 이익 훼손 금지, 사회적 책임 인식

3 윤리적 쟁점 사례

(1) 응답자 프라이버시 침해(무단 녹음 · 재판매 등)

(2) 조사결과 왜곡 보고(의뢰자 입맛에 맞게 수정)

(3) 과장 광고용 조사남용('조사결과 90% 만족' 등 근거 없는 홍보)

(4) 고의적 표본 편향(특정 집단만 표본화)

4 윤리 준수 방안

(1) 조사 설계 시 개인정보 최소수집 원칙 적용

(2) IRB(윤리심의위원회) 기준 준수

(3) 데이터 처리 및 보관 단계에서 익명화 처리

(4) 윤리강령(Code of Ethics) 명시 및 교육 시행

기출복원문제

마케팅조사

출/제/유/형/완/벽/파/악/

교육은 우리 자신의 무지를 점차 발견해 가는 과정이다.

– 윌 듀란트 –

기출복원문제

▶ 온라인(www.sdedu.co.kr)을 통해 기출문제 무료 동영상 강의를 만나 보세요.

※ 본 문제는 다년간 독학사 경영학과 2단계 시험에서 출제된 기출문제를 복원한 것입니다. 문제의 난이도와 수험경향 파악용으로 사용하시길 권고드립니다. 본 기출복원문제에 대한 무단복제 및 전재를 금하며 저작권은 시대에듀에 있음을 알려드립니다.

01 다음 중 신디케이트 조사와 일반 마케팅 조사와의 차이점에 해당하는 것은?

① 마케팅 조사 프로젝트를 더 빠른 기간 내에 끝낼 수 있다.
② 복수의 다양한 회사가 전문기관에 의뢰하여 진행될 수 있다.
③ 더 정확한 자료를 제공받을 수 있다.
④ 2차 자료 활용에 더욱 적합한 조사 방법이다.

02 다음 설명에 해당하는 조사 자료로 가장 적절한 것은?

> 한 조사기관이 일정 기간 동안 소비자들의 TV 시청, 온라인 광고 노출, 신문 및 잡지 이용 행태를 지속적으로 관찰하여 이를 통계적으로 정리한 후 여러 기업이 유료로 활용할 수 있도록 제공하는 형태의 자료이다.

① 애드혹(Ad-hoc) 자료
② 신디케이트(Syndicated) 자료
③ 실험(Experimental) 자료
④ 탐색(Exploratory) 자료

03 다음 중 2차 자료에 해당하지 <u>않는</u> 것은?

① 재무제표 및 손익계산서
② 인구총주택조사 결과
③ 무역협회 사례 및 보고서
④ 조사목적을 기술하도록 설계된 질문지

---

01 신디케이트 조사란 기업고객들에게 판매하기 위하여 조사기관이 주기적으로 자료를 수집하는 것이다. 신디케이트 조사라고 해서 프로젝트를 더 빠른 기간 내에 끝내거나, 더 정확한 자료를 제공받거나 2차 자료 활용에 더욱 적합하다는 것은 아니다. 제3자에 의한 주기적인 조사라는 것이 큰 차이점이다.

02 신디케이트 자료(Syndicated Data)는 시장조사 전문기관이 주기적으로 동일한 방법으로 수집한 데이터를 여러 기업이 공동으로 구입·활용할 수 있도록 제공하는 자료를 말한다. 특히, 매체패널(Media Panel)은 소비자의 미디어 이용 행태를 추적·기록하는 대표적인 신디케이트 자료유형이다.

03 조사목적을 기술하도록 설계된 질문지는 1차 자료에 해당한다.

정답 01 ② 02 ② 03 ④

04 서베이법은 인구 통계적 특성, 행동의 동기, 태도 및 의견 등의 광범위한 정보의 수집이 가능하다.

04 다음 중 조사대상의 생활방식, 행동양식, 심미적인 가치관 등의 자료를 얻는 데 가장 적합한 조사방법론은?

① 서베이법
② 전문가 의견조사
③ 패널조사
④ 종단조사

05 탐색조사는 주로 문제를 규명하는 것이 목적이다. ③은 마케팅 현상의 원인이 무엇인지 밝혀내는 인과조사에 적합한 질문이다.
①·②·④ 탐색조사를 통해 답을 구할 수 있다.

05 다음 중 탐색조사를 통해 답을 구할 수 <u>없는</u> 질문은 무엇인가?

① 소비자가 특정 제품으로부터 기대하는 것은 무엇인가?
② 고객이 우리의 서비스에 대해 얼마나 만족/불만족했는가?
③ 영업사원의 숫자에 따라 회사의 수익이 얼마나 달라질 수 있는가?
④ 소비자는 우리 제품 대신 어떤 제품을 사려고 하는가?

06 등간척도(Interval Scale)는 측정 간 간격이 동일하여 평균·표준편차 등의 통계적 연산이 가능하지만, 절대적 '0'의 개념은 없다. 반면, 서열척도(Ordinal Scale)는 순서만 구분할 수 있고, 간격의 크기는 비교할 수 없다. 비율척도(Ratio Scale)는 절대적 0을 가지는 척도로, 비율 계산(예 매출액, 무게, 거리 등)이 가능하다.

06 다음 설명에 해당하는 측정척도로 가장 적절한 것은?

> 소비자의 만족도를 '매우 불만족 – 불만족 – 보통 – 만족 – 매우 만족'과 같이 일정한 간격으로 구분하여 점수를 부여하고, 그 평균값을 계산하여 비교하는 것은 어떤 척도에 해당하는가?

① 서열척도
② 명목척도
③ 등간척도
④ 비율척도

정답 (04 ① 05 ③ 06 ③)

07 다음 중 명목척도에 대하여 옳게 설명한 것은?

① 명목척도를 사용하여 조사자는 조사대상의 서열을 배열할 수 있다.

② 절대 '0'이 존재하며 의미를 가진다.

③ 하나의 조사대상이 다른 조사대상에 대해서 몇 배나 크기가 큰지 혹은 작은지를 잘 설명할 수 있다.

④ 상호 배반적인 범주에 할당되며, 범주 간 관계가 꼭 정의될 필요는 없다.

08 다음 중 등간척도에 대한 설명으로 옳은 것은?

① 절대 0점이 존재하며, 의미를 가진다.

② 평균, 상관분석, 분산, 회귀분석 등의 통계분석이 불가능하다.

③ 조화평균, 기하평균과 같은 통계량은 계산이 불가능하다.

④ '+', '−', '×', '÷'의 수학계산이 가능하다.

09 다음 중 의미차별화 척도에 대한 설명으로 옳은 것은?

① 서로 상반되는 제품의 이미지를 비교하기 위해 사용될 수 있다.

② 대가 되는 형용사적 표현을 설계하기가 쉽다는 장점이 있다.

③ 탐색조사 없이도 척도를 개발할 수 있다는 장점이 있다.

④ 집단평균이 계산될 필요 없이 사용될 수 있다.

07
① 서열척도에 해당한다.
② 비율척도에 해당한다.
③ 등간척도에 해당한다.

08
① 비율척도에 해당한다.
② 등간척도는 평균, 상관분석, 분산, 회귀분석 등의 통계분석이 가능하다.
④ '×', '÷'의 수학계산은 불가능하다.

09
② 대가 되는 형용사적 표현을 설계하기가 어렵다.
③ 탐색조사 없이도 개발할 수 있는 척도는 없다.
④ 보통 등간척도로 간주되고, 집단평균은 계산 후 사용되어야 한다.

정답 07 ④ 08 ③ 09 ①

10 등간척도는 항목 간의 간격이 일정하지만, '절대적 0'이 존재하지 않는 척도임. 만족도 5점 척도는 점수 간 간격이 동일하다고 간주하므로 등간척도이다.
① 명목척도
③ · ④ 절대적 0이 존재하므로 비율척도

10 다음 중 등간척도(Interval Scale)에 해당하는 측정의 예로 옳은 것은?

① 고객의 성별(남/여)
② 제품 만족도(1점~5점 리커트 척도)
③ 고객의 월 소득(원 단위)
④ 매장 방문 횟수(횟수)

11 ②의 예시는 자료수집방법 결정단계에 해당한다. 조사설계단계에서도 자료수집방법을 고려하지만, 설문지 (직접)작성은 조사설계단계 혹은 자료수집방법 결정단계에서 진행되지 않고, 시행단계에서 진행된다.

11 다음 중 마케팅 조사의 단계와 예시설명의 연결이 적절하지 <u>않</u>은 것은?

① 문제정의 : "A사는 최근 자사 제품의 판매 저조로 매출하락에 직면하게 된다. 매출하락의 원인을 살펴보기로 하였다."
② 조사설계 : "1차 자료를 수집하기 위해 서베이를 진행하기로 하고, 설문지를 작성하였다."
③ 표본설계 : "단순무작위 표본추출법을 활용하여, 200명의 표본을 추출하였다."
④ 분석 및 활용 : "판별분석을 이용하여, 제품구매자를 세 그룹으로 세분화하였다."

12 ① 높은 예측 타당성은 높은 상관관계를 갖는 경우이다.
③ 판별 타당성은 서로 다른 개념을 측정했을 때 얻어진 측정값들 간에는 상관관계가 낮아야 한다는 것을 말한다.
④ 신뢰성을 위해 크론바흐 알파를 사용한다.

12 다음 중 타당성과 신뢰성에 대한 설명으로 옳은 것은?

① 예측 타당성은 높은 상관관계와 관련이 없다.
② 신뢰성은 반복적으로 측정했을 시에 일관성 있는 결과를 보여주는 정도를 말한다.
③ 판별 타당성은 서로 다른 개념을 측정했을 때 얻어진 측정값들 간에는 상관관계가 높아야 한다는 것을 말한다.
④ 수렴 타당성을 위해 크론바흐 알파를 사용한다.

정답 10 ② 11 ② 12 ②

13 다음 중 조사회사에 의한 조사계획서에 일반적으로 포함되지 <u>않는</u> 내용은?

① 조사목적과 조사범위

② 표본추출방법과 표본크기

③ 최종 의사결정자의 경영 전략 선택

④ 자료수집방법과 조사일정

14 다음 중 고정형 질문에 대한 설명으로 적절한 것은?

① 개방형 질문에 비해 응답하기 어렵다.

② 조사자가 탐색조사를 미리 할 필요가 없다.

③ 조사대상의 응답으로부터 응답자와 응답자를 직접적으로 비교할 수 있다.

④ 개방형 질문에 비해 도표화와 분석이 어렵다.

15 다음 중 실험의 외적 요인 중 '역사적 오염(History Effect)'에 해당하는 사례로 가장 적절한 것은?

① 실험 참가자들이 사전에 받은 설문 문항을 기억하여, 후속 실험에서 유사한 답변을 하는 경우

② 실험이 진행되는 동안 사회적 사건이나 환경 변화로 인해 실험결과가 영향을 받는 경우

③ 피험자들이 연구자의 의도를 인식하여 기대에 맞게 반응하는 경우

④ 실험 집단과 통제 집단의 구성 자체가 처음부터 다르게 선정된 경우

---

13 조사회사가 작성하는 조사계획서는 조사목적, 표본설계, 자료수집방법, 조사일정 등 조사의 수행과 관련된 내용을 중심으로 구성된다. 반면, 최종 의사결정자의 경영 전략 선택은 조사의 결과를 바탕으로 의사결정자가 판단하는 영역으로, 조사계획서에 포함되지 않는다. 이는 조사의 뢰기업과 조사회사의 역할 구분을 묻는 문제이다.

14 ① 개방형 질문에 비해 응답하기 쉽다.
② 질문지 작성을 위해서는 탐색조사가 필요하다.
④ 개방형 질문에 비해 도표화와 분석이 쉽다.

15 역사적 오염(History Effect) 은 실험 기간 중 발생한 외부적 사건(예 뉴스, 경기변동, 사회적 이슈 등)이 실험결과에 영향을 주는 현상이다. 이는 실험 외적 요인(Extraneous Variables) 중 하나로, 실험의 내적 타당도(Internal Validity)를 저해할 수 있다. ②가 이에 해당한다.

정답 13 ③ 14 ③ 15 ②

16 계층별무작위 추출법은 층화임의 추출법(Stratified Sampling)이라고도 하며, 모집단을 구성하고 있는 집단에서 집단의 구성요소의 수에 비례해서 표본의 수를 할당하여 각 집단에서 단순무작위 추출법으로 추출하는 방법이다.

16 A는 앱서비스의 사용자를 분석하기 위해 소비자 모집단을 복수의 대량사용자군과 소량사용자군으로 나누었다. 이 집단에서 수에 비례하여 표본의 수를 할당하고 각 집단에서 무작위 추출법으로 표본을 추출하였다. A가 사용한 표본추출법은 무엇인가?

① 단순임의 추출법

② 층화임의 추출법

③ 집락 표본추출법

④ 체계적 표본추출법

17 집락 표본추출법(Cluster Sampling)이라고도 하며, 모집단을 대표할 수 있을 만큼 다양한 특성을 지닌 집단(군집)들로 구성되어 있을 시에 군집을 무작위로 몇 개 추출해서 선택된 군집 내에서 무작위로 표본을 추출하는 방법이다.

17 다음 사례에서 A가 사용한 표본추출법은 무엇인가?

> • A는 ○○구에 사는 전체 인구를 대상으로 삶의 질과 생활 만족도를 조사하고 있다.
> • A는 ○○구의 모집단을 대표할 수 있을 만큼 다양한 특성을 지닌 집단으로 구성하고 각 집단 내에서 무작위로 10명을 추출하여 면접과 설문을 진행하려 한다.

① 단순임의 추출법

② 층화임의 추출법

③ 집락 표본추출법

④ 체계적 표본추출법

18 눈덩이 표본추출은 초기 응답자가 다음 응답자를 소개하는 방식으로 표본을 확장하는 비확률표본추출법이다. 주로 접근이 어려운 집단(예 특정 질병 환자, 비공식 직업군, 불법 소비자집단 등)을 조사할 때 사용한다.

18 다음 설명에 해당하는 표본추출법으로 가장 적절한 것은?

> 희귀집단이나 접근이 어려운 집단을 조사할 때, 초기에 선정된 소수의 응답자로부터 다른 응답자를 소개받아 표본을 확대해 나가는 방식이다.

① 할당 표본추출(Quota Sampling)

② 판단 표본추출(Judgment Sampling)

③ 눈덩이 표본추출(Snowball Sampling)

④ 편의 표본추출(Convenience Sampling)

정답 16 ② 17 ③ 18 ③

19 다음 중 **확률표본추출법**에 해당하는 방법만 나열된 것은?

① 층화임의 추출법, 할당 표본추출법, 체계적 표본추출법
② 할당 표본추출법, 편의 표본추출법, 체계적 표본추출법
③ 층화임의 추출법, 집락 표본추출법, 체계적 표본추출법
④ 층화임의 추출법, 편의 표본추출법, 집락 표본추출법

20 확률표본추출과 비확률표본추출을 비교했을 때, 비확률표본추출에 해당하는 설명으로 옳지 **않은** 것은?

① 표본이 모집단에 비해 보다 대표성이 낮다.
② 표본추출 오류계산이 불가능하다.
③ 표본을 추출하는 비용이 높다.
④ 표본추출기법에 높은 수준이 요구되지 않는다.

21 다음 중 표본에 이상치(outlier)가 존재할 때, 자료의 중심성을 가장 잘 표현하는 값은 무엇인가?

① 범위값
② 중앙값
③ 평균값
④ 최빈값

22 다음 중 성격이 <u>다른</u> 통계값은?

① 중앙값
② 분산
③ 평균값
④ 최빈값

---

19 확률표본추출법에는 단순무작위 표본추출법(단순임의 추출법), 계층별 무작위 추출법(층화임의 추출법), 군집 표본추출법(집락 표본추출법), 체계적 표본추출법(계통추출법) 등이 있다.

20 확률표본추출에 비해 비확률표본추출에 드는 비용이 더 낮다.

21 표본에 이상치(outlier)가 존재할 때, 자료의 중심성을 가장 잘 표현하는 값은 중앙값(median)이다.

22 분산은 자료의 산포도를 표현하며, 다른 통계값은 자료의 중심화 경향을 표현한다.

정답 19 ③ 20 ③ 21 ② 22 ②

23 가격과 매출의 관계는 보통 음의 상관관계를 갖는다.

23 다음 중 보통 음의 상관관계를 가지는 독립변수와 종속변수는?

	독립변수	종속변수
①	광고	매출
②	만족도	수익
③	판매점포수	매출
④	가격	매출

24 제시된 자료에서 앱광고비용과 매출은 양의 상관관계이다.

24 다음과 같이 앱광고비용과 판매량을 수치화한 자료에서 나타나는 상관관계는 다음 중 어떠한 그래프와 가장 유사한가?

앱광고비용	판매량
8,000	100,000
8,200	120,000
6,700	70,000
9,000	150,000

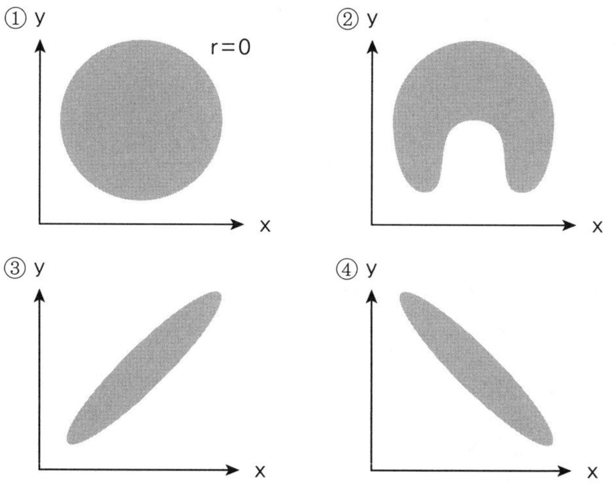

25 다음 중 회귀분석에 대한 설명으로 옳은 것은?

① 회귀분석은 독립변수와 종속변수 간의 상관관계를 확인하기 위해 실시한다.

② 회귀분석은 불필요한 변수를 제거하기 위해 실시한다.

③ 회귀분석은 유사한 것을 묶어서 군집화하려는 경우에 실시한다.

④ 회귀분석은 서로가 구분되는지 그 이유를 찾기 위해 활용한다.

26 다음 중 성격이 <u>다른</u> 다변량 분석기법은?

① 다중회귀분석

② 요인분석

③ 군집분석

④ 판별분석

27 다음 내용과 같은 특징을 가지는 다변량 분석기법은 무엇인가?

- 비슷한 특성을 가진 집단을 확인하기 위해 시도하는 통계적 분석방법이다.
- 데이터 간 유사도를 정의하고, 그 유사도에 가까운 것부터 순서대로 합쳐가는 방식이다.
- 종속변수가 없어도 분류가 가능한 분류기법이다.

① 다중회귀분석

② 요인분석

③ 군집분석

④ 판별분석

---

25 회귀분석은 독립변수와 종속변수 간의 상관관계를 확인하기 위해 실시한다.
②는 요인분석, ③은 군집분석, ④는 판별분석에 해당하는 설명이다.

26 회귀분석은 상관관계를 확인하고 수치예측을 위해 활용한다.
요인분석, 군집분석, 판별분석은 각 집단의 분류를 위해 시행하며 분류예측을 위해 활용한다.

27 제시된 특징은 군집분석에 대한 내용이다. 군집분석은 비슷한 특성을 가진 집단을 확인하기 위해 시도하는 통계적 분석방법이며, 목적은 많은 수의 관측개체를 몇몇의 그룹(군집)으로 나눔으로써 대상집단을 이해하고 군집을 효율적으로 활용하는 데 있다. 또한 군집분석은 모든 개체들 간의 거리 또는 (비)유사성을 계산해서 군집화한다.

정답 25 ① 26 ① 27 ③

28 A/B 테스트에서는 주로 두 명목형 변수(예 디자인 유형 × 클릭 여부) 간의 관계를 검증한다. 이때 사용하는 통계기법이 바로 카이제곱 검증(Chi-square Test) 중 '독립성 검증'이다. 두 변수 간의 연관성이 통계적으로 유의하면, 즉 디자인 유형이 클릭 여부에 영향을 준다면, 두 변수는 독립적이지 않다고 결론 내린다.

28 다음 제시문을 읽고, 해당 분석기법으로 가장 적절한 것을 고르시오.

> 한 디지털 마케팅팀은 랜딩페이지 디자인을 두 가지 버전(A안, B안)으로 제작하여 각각의 방문자 그룹에 무작위로 노출시켰다. 각 버전별로 '클릭 여부(클릭함 / 클릭 안 함)' 데이터를 수집한 결과, 두 디자인 간 클릭률이 통계적으로 차이가 있는지를 검증하고자 한다. 데이터는 명목형 변수(디자인 유형, 클릭 여부)로 구성되어 있으며, 두 변수가 서로 독립적인지 여부를 판단하려고 한다.

① 분산분석(ANOVA)
② 상관분석(Correlation Analysis)
③ 회귀분석(Regression Analysis)
④ 독립성 검증(Chi-square Test of Independence)

29 가설은 조사 문제를 단순하게 재정의하는 것이 아니라, 검증이 가능한 행태로 재정의하는 것이다.

29 다음 중 가설에 대한 설명으로 옳지 <u>않은</u> 것은?

① 귀무가설과 대립가설이 있다.
② 가설은 명확하게 설정한다.
③ 조사 문제를 단순하게 재정의하는 것이다.
④ 가설에 따라 표본으로부터 필요한 통계량이 다르다.

정답 28 ④ 29 ③

30 다음 사례를 보고, 귀무가설의 기각 여부로 가장 적절한 것을 <u>고르시오</u>.

> 한 마케팅 담당자는 신규 광고 캠페인이 기존 광고보다 브랜드 인지도 평균(μ) 를 높였는지를 검증하고자 한다. 표본조사 결과, t-검증 통계량은 t = 2.35, 유의확률은 p = 0.024로 나타났다. 유의수준(α)을 0.05로 설정했을 때, 다음 중 올바른 해석은 무엇인가?

① p값이 유의수준보다 크므로 귀무가설을 채택한다.
② t값이 작으므로 광고 효과는 통계적으로 유의하지 않다.
③ p값이 유의수준보다 작으므로 귀무가설을 기각한다.
④ t값이 음수이므로 광고 효과는 부정적이다.

31 다음 중 설문 문항으로 가장 <u>부적절한</u> 것은?

① 귀하는 평소 커피를 얼마나 자주 마십니까?
② 귀하는 회사의 급여와 승진제도에 만족하십니까?
③ 귀하는 주로 이용하는 커피 브랜드는 무엇입니까?
④ 귀하는 하루에 커피를 몇 잔 마십니까?

32 다음 중 집단 간(2 혹은 그 이상)의 차이를 분석하는 데 사용되는 분석 방법은?

① 분산분석
② 요인분석
③ 군집분석
④ 컨조인트분석

---

30 귀무가설(H_0) : 신규 광고는 기존 광고와 평균 인지도에 차이가 없다.
대립가설(H_1) : 신규 광고는 기존 광고보다 평균 인지도가 높다.
유의수준 α = 0.05, p = 0.024 ⇒ p < α
따라서 귀무가설을 기각하고, 신규 광고가 브랜드 인지도를 유의하게 향상시켰다고 해석한다.

31 ②는 급여와 승진제도라는 두 가지 요인을 한꺼번에 묻는 이중질문(Double-barreled question) 이다. 응답자가 어떤 부분에 만족하거나 불만족하는지 구분하기 어렵기 때문에 부적절한 문항이다. 나머지 문항은 단일 개념만 묻고 있어 설문문항으로 적절하다.

32 분산분석(Analysis of Variance ; ANOVA)은 두 집단 이상의 평균 간의 차이를 검증하는 것으로 t-검증을 일반화한 분석방법을 말한다. 또한 종속변수의 개별 관측치와 이들 관측치의 평균값 사이의 변동을 해당 원인에 따라 몇 가지로 나누어 분석하는 방법이다.

정답 30 ③ 31 ② 32 ①

33 주택가격예측, 프로모션 예측 및 원인분석, 시계열분석 분야에는 회귀분석이 활용된다. 지각도를 활용한 경쟁관계 분석은 다차원척도법을 활용할 수 있다.

34 투자한 광고비용이 2일 때 추정판매액은 200이며, 실제판매액은 모른다.
투자한 광고비용이 3일 때 추정판매액은 250이며, 실제판매액은 모른다.

35 위의 회귀분석식에서 추정계수는 β_0와 β_1이다.

---

33 다음 중 회귀분석을 활용한 사례가 <u>아닌</u> 것은?

① A앱은 서울/부산 지역 아파트 실거래가를 예측하는 모델을 개발하였다.

② B미디어는 각 매체별 광고비용과 실제 매출액을 이용하여, 매체별 광고효과를 비교하였다.

③ C사는 지각도를 활용하여 자사제품과 경쟁사제품의 경쟁관계를 분석하였다.

④ D사는 월별 매출액 증가의 원인을 분석하였다.

34 회귀분석 결과, 다음과 같은 회귀계수를 결과로 얻었다. 이에 대한 설명으로 옳은 것은?

$$Y = 100 + 50X \qquad \begin{array}{l} \cdot\, Y = 추정판매액 \\ \cdot\, X = 투자한\ 광고비용 \end{array}$$

① 투자한 광고비용이 2일 때, 실제판매액은 200이다.

② 투자한 광고비용이 2일 때, 추정판매액은 250이다.

③ 투자한 광고비용이 3일 때, 실제판매액은 250이다.

④ 투자한 광고비용이 3일 때, 추정판매액은 250이다.

35 통상적으로 활용되는 회귀분석 모델은 다음과 같다. 이에 대한 설명으로 옳지 <u>않은</u> 것은?

$$Y_i = \beta_0 + \beta_1 X_i + \varepsilon_i$$

① 위의 회귀분석 식에는 하나의 독립변수와 하나의 종속변수가 포함되어 있다.

② 회귀분석식의 추정계수는 X_i, Y_i이다.

③ ε는 우연적 오차로 해당평균은 0이며, 분산은 0으로 가정한다.

④ β는 상관관계를 반영한다.

정답 33 ③ 34 ④ 35 ②

36 다음 내용과 같은 특성을 가진 다변량 분석기법은 무엇인가?

> - 포지셔닝을 위한 인지맵을 그리는 데 주로 사용되는 다변량 분석기법이다.
> - 유사성·비유사성 값을 활용하여 개체들을 2차원 공간상에 표현하는 분석방법이다.
> - 시장세분화, 신제품 개발 등의 광범위한 마케팅 문제에 유용하게 활용된다.

① 다차원척도법
② 컨조인트분석
③ 군집분석
④ 판별분석

37 다음 중 컨조인트분석의 주요 활용 분야에 해당하지 <u>않는</u> 것은?

① 시장세분화
② 제품의 최적속성 결정
③ 경쟁제품 분석
④ 신제품개발

38 다음과 같은 질문에서 활용된 척도와 질문형식으로 옳은 것은?

> 현재 시청하고 계신 벽걸이형 TV에 대한 당신의 만족도는 어떤가요?
>
> ①　－　②　－　③　－　④　－　⑤
> 매우 불만족　약간 불만족　보통　약간 만족　매우 만족

① 어의차이 척도를 활용한 개방형 질문
② 등급 척도를 활용한 고정형 질문
③ 스타펠 척도를 활용한 고정형 질문
④ 리커트 척도를 활용한 개방형 질문

---

36 제시된 특성에 해당하는 것은 다차원척도법이다. 다차원척도법은 특정 연구대상들에 대한 사람들의 주관적인 또는 각종 지표 등과 같이 객관적인 근접성의 정도를 보여주는 데이터를 분석하며, 이러한 데이터 안에 감추어져 있는 구조를 발견하는 것이다. 또한 다차원척도법은 소비자들이 특정 대상들을 어떻게 생각하는지, 그렇게 판단하는 기준은 무엇인지를 알아내는 데 유용하다.

37 컨조인트분석을 활용하여 시장세분화, 제품의 최적속성 결정, 제품디자인, 신제품개발 등이 가능하다. 경쟁제품 분석이 가능한 것은 다차원척도법이다.

38 제시된 질문은 등급 척도를 활용한 고정형 질문의 예시이다.

정답　36 ①　37 ③　38 ②

39 제시된 질문은 리커트 척도의 예시이다. 리커트 척도는 서술형의 질문에 대해 찬·반의 정도를 표시하게 하는 방법을 말한다. 통상적으로 20 ~ 30개의 서술형 문항을 활용하고, 긍정적 문항 및 부정적 문항을 포함하고 있다. 또한 3점, 5점, 7점, 11점, 13점 척도 등을 활용하며, 이 중에서 5점 척도가 가장 많이 활용되고 있다.

40 표본크기 산정 공식은

$$n = \frac{Z^2 \times p(1-p)}{E^2}$$ 을 사용한다.

이를 대입하면,

$$n = \frac{(1.96)^2 \times 0.5(1-0.5)}{(0.05)^2}$$

$$= \frac{3.8416 \times 0.25}{0.0025} = \frac{0.9604}{0.0025}$$

$$= 384.16$$

따라서 최소 표본은 약 385명이다.

정답 39 ② 40 ①

---

39 다음에 제시된 질문은 메트릭 척도법 중 어느 것을 활용하였는가?

> A라면의 맛은 상당히 좋다.
>
> 〈전혀 동의하지 않음〉 1 2 3 4 5 〈매우 동의함〉

① 연속형 평가척도

② 리커트 척도

③ 의미차별화 척도

④ 스타펠 척도

40 다음에 제시된 조건에서 필요한 최소 표본크기는 얼마인가?

> 한 기업이 고객 만족도를 추정하기 위해 95% 신뢰수준, 허용오차(±5%), 모집단 비율 0.5를 사용하였다.
> 표본크기 산정식은 다음과 같다.
>
> $$n = \frac{Z^2 \times p(1-p)}{E^2}$$
>
> (단, $Z = 1.96$, $p = 0.5$, $E = 0.05$)

① 약 385명

② 약 250명

③ 약 196명

④ 약 600명

제1장

마케팅 조사의 이해

교육이란 사람이 학교에서 배운 것을 잊어버린 후에 남은 것을 말한다.

– 알버트 아인슈타인 –

제 1 장 마케팅 조사의 이해

제1절 마케팅 조사의 정의 [기출]

1 마케팅 조사의 정의 [중요] [기출]

(1) 마케팅 조사 : 경영 의사결정 과정에서 발생하는 불확실성을 체계적으로 줄이기 위하여, 필요한 정보를 과학적으로 수집 · 기록 · 분석 · 해석하는 활동으로서, 의사결정 자체를 대신하기보다는 그 성공 가능성을 높이는 지원 과정

(2) 조사는 문제의 원인과 대안을 규명하여, 의사결정자가 합리적 선택을 할 수 있도록 객관적 근거와 실증 자료를 제공하는 기능을 수행

2 마케팅 조사의 목적 [중요] [기출]

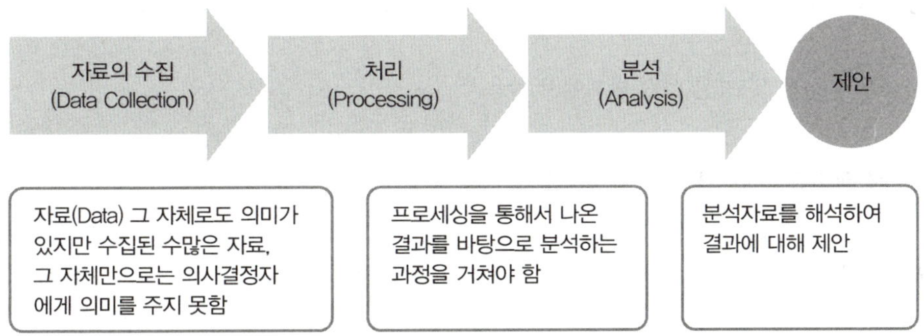

(1) 의사결정 지원 : 불확실한 환경에서 경영자가 합리적인 판단을 내릴 수 있도록 정보 제공

(2) 문제 발견 : 매출감소 · 점유율 하락 등 징후의 원인 규명 및 기회 탐색

(3) 문제 해결 : 신제품 · 가격 · 촉진 등 대안의 효과 검증을 통한 최적 전략 선택

(4) 시장 이해 : 시장규모 · 성장성 · 경쟁구조 · 세분화 분석을 통한 기회 · 위협 인식

(5) 소비자 이해 : 태도 · 만족 · 충성도 · 구매행동 조사로 마케팅 전략의 근거 마련

(6) 성과 통제 : 마케팅 실행 후 KPI(Key Performance Indicator 예 매출, ROAS 등)를 추적 · 평가하여 피드백 제공

(7) 윤리적 책임 수행 : 응답자 권리 보호, 개인정보 관리, 연구의 객관성 유지

3 마케팅 조사의 기본 범주 중요

구분	내용	예시
데이터 출처	• 1차 자료(직접 수집) • 2차 자료(기존 축적)	• 설문 · 실험 • 통계청 · 기업 DB
방법론	• 정성조사(면접 · FGI · 관찰) • 정량조사(표본 · 실험)	• FGI · 인사이트 도출 • 회귀 · 분석
조사목적	• 탐색(문제 규정) • 기술(현상 기술) • 인과(원인 검증)	• 전문가 인터뷰 • 패널조사 • 실험
조사 채널	• 오프라인(대면 · 전화 · 우편) • 온라인(CAWI · 모바일 · 로그데이터)	온라인 패널

(1) 탐색조사 : 문제 정의 및 가설 설정 단계에서 활용

(2) 기술조사 : 시장현황 · 세분화 구조 파악에 활용

(3) 인과조사 : 독립변수의 조작이 종속변수에 미치는 영향을 검증

4 마케팅 조사의 절차 기출

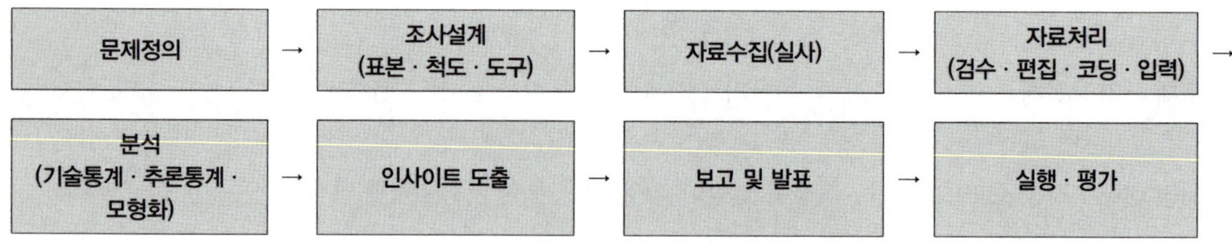

<table>
<tr><td>제2절</td><td>마케팅 의사결정과 마케팅 조사</td></tr>
</table>

1 마케팅 의사결정의 개념

(1) 마케팅 의사결정 : 시장환경 변화 속에서 한정된 자원을 최적으로 배분하기 위한 판단과 선택의 과정

(2) 기업은 시장의 불확실성, 경쟁 강도, 소비자 행동 변화 등에 대응하기 위해 정확한 정보에 근거한 합리적 의사결정을 수행해야 함

→ 마케팅 조사는 이러한 의사결정을 지원하는 **정보생산 기능**으로 작용함

2 마케팅 의사결정 과정

의사결정 과정은 일반적으로 다음 단계로 구성된다.

(1) 문제 인식 : 매출감소, 브랜드 이미지 하락, 시장점유율 변화 등 현상 인식

(2) 정보 탐색 : 문제 원인을 파악하기 위한 자료 및 사실 수집

(3) 대안 설정 : 가능한 전략 및 실행 방안 도출

(4) 대안 평가 : 조사자료를 기반으로 효과 · 비용 · 위험 평가

(5) 의사결정 및 실행 : 최적 대안 선택 및 실행

(6) 성과 평가 및 피드백 : 조사결과 및 시장 반응 분석을 통한 조정

더 알아두기

조사활동은 각 단계에서 다른 형태로 활용됨

의사결정 단계	조사 역할	주요 조사유형
문제 인식	현상 규명, 탐색적 조사	탐색조사
정보 탐색	시장 · 소비자 데이터 확보	기술조사
대안 평가	효과 검증, 원인 규명	인과조사
실행 · 평가	성과 모니터링	패널조사, 추적조사

3 의사결정문제와 조사문제의 구분 (중요) (기출)

(1) 의사결정문제 : 경영자가 해결해야 할 실질적 경영 이슈

> 예 "신제품 가격을 얼마로 책정해야 하는가?"

(2) 조사문제 : 의사결정문제를 해결하기 위한 정보 탐색 과제

> 예 "소비자가 지불할 의향가격(WTP)은 얼마인가?"

→ 조사문제는 의사결정문제에서 파생되며, 정확한 문제 정의가 이루어져야 조사 결과의 실효성이 확보됨

4 마케팅 의사결정과 조사정보의 관계

구분	마케팅 의사결정	마케팅 조사
목적	최적 대안 선택	정보 제공
주체	경영자, 관리자	조사자, 분석가
기준	전략적 판단, 경험	객관적 데이터, 통계
산출물	의사결정안, 실행계획	조사보고서, 분석결과
상호관계	조사정보를 활용하여 의사결정 수행	의사결정 요구에 맞는 정보 생산

5 마케팅 조사정보의 의사결정 활용사례

(1) 신제품 개발 : 시장 니즈, 콘셉트 수용도, 컨조인트분석 결과 활용

(2) 가격결정 : 가격 민감도 분석, 수요곡선 추정, 가성비 인식 평가

(3) 유통전략 : 점포 입지조사, 물류 효율성 조사, 온라인 채널 분석

(4) 프로모션 전략 : 광고 인지도 · 태도 조사, 캠페인 사전 · 사후 평가

(5) 고객관계관리(CRM) : 고객 세분화, 이탈예측 모델, 충성도 지표 활용

제3절　기업의 마케팅 조사 영역

1 마케팅 조사 영역의 의의

(1) 마케팅 조사는 기업의 전략적 의사결정을 지원하기 위한 정보시스템적 기능을 수행하며, 제품 · 가격 · 유통 · 촉진 등 마케팅 믹스의 각 요소와 시장 · 소비자 관련 의사결정 전반을 포괄한다.

(2) 조사 영역은 조사목적과 마케팅 관리활동의 단계에 따라 구분되며, 기업은 이를 통해 시장 변화에 대응하고, 기회 탐색 및 리스크 관리 기능을 수행한다.

2 마케팅 조사 영역의 구분

구분 기준	세부 영역	주요 내용
시장 환경 조사	거시환경 조사, 산업구조 분석	경제 · 사회 · 기술 · 정치 · 법률 요인 및 경쟁환경 파악
소비자 조사	인구통계 · 심리 · 행동조사	욕구, 구매동기, 태도, 충성도, 세분시장 규명
제품 조사	신제품 아이디어 · 콘셉트 · 테스트	신제품 개발, 수명주기 관리, 포지셔닝 전략 수립
가격 조사	가격 민감도, 수요예측, 탄력성 분석	소비자 지불의사, 최적가격 설정, 프로모션 반응
유통 조사	유통경로 · 입지 · 물류 조사	채널 구조 · 효율성, 점포 입지 선정, 온라인 채널 분석
촉진 조사	광고 · 홍보 · 판매촉진 평가	광고 인지도, 태도변화, 캠페인 효과 검증
브랜드 조사	브랜드 인지도 · 이미지 · 자산 측정	브랜드 가치평가, 리포지셔닝, 충성도 분석
고객만족 조사	서비스 품질, 재구매 · 이탈요인 분석	고객경험(CX) 개선, VOC 분석, NPS 산출
성과 조사	마케팅활동의 성과평가	ROI, 광고효과, 유통성과 등 측정

3 조사 영역별 특징

(1) 시장환경 조사

거시적 요인(경제, 인구, 기술, 법률, 문화 등)의 변화를 파악하여 기회·위협요인을 분석하는 조사

> 예 경기침체 시 소비위축 트렌드, AI 기술의 마케팅 자동화 영향 등

(2) 소비자 조사

소비자의 태도·지각·행동을 측정하여 표적시장과 세분화 전략 수립에 활용

> 예 라이프스타일 조사, 충성고객 집단의 행동분석 등

(3) 제품 조사

'아이디어 스크리닝 → 콘셉트 테스트 → 사용성 평가 → 시장테스트'로 이어지는 단계별 조사

> 예 신제품 선호도 조사, 패키지 디자인 테스트

(4) 가격 조사

가격탄력성, 지불의사(WTP : Willingness to Pay), 경쟁사 가격비교 등을 통해 최적가격 도출

> 예 **가격민감도 측정 기법** : PSM(Price Sensitivity Meter), Van Westendorp 분석

(5) 유통 조사

판매경로의 효율성, 점포 입지, 재고회전율, 온라인채널 트래픽 등 유통성과를 평가

> 예 상권분석, 온라인몰 전환율 조사

(6) 촉진 조사

광고 및 프로모션 활동의 사전·사후 효과를 검증하는 조사

> 예 광고 인지도 조사, 캠페인 리콜률 조사

(7) 브랜드 조사

브랜드 자산(인지도, 연상, 품질, 충성도)을 정량 · 정성적으로 평가

> 예 브랜드 가치지수 산출, 브랜드 이미지맵 분석

(8) 고객만족 조사

서비스 품질(SERVQUAL), 고객경험(CX : Customer Experience), 불만요인을 체계적으로 파악

> 예 NPS(Net Promoter Score), VOC(Voice of Customer) 텍스트 마이닝

(9) 성과 조사

마케팅투자의 효율성(ROI : Return on Investment), 프로모션 효과, 유통성과를 평가하여 개선방안 제시

> 예 광고효율분석, 캠페인 KPI(Key Performance Indicator) 평가

4 마케팅 조사와 관리기능의 연계

마케팅 관리기능	조사유형	주요 목적
시장기획	환경 · 경쟁조사	전략 방향 수립, 시장기회 탐색
STP전략	소비자조사	세분화 · 타깃팅 · 포지셔닝 근거 확보
4P전략	제품 · 가격 · 유통 · 촉진조사	마케팅 믹스의 실행력 강화
성과관리	브랜드 · 만족 · 성과조사	피드백과 성과평가를 통한 지속 개선

더 알아두기

성과측정조사를 위해서는 다양한 마케팅 성과지표들이 활용된다.

(1) 구매자/고객 수준에서의 정성적 성과지표(서베이로 주로 측정)

① 고객만족도 : 조직, 제품 또는 서비스가 얼마나 고객의 마음에 들었고 목표와 기대에 부합했는지 나타내는 척도

② 구매의도 : 소비자/고객의 신념과 태도가 실제 구매행동으로 이어질 주관적 가능성

③ 브랜드인지도

    ㉠ 소비자가 어떤 제품군에 속한 특정 브랜드를 재인식 또는 상기할 수 있는 능력

    ㉡ 최초 상기도(top of mind awareness), 비보조 인지도(unaided awareness), 보조 인지도(aided awareness) 등으로 나누어서 측정

④ 순추천지수(Net Promoter Score)

    ㉠ '우리 제품이나 서비스를 친구나 동료에게 추천할 의향이 얼마나 있습니까?'에 대한 질문에 대해 11점 척도로 답변을 받아 이를 추천고객(Promoters)과 중립고객(Passives), 그리고 비추천고객(Detractors)으로 구분하고 추천고객 비율에서 비추천고객 비율을 뺀 점수

    ㉡ 주로 브랜드에 대한 고객의 충성도와 추천 의향을 표현한 지표

(2) 제품/기업 수준에서의 정량적 성과지표(2차 자료로 측정)

① 매출액 : 영업활동을 통해 얻은 총 수익

> 매출액 = 판매가격 × 판매량

② 영업이익 : 영업활동을 통해 순수하게 남은 이익

> 영업이익 = 매출액 − 매출원가 − 판매관리비

③ 시장점유율 : 특정 제품의 매출(판매량 혹은 판매금액)이 시장 전체의 매출에서 차지하는 비율

④ 광고수익률(ROAS : Return On Ad Spend) : 광고 캠페인 비용 대비 광고 캠페인 수익률

> ROAS = (해당 광고로부터의 매출 / 광고 비용) × 100

OX로 점검하자 | 제1장

※ 다음 지문의 내용이 맞으면 ○, 틀리면 ×를 체크하시오. (01~07)

01 마케팅 조사는 경영자의 의사결정을 대신하여 수행되는 활동이다. (   )

02 마케팅 조사의 궁극적 목적은 불확실한 의사결정 환경에서 합리적 판단을 내릴 수 있도록 정보를 제공하는 것이다. (   )

03 마케팅 조사의 절차는 일반적으로 '문제정의 → 조사설계 → 자료수집 → 분석 → 보고 및 실행'의 순으로 진행된다. (   )

04 의사결정문제는 조사자가 해결해야 할 과학적 과제이며, 조사문제는 경영자의 전략적 의사결정을 의미한다. (   )

05 탐색조사는 문제의 규정과 가설 설정을 목적으로 하며, 기술조사는 현상 기술에, 인과조사는 원인 검증에 활용된다. (   )

06 시장환경 조사는 경제 · 기술 · 법률 · 문화 등 거시적 요인의 변화를 파악하여 기회와 위협을 분석하는 조사이다. (   )

07 마케팅 조사 결과는 CRM, 브랜드 관리, 성과 평가 등 기업의 다양한 의사결정에 활용될 수 있다.
(   )

정답과 해설　01 ×　02 ○　03 ○　04 ×　05 ○　06 ○　07 ○

01　조사는 의사결정을 대신하지 않고, 그 성공 가능성을 높이는 지원활동이다.
04　반대이다. 의사결정문제는 경영자의 경영이슈이고, 조사문제는 그것을 해결하기 위한 정보탐색 과제이다.

01 마케팅 조사는 기업의 경영문제 해결을 위한 의사결정 지원용 체계적 정보활동이다.

01 다음 중 마케팅 조사의 정의로 가장 옳은 것은?

① 경영자가 직접 판매전략을 수립하는 과정
② 소비자의 구매행동을 추측하는 감각적 판단활동
③ 의사결정에 필요한 시장·소비자 정보를 체계적으로 수집·분석하는 활동
④ 기업성과를 측정하는 재무분석활동

02 조사의 목적은 의사결정의 합리화이며, 단순 기록 보관은 회계업무의 영역이다.

02 다음 중 마케팅 조사의 주된 목적이 <u>아닌</u> 것은?

① 의사결정의 불확실성 감소
② 매출 실적의 회계기록 보관
③ 마케팅 대안 간 비교·평가
④ 경영문제의 원인 규명

03 불확실성과 환경변화가 클수록 조사활동의 필요성이 커진다.

03 다음 중 마케팅 조사의 필요성이 높은 경우는?

① 명확한 내부 데이터로 충분히 판단할 수 있는 경우
② 경쟁자와 시장환경이 안정적인 경우
③ 시장 변화가 빠르고 불확실성이 큰 경우
④ 동일한 결과가 반복적으로 나타나는 경우

정답 01 ③ 02 ② 03 ③

04 의사결정문제와 조사문제의 관계에 대한 설명으로 옳은 것은?

① 동일한 개념이며 상호 대체 가능하다.
② 조사문제는 의사결정문제를 해결하기 위한 정보탐색 과제이다.
③ 조사문제가 더 포괄적 개념이다.
④ 의사결정문제는 조사자의 책임 범위를 의미한다.

05 다음 중 마케팅 조사정보의 활용영역으로 옳지 <u>않은</u> 것은?

① 제품개발 및 컨셉 평가
② 유통경로 효율성 진단
③ 회계감사 보고서 작성
④ 광고효과 측정

06 다음 중 시장환경 조사에 포함되는 요인으로 옳지 <u>않은</u> 것은?

① 경제 요인
② 사회 · 문화 요인
③ 기술 요인
④ 고객만족 요인

07 마케팅 조사는 보통 외부 전문조사회사를 통해서 수행된다. 다음 중 마케팅 조사의 의뢰와 관련하여 옳은 것은?

① 기업 내부 부서에서는 불가능하다.
② 조사 전담팀이 반드시 있어야 한다.
③ 외부뿐 아니라 내부에서도 수행 가능하다.
④ 경영자 단독 판단으로만 가능하다.

04 조사문제는 의사결정문제의 세분화된 형태로, 정보를 통해 경영자의 판단을 지원한다.

05 회계감사는 재무관리 영역이며, 마케팅조사는 시장 관련 의사결정 지원을 담당한다.

06 고객만족은 소비자조사의 영역이며, 시장환경 조사는 거시환경 (PEST) 요인을 다룬다.

07 조사는 기업 내부(리서치팀) 또는 외부 전문기관 중 상황에 맞게 수행할 수 있다.

정답 (04 ② 05 ③ 06 ④ 07 ③)

제 2 장

마케팅 조사의 절차

우리 인생의 가장 큰 영광은 결코 넘어지지 않는 데 있는 것이 아니라

넘어질 때마다 일어서는 데 있다.

– 넬슨 만델라 –

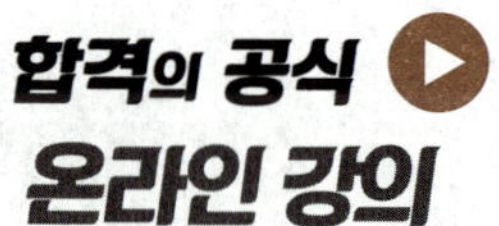

보다 깊이 있는 학습을 원하는 수험생들을 위한
시대에듀의 동영상 강의가 준비되어 있습니다.

www.sdedu.co.kr ➜ 회원가입(로그인) ➜ 강의 살펴보기

제1절　마케팅 조사 문제의 규명

1 마케팅 조사 문제의 규명 의의 중요 기출

(1) 마케팅 조사에서 가장 중요한 출발점은 조사문제를 올바르게 규명하는 일

(2) 문제의 규명은 단순한 증상을 파악하는 것이 아니라, 그 이면에 존재하는 근본 원인과 정보 요구를 명확히 정의하는 과정

(3) 예를 들어 매출이 감소했다는 것은 단순한 증상일 뿐이며, 실제 문제는 가격 인하 경쟁으로 인한 브랜드 이탈이나 신제품 인지도 부족일 수 있음

2 문제 규명의 절차

(1) 비즈니스 상황의 이해

시장, 경쟁사, 소비자, 내부 성과지표 등 경영환경의 변화요인을 분석함

> • **내부자료** : 매출, 고객DB, 유통망, 마케팅비용
> • **외부자료** : 시장점유율, 트렌드, 정책, 경기동향

이 단계에서 SWOT, PEST, 5 Forces 등 환경분석기법을 활용함

(2) 이해관계자 인터뷰

(3) 문제의 명확화 및 가설 설정

상황분석과 인터뷰를 통해 핵심문제를 명확히 진술하고, 그 원인에 대한 가설을 설정함

> 예 **문제** : 최근 3개월간 신규고객 유입률 감소
> 　**가설** : 광고 인지도가 낮아 신규 유입이 줄었다.

→ 이때 가설은 조사설계(표본 · 척도 · 분석법)의 방향을 결정함

(4) 정보요구 명세서 작성

조사자가 확보해야 할 정보를 구체적으로 정리한 문서로, 조사계획서의 기초

> 예 성공 기준(KPI)의 명세
> - KPI 1 : 브랜드 인지도 +10%
> - KPI 2 : 광고 메시지 이해도 70% 이상
> - KPI 3 : 구매전환율 5% 이상

3 조사의 형태

(1) 신디케이트(Syndicated) 조사 기출

① 정의 : 시장조사 전문기관이 특정 산업이나 제품군에 대한 정기적인 정보를 축적 · 판매하는 조사 형태
② 특징 : 여러 기업이 공동으로 이용할 수 있는 정기 보고서 형태로 제공됨
③ 예시 : 소비자 패널조사, 소매점 POS(Point-of-Sales)데이터, 광고노출 트래킹 조사
④ 장점 : 광범위하고 비교 가능한 데이터 제공, 비용 절감
⑤ 단점 : 특정 기업의 맞춤형 문제 해결에는 한계 존재

(2) 애드혹(Ad-hoc) 조사

① 정의 : 특정 시점에 특정 기업의 의사결정문제를 해결하기 위해 일회성으로 수행되는 조사
② 특징 : 조사목적과 설계가 상황별로 달라지며, 특정 이슈 해결 중심
③ 예시 : 신제품 출시 전 소비자 반응조사, 광고효과 측정, 위기관리 여론조사
④ 장점 : 맞춤형 분석 가능, 문제 해결 중심
⑤ 단점 : 조사비용이 높고, 비교데이터 확보가 어려움

제2절   조사의뢰기업에 의한 마케팅 조사 프로젝트 착수

1 마케팅 조사의 일반적 단계

(1) 문제정의 : 환경 변화 및 경영전략 변화에 따라 발생한 의사결정문제를 명확히 규명

(2) 조사설계 : 정의된 문제를 검증하기 위한 포괄적 계획 수립(조사유형, 방법, 표본설계 등)

(3) 자료수집 : 필요한 정보를 1차 또는 2차 자료로 수집

(4) 자료분석 : 통계분석 · 모형분석을 통해 의미 있는 인사이트 도출

(5) 보고 및 활용 : 결과를 보고서 및 프레젠테이션 형태로 제시하고 의사결정에 반영

조사의뢰기업은 주로 (1)~(2)단계(문제정의와 설계 착수)에 깊이 관여하며, 조사회사는 (3)~(5)단계(수집 – 분석 – 보고)의 실행 책임을 중심으로 수행한다.
조사의뢰기업은 1차 자료, 2차 자료를 모두 활용할 수 있다.

2 마케팅 조사의 구체적 단계 (중요)

1차 자료, 특히 설문지를 바탕으로 하는 마케팅 조사는 다음과 같은 단계를 거쳐 실행된다.

[마케팅 조사의 단계]

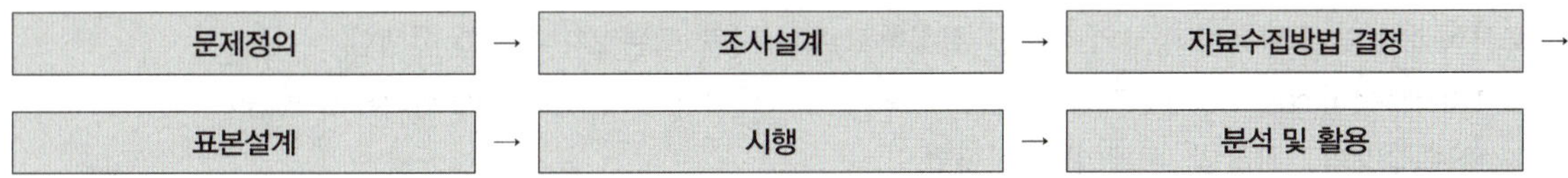

(1) 문제 정의

① 기업의 환경 변화나 전략 변화로 인해 발생한 마케팅 의사결정 문제를 규명하는 단계
② 단순한 **증상(예 매출 감소)이 아니라 원인(예 가격정책 실패, 경쟁사 진입 등)을 명확히 규정해야 함**
③ 문제정의가 불명확하면 조사결과가 무의미해지고, 비용이 낭비됨

(2) 조사 설계 중요 기출

조사설계는 정의된 문제에 대한 가설을 검증하거나 현상을 정확히 기술하기 위한 구체적인 조사계획 수립 과정을 의미한다. 이는 조사목적에 따라 어떤 조사유형을 사용할지, 어떤 자료를 수집할지, 그리고 어떤 방식으로 분석할지를 미리 정하는 단계이다. 특히 조사설계는 마케팅 조사의 전체 품질과 결과의 신뢰성을 좌우하는 핵심 과정으로, 그 목적에 따라 탐색조사, 기술조사, 인과조사로 구분된다. 이 세 가지 유형은 탐색조사로 문제를 파악하고, 기술조사로 현상을 파악한 후, 인과조사로 원인 관계를 검증하는 방식으로 단계적으로 연결된다. [자세한 내용은 제3장 참조]

① 탐색조사(Exploratory Research) 기출
  ㉠ 목적 : 문제의 성격을 탐색하고 초기 가설을 설정하기 위한 예비적 연구
  ㉡ 특징 : 문제 구조가 불명확한 상황에서 정성적 · 비구조화된 자료를 활용
  ㉢ 역할 : 후속 기술적 · 인과적 연구의 방향과 설계를 결정하는 기초 단계

② 기술조사(Descriptive Research) 기출
  ㉠ 목적 : 시장 현황, 소비자 태도와 행동 등 현재 무엇이 일어나고 있는가를 객관적 · 정량적으로 설명하는 조사
  ㉡ 특징 : 구조화된 설문과 비교적 큰 표본을 활용하며, 통계적 일반화가 가능함
  ㉢ 역할 : 브랜드 인지도, 만족도, 시장점유율 등 핵심 지표를 측정하여 후속 분석과 예측의 기초 자료를 제공함

③ 인과조사(Causal Research) 기출
  ㉠ 목적 : 마케팅 변수 간의 원인과 결과 관계를 규명하여 왜 그런 현상이 발생하는가를 설명하는 조사
  ㉡ 특징 : 독립변수를 의도적으로 조작하고, 통제 · 무작위 배정을 통해 종속변수의 변화를 관찰하는 실험적 접근
  ㉢ 역할 : 가설검증을 통해 의사결정의 근거를 제공하며, 높은 내부 타당성을 확보할 수 있음

(3) 자료수집방법 결정 중요 기출

조사목적에 맞게 필요한 정보의 형태를 결정하고, 1차 자료 또는 2차 자료를 선택함

① 1차 자료(Primary Data) : 직접 수집한 자료로, 조사목적에 맞게 정확성과 신뢰도가 높음
  ⇒ 수집방법 : 관찰법, 서베이법, 실험법

방법	개념	장점	단점
관찰법	행동이나 현상을 직접 관찰	비언어적 정보 파악 가능	동기 · 감정 등 파악 어려움
서베이법	설문지를 통한 응답 수집	많은 응답자 신속 조사 가능	응답자의 편향 가능성
실험법	변수 조작 후 효과 측정	인과관계 규명 가능	통제비용 · 시간 소요 큼

② 2차 자료(Secondary Data) : 기존에 수집된 자료로, 시간 · 비용이 절감되나 조사목적과 다를 수 있음

(4) 표본설계 중요 기출

조사의 모집단 전체를 대상으로 하는 것이 어렵기 때문에, 일부를 대표로 추출함

표본설계는 모집단 정의 → 표본프레임 설정 → 표본추출방법 선택 → 표본크기 결정의 순서로 진행됨

① **표본조사** : 일부만 조사(대표성 중요)

② **전수조사** : 모집단 전체 조사(비용 · 시간 과다)

③ **확률표본추출** : 각 단위의 추출확률이 알려진 방식(예 단순무작위, 층화, 집락, 계통)

④ **비확률표본추출** : 연구자의 판단이나 편의에 따른 방식(예 판단, 할당, 눈덩이)

(5) 조사시행 및 자료분석

조사회사가 조사계획서에 따라 실사를 수행하고, 수집된 자료를 통계적으로 분석함

① 자료검수, 코딩, 입력, 기술통계, 회귀 · 요인 · 분류 · 분석 등을 수행함

② 분석 결과는 보고서로 요약되어 조사의뢰기업에 전달됨

제3절 　조사회사에 의한 조사계획서 작성

1 　조사계획서의 의의

조사회사에 의한 조사계획서(Research Proposal)는 조사의뢰기업이 발행한 RFP(Request for Proposal)에 대한 공식 응답문서이자, 전체 조사 프로젝트의 설계도(blueprint) 역할을 수행한다. 조사의 목적, 방법, 표본, 일정, 예산, 품질관리, 윤리원칙 등을 포함하며, 조사회사와 의뢰기업 간 업무 범위(Scope of Work) 와 성과 기준(Deliverables)을 명확히 규정한다. 즉, 조사의 필요성을 제시한 문서가 RFP라면, 그 필요를 어떻게 충족시킬 것인가를 제시하는 문서가 조사계획서이다.

2 　조사계획서의 작성 절차

조사회사는 의뢰기업의 RFP를 접수한 후, 다음과 같은 절차를 통해 조사계획서를 작성한다.

(1) RFP 검토 : 조사배경 · 목적 · 예산 · 기대성과 분석

(2) 내부회의 : 조사방법론 · 표본 · 스케줄 초안 수립

(3) 조사설계 : 조사유형 · 수집방법 · 분석기법 구체화

(4) 예산산출 : 인력 · 조사비용 · 데이터처리비 산정

(5) 품질관리방안 수립 : 검수 · 코딩 · 검증 절차 명시

(6) 윤리검토 : 개인정보보호, 응답자 권리 보호방안 명시

(7) 최종계획서 작성 · 제출 : 의뢰기업과 협의 후 확정 제출

3　조사계획서의 기본 구성요소

조사계획서의 내용은 일반적으로 다음과 같은 항목으로 구성된다.

(1) 조사개요 : 조사배경, 필요성, 문제정의

(2) 조사목적 : 조사 목표 및 기대성과 명시

(3) 조사범위 : 조사대상, 지역, 기간, 표본의 한계

(4) 조사설계 : 조사유형(탐색 · 기술 · 인과), 조사방법(서베이 · 관찰 · 실험 등), 데이터 수집 절차

(5) 표본설계 : 모집단 정의, 표본추출방법, 표본크기 산정 근거

(6) 조사도구 : 설문지, 인터뷰가이드, 측정척도 구성

(7) 자료처리 및 분석계획 : 코딩, 입력, 통계분석, 가설검증 절차

(8) 일정계획 : 주요 단계별 일정표(Gantt chart)

(9) 예산계획 : 인력비, 실사비, 처리비, 보고비 등 세부 항목별 견적

(10) 품질관리 및 윤리 : 오차통제, 데이터보안, 응답자권리 보호조치

(11) 보고계획 : 보고서 형태, 제출일정, 프레젠테이션 계획

4 조사계획서의 핵심내용

조사계획서의 중심은 조사설계(Research Design) 부분이다. 이는 **조사문제를 해결하기 위해 어떤 조사유형과 방법을 사용할 것인가**를 구체적으로 규정하고 있다.

(1) 조사유형

① **탐색조사** : 문제 규명 및 가설 설정을 위한 예비조사
② **기술조사** : 현상 기술 및 비교를 위한 정량조사
③ **인과조사** : 원인 – 결과 관계 규명을 위한 실험조사

(2) 조사방법

① **서베이법** : 설문을 통한 광범위한 자료수집
② **관찰법** : 행동 · 환경을 직접 관찰하여 비언어적 자료 확보
③ **실험법** : 변수를 통제하여 인과관계 검증

(3) 자료의 출처

① **1차 자료** : 직접 수집한 데이터(예 인터뷰, 설문 등)
② **2차 자료** : 기존에 수집된 자료(예 기존 통계 · 리포트 · DB 활용 데이터)

(4) 표본설계

모집단 정의 → 표본프레임 작성 → 추출방법 선택 → 표본크기 결정
확률표본(단순 · 층화 · 집락)과 비확률표본(판단 · 할당 · 눈덩이)으로 구분함

5 보고 및 커뮤니케이션 계획

조사회사는 조사계획서에 결과보고 및 커뮤니케이션 방식을 명시해야 한다.

구분	내용
중간보고	조사 진행 현황, 예비결과 공유
최종보고	분석결과, 시사점, 제언 포함
프레젠테이션	시각화, 인사이트 도출 중심 발표
산출물 제공	보고서, 데이터셋, 그래프, 인포그래픽 포함

6 조사계획서의 성격

(1) 조사계획서의 성격

① 조사의뢰기업과 조사회사 간의 계약 문서이자 기술 제안서 역할
② 조사 수행 후 법적 · 윤리적 분쟁 발생 시 판단 근거로 활용 가능

(2) 조사계획서와 조사보고서의 차이

구분	조사계획서	조사보고서
시점	조사 이전	조사 이후
내용	조사방법, 일정, 설계, 예산	조사결과, 분석, 시사점
목적	실행계획 승인	결과 공유 및 의사결정 지원

※ **다음 지문의 내용이 맞으면 ○, 틀리면 ×를 체크하시오. (01~09)**

01 문제규명 단계에서는 조사목적을 구체화하고 필요한 정보를 명확히 정의해야 한다. (　　)

02 마케팅 조사에서 탐색조사는 이미 정의된 문제를 해결하기 위한 구체적 가설검증 단계에 속한다.
(　　)

03 기술조사는 소비자 행동이나 시장현상을 객관적으로 묘사하고 비교하기 위한 정량적 접근을 말한다.
(　　)

04 인과조사는 독립변수를 조작하지 않고도 인과관계를 추론할 수 있다. (　　)

05 탐색조사, 기술조사, 인과조사는 상호 대체적인 관계로 한 번에 하나만 선택하여 수행한다. (　　)

06 RFP(Request for Proposal)는 조사회사가 조사계획을 제시하는 문서를 말한다. (　　)

07 조사계획서는 조사 전 단계에서 작성되며, 조사목적·설계·예산·일정·품질관리 등을 포함한다.
(　　)

08 표본설계 단계에서는 모집단을 정의하고 표본추출방법 및 표본크기를 결정한다. (　　)

09 조사계획서에는 중간보고 및 최종보고 일정, 커뮤니케이션 방식 등이 포함되어야 한다. (　　)

정답과 해설　01 ○　02 ×　03 ○　04 ×　05 ×　06 ×　07 ○　08 ○　09 ○

02　탐색조사는 가설형성 단계에 해당하며, 문제를 정의하고 방향을 설정하기 위한 예비조사이다.
04　인과조사는 독립변수를 의도적으로 조작하여 종속변수의 변화를 측정함으로써 인과성을 검증한다.
05　세 조사유형은 누적적이며 보완적인 관계이다. 탐색 → 기술 → 인과의 순으로 진행된다.
06　RFP는 조사의뢰기업이 조사목적과 요구사항을 제시하는 문서이며, 조사회사는 이에 대한 응답으로 조사계획서를 작성한다.

제2장 마케팅 조사의 절차

01 마케팅 조사의 단계 :
문제정의 → 조사설계 → 자료수집
방법의 결정 → 표본설계 → 시행
→ 분석 및 활용

01 다음 중 마케팅 조사의 단계로 옳은 것은?

① 문제정의 → 자료수집방법의 결정 → 조사설계 → 표본설계 → 시행 → 분석 및 활용
② 문제정의 → 자료수집방법의 결정 → 표본설계 → 조사설계 → 시행 → 분석 및 활용
③ 문제정의 → 조사설계 → 자료수집방법의 결정 → 표본설계 → 시행 → 분석 및 활용
④ 문제정의 → 표본설계 → 조사설계 → 자료수집방법의 결정 → 시행 → 분석 및 활용

02 표본설계는 조사대상 선정 방법을
결정한다.

02 마케팅 조사 단계 중 조사방법과 자료수집방법 등이 결정되면 조사대상을 어떻게 선정할 것인가를 결정하는 단계는 무엇인가?

① 표본설계
② 시행
③ 피드백
④ 내용설계

03 탐색조사는 특정한 문제가 잘 알려
져 있지 않은 경우에 적합한 조사방
법으로서 문제의 규명이 목적인 조
사방법이다.

03 특정 문제가 잘 알려져 있지 <u>않은</u> 경우에 적합한 조사방법은 무엇인가?

① 기술조사
② 인과조사
③ 마케팅 조사
④ 탐색조사

정답　01 ③　02 ①　03 ④

04 다음 중 마케팅 조사 절차의 첫 단계는?

① 자료수집
② 표본설계
③ 문제정의
④ 조사설계

05 마케팅 조사의 출발점으로 가장 적절한 것은?

① 표본의 대표성 검증
② 문제의 증상 파악
③ 문제의 원인 규명
④ 조사결과의 보고

06 탐색조사, 기술조사, 인과조사의 관계로 옳은 것은?

① 독립적이며 대체 가능한 관계
② 상호 배타적인 관계
③ 누적적이며 보완적인 관계
④ 무관한 관계

07 RFP(Request for Proposal)의 주요 기능으로 옳은 것은?

① 조사기관이 계획서를 제출하기 위한 내부 문서
② 조사목적과 요구사항을 명시한 의뢰기업의 제안요청서
③ 조사결과를 요약한 조사회사의 보고서
④ 실험계획의 통계적 검증보고

---

04 마케팅 조사의 단계 :
문제정의 → 조사설계 → 자료수집
방법의 결정 → 표본설계 → 시행
→ 분석 및 활용

05 마케팅 조사는 단순한 현상(증상)이
아니라, 그 원인을 명확히 규명하는
것에서 출발한다.

06 탐색 → 기술 → 인과는 순차적이고
누적적인 구조로, 앞선 단계가 다음
단계를 보완한다.

07 RFP는 조사의뢰기업이 조사목적 ·
범위 · 요구사항을 제시하는 공식
문서이다.

정답 04 ③ 05 ③ 06 ③ 07 ②

08 최종 결론은 조사 후 작성되는 "조사보고서"의 내용이다.

08 조사계획서(Research Proposal)의 주요 구성요소가 <u>아닌</u> 것은?

① 조사목적 및 배경
② 표본 설계 및 일정
③ 예산 및 품질관리 방안
④ 조사 결과의 최종 결론

09 조사계획서에는 조사 범위 · 일정 · 품질관리 등이 포함되나, 경쟁사 비밀자료는 포함되지 않는다.

09 조사계획서 작성 시 포함되어야 할 내용으로 옳지 <u>않은</u> 것은?

① 조사목적 및 배경
② 조사 일정 및 품질관리
③ 중간보고 및 최종보고 일정
④ 경쟁사 영업비밀 분석결과

10 자료분석 단계는 수집된 데이터를 통계적 · 모형적으로 처리하고 결과를 해석하는 과정이다.

10 마케팅 조사의 자료분석 단계에서 수행되는 활동으로 가장 적절한 것은?

① 문제의 원인 규명
② 가설 설정
③ 데이터의 통계적 처리 및 해석
④ 조사 예산 산정

정답 (08 ④ 09 ④ 10 ③)

11 다음 중 마케팅 조사의 절차와 관련된 설명으로 옳은 것은?

① 조사계획서는 조사 이후에 작성된다.
② 문제규명은 증상파악이 아닌 원인규명 과정이다.
③ 인과조사는 정성적 데이터 중심이다.
④ 탐색조사는 실험설계 중심의 양적 조사이다.

11 마케팅 조사의 출발점은 증상(symptom)이 아닌 원인(cause)의 규명이다.

12 신디케이트(Syndicated) 조사에 대한 설명으로 옳은 것은?

① 한 기업의 단독 목적을 위한 일회성 조사이다.
② 조사기관이 데이터를 수집하여 여러 기업이 공동으로 이용한다.
③ 고객 맞춤형 조사로 일반화가 어렵다.
④ 기업 내부자료만을 활용한다.

12 신디케이트 조사는 조사기관이 동일한 형식의 데이터를 여러 기업에 판매하는 공동조사이다.

13 애드혹(Ad-hoc) 조사에 대한 설명으로 옳은 것은?

① 여러 기업이 공동으로 조사비용을 분담한다.
② 정기적 반복조사 형태로 동일 데이터가 제공된다.
③ 특정 기업의 요구에 맞춘 일회성 맞춤조사이다.
④ 주로 정부나 공공기관의 통계자료로 구성된다.

13 애드혹 조사는 기업별 목적에 맞춰 수행되는 일회성 맞춤조사이다.

정답 11 ② 12 ② 13 ③

제3장

마케팅 조사의 종류와 마케팅 자료

얼마나 많은 사람들이 책 한 권을 읽음으로써

인생에 새로운 전기를 맞이했던가.

– 헨리 데이비드 소로 –

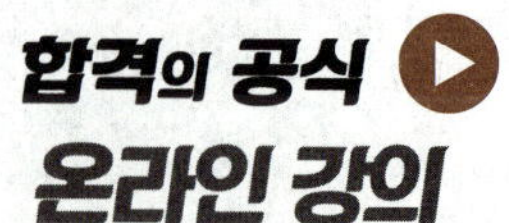

보다 깊이 있는 학습을 원하는 수험생들을 위한
시대에듀의 동영상 강의가 준비되어 있습니다.

www.sdedu.co.kr ➜ 회원가입(로그인) ➜ 강의 살펴보기

제1절　연구목적에 따른 마케팅 조사의 종류

마케팅 조사는 연구의 목적과 문제 해결 단계에 따라 크게 탐색조사(Exploratory Research), 기술조사(Descriptive Research), 인과조사(Causal Research)로 구분된다. 이 세 가지는 연속적 단계로 진행되며, 탐색조사는 문제를 규명하고 가설을 형성하며, 기술조사는 현상과 관계를 기술하고, 인과조사는 원인 – 결과 관계를 검증한다.

1　탐색조사(Exploratory Research) 중요 기출

(1) 정의

탐색조사는 **무엇이 문제인가**를 파악하고, 가설을 설정하기 위한 **예비조사**로, 기업의 마케팅 상황을 보다 잘 이해하기 위해 시행되는 정성 중심 조사이다. 이는 정보가 부족하거나 문제의 방향이 불명확할 때 수행된다.

(2) 주요 목적

① 마케팅 문제의 구조 및 원인 규명
② 조사목표 명확화 및 조사가설 도출
③ 정보요구사항 및 조사설계 방향 수립

(3) 주요 방법

구분	내용	장점	한계
문헌조사 (Literature Research)	기존의 2차 자료(논문, 통계, 리포트 등)를 활용하여 문제 파악	신속 · 저비용	자료 목적 불일치 가능
사례조사 (Case Study)	특정 기업 · 시장 사례를 심층 분석하여 유사문제 해결방안 탐색	실제성 · 현장감 확보	일반화 한계
전문가 의견조사 (Expert Survey)	산업 전문가나 실무 리더 인터뷰를 통한 통찰 획득	풍부한 실무 정보	대표성 부족
표적 집단면접 (Focus Group Interview)	8 ~ 12명 소집하여 자유토론 방식의 심층면접	• 아이디어 창출 • 상호작용 효과	• 해석 주관성 • 고비용
심층면접 (Depth Interview)	1:1 면담을 통한 개인 심리 · 동기 파악	세밀한 통찰	분석 · 일반화 어려움

파일럿 조사 (Pilot Survey)	본조사 전, 설문 구조 검증용 소규모 시험 조사	설문 신뢰성 점검	표본 제한

① **문헌조사(Literature Research)** 중요
- ㉠ 의의

  탐색조사의 출발점으로, 기존의 2차 자료(논문 · 통계 · 시장보고서 · 내부자료 등)를 분석하여 문제의 구조와 가설 방향을 설정하는 조사방법 ⇒ 시간 · 비용 절감, 중복조사 방지, 조사설계의 기초자료 제공 기능 수행

- ㉡ 절차

  조사목적 명확화 → 관련 자료 탐색 및 수집 → 자료의 신뢰성 · 적합성 평가 → 주요 내용 요약 및 가설 도출

- ㉢ 장점
  - ⓐ 신속성, 저비용
  - ⓑ 가설 설정 및 조사방향 도출 용이

- ㉣ 한계
  - ⓐ 자료의 목적 불일치 가능
  - ⓑ 최신성 부족, 신뢰도 편차 존재

② **사례조사(Case Study)**
- ㉠ 의의

  특정 기업 · 시장 · 제품 · 사건을 심층적으로 분석하여 문제의 원인 · 결과 · 맥락을 탐색하는 조사방법 ⇒ 복잡한 마케팅 현상을 구체적 사례를 통해 이해하고 가설을 설정하는 탐색적 접근

- ㉡ 대상

  성공 · 실패기업, 신제품 도입사례, 경쟁전략 변화, 소비자 행동사례 등

- ㉢ 특징
  - ⓐ 정량분석보다 질적 자료(인터뷰, 문서, 보도자료, 내부자료 등) 중심
  - ⓑ 단일사례(single case) 또는 다중사례(multiple cases) 방식 활용
  - ⓒ 사례 간 비교분석을 통해 공통 패턴과 차이점 도출

- ㉣ 장점
  - ⓐ 실무적 통찰과 구체적 상황 이해 용이
  - ⓑ 현상 간의 관계를 맥락 속에서 종합적으로 설명 가능

- ㉤ 한계
  - ⓐ 사례 선택에 따라 편향(Bias) 가능
  - ⓑ 일반화가 어렵고, 연구자 주관이 개입될 위험 존재

③ **전문가 의견조사(Expert Survey)** 중요
- ㉠ 의의

  산업 · 시장 · 소비자에 대해 풍부한 경험과 전문지식을 가진 전문가로부터 정보를 수집하는 탐색조사방법 ⇒ 일반인이 인식하기 어려운 심층적 원인 · 트렌드 · 시장 구조를 파악하는 데 활용

ⓛ 대상

업계 전문가, 학계 연구자, 주요 유통·판매 관계자, 여론조사 전문가 등

ⓒ 특징

ⓐ 비구조적 질문 중심의 면담 형식(심층인터뷰 또는 델파이 기법 활용 가능)

ⓑ 표본의 대표성보다 통찰력(Insight) 확보가 목적

ⓒ 응답자 수보다 전문성·질적 깊이가 중요

ⓔ 장점

ⓐ 빠르게 핵심 이슈·원인·가설 후보 도출 가능

ⓑ 실무적 관점에서의 실행 가능한 아이디어 확보

ⓜ 한계

ⓐ 주관적 해석, 편향(Bias) 발생 가능

ⓑ 표본 규모가 작아 일반화 어려움

더 알아두기

델파이 기법

(1) 의의

어떤 문제의 해결과 관계된 미래 추이의 예측을 위해 전문가 패널을 구성하여 수회 이상 설문하는 정성적 분석기법으로 전문가 합의법이라고도 한다.

(2) 델파이 기법 절차

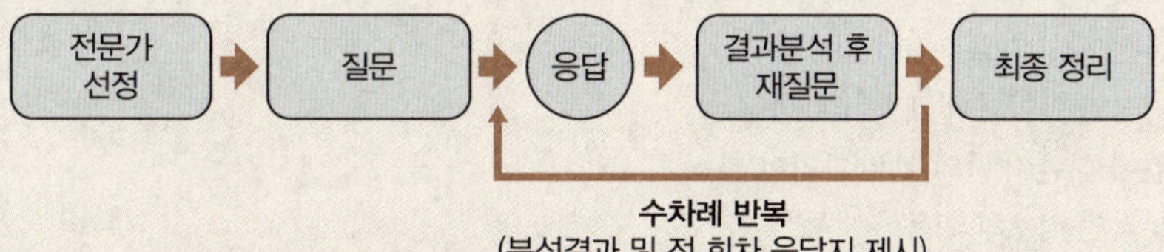

① 패널 구성 : 복수의 전문가들로 패널(panel)을 구성, 패널 간 익명을 유지하는 것이 중요하다.

② 질문지 송부 : 우편 및 이메일로 이루어지며, 모든 패널들에게 전문가적 견해를 묻는다.

③ 응답 및 결과분석 후 재질문 : 패널들로부터 다양한 답변들이 오면, 연구자는 이 답변들을 취합한 후 익명으로 다시 패널들에게 제공하는 피드백을 시행한다. 재질문 과정에서 전문가들은 의견을 수정하며, 연구자는 각 패널의 수정된 의견을 다시 취합한다.

④ 의견 수렴 및 최종 정리 : 위의 과정을 반복하면, 각 전문가의 의견 차이가 점차 감소하여 일정 결론으로 수렴한다.

(3) 한계점

① 합의에 이르는 과정이 생각보다 느릴 수 있다.

② 실용성 없는 결론 대신 원론적 결론이 나올 수도 있다.

④ **표적 집단면접(Focus Group Interview, FGI)** 중요 기출

　㉠ 의의

　　6 ~ 12명 내외의 참가자가 특정 주제에 대해 자유롭게 토론하는 집단심층면접 기법으로, 참여자 간 상호작용을 통해 잠재된 인식 · 감정 · 아이디어를 이끌어내는 정성조사방법이다.

　㉡ 특징

　　ⓐ 사회자(Moderator)가 토론을 주도하며, 질문은 비구조적 · 개방형 형태로 진행

　　ⓑ 집단 내 의견교환과 상호자극을 통해 풍부한 정보 획득

　　ⓒ 참가자 구성의 동질성(연령, 직업, 구매경험 등) 유지가 중요

　㉢ 장점

　　ⓐ 다양한 관점과 새로운 아이디어 도출 가능

　　ⓑ 개인면접보다 시간 · 비용 효율성이 높음

　　ⓒ 소비자 인식 · 태도 · 언어 표현을 자연스럽게 관찰 가능

　㉣ 한계

　　ⓐ 결과의 일반화 어려움(소규모 비표본조사)

　　ⓑ 사회자 편향이나 지배적 참가자 영향 발생 우려

　　ⓒ 분석 시 주관적 해석 위험 존재

더 알아두기

표적 집단면접법(FGI)의 특징

- 장점
  - 많은 주제의 자료수집이 가능
  - 획기적인 아이디어 개발이 가능
  - 행위에 대한 내면의 이유 파악이 가능
  - 전문적인 정보의 획득이 가능
- 단점
  - 주관적인 해석의 우려
  - 고비용
  - 도출된 결과의 일반화가 어려움

---

⑤ **심층면접(Depth Interview)** 중요 기출

　㉠ 의의

　　응답자 한 사람을 대상으로 장시간 면담을 통해 동기 · 태도 · 신념 · 감정의 깊은 수준을 탐색하는 정성조사기법이다. 표적 집단면접(FGI)으로는 파악하기 어려운 개인 내적 요인 분석에 유용하다.

　㉡ 특징

　　ⓐ 비구조화된 질문(개방형 질문) 사용, 면접자의 유연한 진행 필요

　　ⓑ 응답자의 감정적 · 무의식적 반응까지 파악 가능

　　ⓒ 면접자(interviewer)의 숙련도와 중립성이 조사 신뢰도에 큰 영향 끼침

ⓒ 장점

    ⓐ 개인의 진솔한 동기 · 태도 · 신념 탐색 가능

    ⓑ 민감한 주제(예 성향, 불만, 구매 후 감정 등)에서도 자유로운 표현 유도

    ⓒ 새로운 아이디어나 잠재적 욕구 발견에 효과적

ⓔ 한계

    ⓐ 조사시간이 길고 비용이 많이 듦

    ⓑ 분석과 해석에 주관 개입 위험이 있음

    ⓒ 소수 사례 중심이라 일반화하기 곤란함

⑥ **파일럿 조사(Pilot Survey)**

㉠ 의의

본조사(Main Survey) 전에 실시하는 소규모 예비조사로, 조사도구 · 절차 · 질문지의 문제점을 미리 점검하기 위한 단계이다. ⇒ **탐색조사와 본조사 사이의 연결 고리 역할**

㉡ 목적

    ⓐ 설문 문항의 이해도 · 응답시간 · 논리흐름을 확인하기 위함

    ⓑ 측정도구의 신뢰성 · 타당성 검토하기 위함

    ⓒ 조사원 교육, 응답률 예측 등 현장 실행 가능성 사전 점검하기 위함

㉢ 특징

    ⓐ 소규모 표본을 사용하며, 모집단의 특성과 유사한 집단을 대상으로 실시

    ⓑ 정량조사 · 정성조사 모두 적용 가능

    ⓒ 조사결과는 도구 수정용 참고자료로 활용(통계적 해석 목적 아님)

㉣ 장점

    ⓐ 본조사에서의 비표집오차 · 측정오차 감소

    ⓑ 시간 · 비용 손실 최소화

    ⓒ 예비 결과를 통해 가설 보완 및 질문 수정 가능

㉤ 한계

    ⓐ 표본이 작아 통계적 일반화 불가능

    ⓑ 본조사와 환경이 다를 경우 결과 차이 발생 가능

(4) 특징

① 정성적 연구 중심(면접, 관찰, 토론 중심)

② 통계적 분석보다는 해석 중심

③ 본조사(기술 · 인과조사)의 기초 역할

④ 유연성과 개방성이 강조됨

(5) 적용 사례

① 신제품 카테고리의 소비자 니즈 탐색

② 고객 불만 요인과 개선 포인트 도출

③ 브랜드 이미지 연상 구조 분석

2 기술조사(Descriptive Research) 중요 기출

(1) 의의

기술조사는 현재의 마케팅 현상, 태도, 행동, 시장구조 등을 객관적으로 묘사하기 위한 조사방법이다. 즉, 무엇이 일어나고 있는가?(What is happening?)를 규명하여 시장의 현황을 수치적·통계적으로 표현하는 조사이다. 조사목적은 문제의 원인보다는 현상 자체의 정확한 파악과 비교, 예측의 기초자료 확보에 있다.

(2) 특징

① 정량적 조사방법(Quantitative Research) 중심의 접근

② 명확히 정의된 조사목표와 표준화된 설문지를 사용

③ 통계적 분석 가능성이 높으며, 결과의 일반화가 용이

④ 변수 간 관계 분석이 가능하지만, 인과관계의 확정은 불가능

⑤ 표본 설계와 표집 오차 관리가 중요 요소로 작용

⑥ 대표적인 형태로 횡단조사(Cross-sectional Research)와 종단조사(Longitudinal Research)가 있음

(3) 주요 유형 중요

유형	설명	특징
횡단조사 (Cross-sectional Study)	모집단으로부터 한 시점에 표본을 추출하여 1회 조사 실시	• 비용·시간 효율적 • 변화추이 파악 어려움
종단조사 (Longitudinal Study)	동일한 표본을 일정 기간 반복 조사하여 변화 추세 분석	• 추세 파악 가능 • 패널 유지비용 높음

① 횡단조사(Cross-sectional Research)

    ㉠ 일정 시점에서 한 번만 표본을 조사하여 현상이나 태도를 파악하는 조사

    ㉡ 조사 시점이 단일하므로 시간적 변화는 반영하지 못함

    ㉢ 대규모 표본조사에 적합하며, 비용과 시간의 효율성이 높음

    ㉣ 예 올해 상반기 브랜드 인지도 조사, 최근 한 달간 고객 만족도 조사

    ㉤ 활용 분야 : 시장세분화 분석, 소비자 프로파일 작성, 제품 인지도·선호도 비교

    ㉥ 한계 : 시간적 추세나 행동 변화 분석 불가능

② 종단조사(Longitudinal Research, 패널조사)

　　㉠ 동일한 응답자 집단(패널)을 일정 간격으로 반복 조사하여 시간에 따른 변화를 분석하는 조사
　　㉡ 횡단조사와 달리 행동 변화, 충성도 이동, 구매패턴 변화 등 동태적 분석 가능성이 있음
　　㉢ 조사 기간 동안 표본의 탈락(panel attrition)과 관리 비용이 문제로 작용

더 알아두기

- **패널조사(Panel Research)**
  - 일정 기간 동안 동일한 표본을 지속적으로 유지하며 조사하는 형태
  - 동일 응답자의 행동변화 추적 가능
  - 패널의 유지관리(응답 유인, 보상제도, 피로도 관리)가 중요
  - 예 소비자 구매패널, 시청률 조사패널, 온라인 리서치패널
- **순수패널(True Panel)**
  - 동일 변수에 대해 동일 응답자가 반복적으로 응답하는 형태
  - 특정 주제(예 광고 인식도, 만족도 등)를 지속적으로 측정
  - 추세 분석에 적합하며, 변동요인을 명확히 파악 가능
- **혼합패널(Omnibus Panel)**
  - 일부 변수는 기존 패널이 유지, 다른 변수는 새로운 응답자를 추가하여 조사
  - 여러 조사주체가 비용을 분담하며 동시에 활용 가능(경제성 높음)
  - 예 다양한 기업이 동일 패널을 공유하여 각기 다른 설문을 시행

---

(4) 장점

　① 시장현황을 수치화하여 비교·분석이 용이
　② 대규모 데이터 수집을 통한 일반화 가능성 확보
　③ 고객행동과 태도에 대한 정확한 프로파일링 가능
　④ 추세분석을 통해 미래 예측의 기초자료로 활용 가능

(5) 한계

　① 원인 규명 불가능(인과관계 분석 불가)
　② 시간과 비용 부담(특히 패널조사의 경우)
　③ 응답자의 피로·이탈 문제 발생 가능
　④ 구조화된 문항 중심으로 심층적 동기 파악의 한계 존재

3 인과조사(Causal Research) 중요 기출

(1) 의의

인과조사는 변수 간의 원인 – 결과 관계(Cause – Effect Relationship)를 규명하기 위한 조사로, 한 요인 (독립변수)의 변화가 다른 요인(종속변수)에 어떤 영향을 미치는지를 실험을 통해 검증하는 조사이다. 즉, 탐색조사가 '무엇이 문제인가'를 규명하고, 기술조사가 '무엇이 일어나는가'를 묘사한다면, 인과조사는 '왜 일어나는가(Why)'를 밝히는 조사라고 볼 수 있다.

(2) 인과관계의 성립조건

인과관계가 성립하기 위해서는 다음의 세 가지 조건이 충족되어야 함

① 공변관계(Covariation) : 두 변수(X, Y)가 일정한 방향으로 함께 변화해야 함

② 시간적 선행성(Temporal Order) : 원인(X)이 결과(Y)보다 먼저 발생해야 함

③ 비허위 관계(Non–spuriousness) : 제3의 변수(Z)가 관계를 설명하지 않아야 함

(3) 가설(Hypothesis)의 개념

가설은 두 변수 간의 인과관계에 대한 연구자의 잠정적 추론으로, 조사를 통해 검증 가능한 형태로 진술된다. 가설은 탐색조사에서 발견된 패턴이나 이론적 근거를 기반으로 설정되며, 실험조사를 통해 "옳다/그르다" 로 검증된다.

① 방향적 가설 : 예 광고 빈도가 높을수록 브랜드 인지도는 증가한다.

② 비방향적 가설 : 예 광고 빈도와 브랜드 인지도 간에는 관계가 존재한다.

가설검증은 인과조사의 출발점이자 핵심 절차로, 검증 결과에 따라 마케팅 전략의 효과성이 입증되거나 수정된다.

(4) 주요 변수 구분

① 독립변수(Independent Variable) : 원인 역할을 하는 변수(예 가격, 광고유형, 진열위치 등)

② 종속변수(Dependent Variable) : 결과로 측정되는 변수(예 구매의도, 매출액, 브랜드태도 등)

③ 통제변수(Control Variable) : 외부 요인을 일정하게 유지하기 위해 통제하는 변수

④ 외생변수(Extraneous Variable) : 종속변수에 영향을 미칠 수 있으나 연구자가 조작하지 않는 변수

(5) 설계유형

① 전실험설계(Pre–experimental Design)

　㉠ 실험집단만 존재하거나, 무작위 배정이 결여된 설계

　㉡ 통제집단 부재로 인해 내적 타당성이 낮음

> 예 단일집단 사전 · 사후 설계(한 집단에 광고 노출 전후 태도비교)

② 진실험설계(True Experimental Design)

　㉠ 무작위화(Randomization)와 통제집단(Control Group)을 포함한 설계

　㉡ 가장 높은 내적 타당성 확보 가능

> 예 · **실험집단** : 할인쿠폰 제공
> 　· **통제집단** : 쿠폰 미제공
> 　⇒ **비교** : 두 집단 간 구매율 차이 → 쿠폰효과 검증

③ 준실험설계(Quasi–experimental Design)

　㉠ 현장실험(Field Experiment)에 주로 활용되며, 무작위 배정이 어려운 경우 사용

　㉡ 실무적 현실성과 외적 타당성이 높지만, 완전한 통제가 어려움

> 예 특정 지역에서만 프로모션 실시 후 매출 변화 비교

(6) 외생변수 통제기법

① 무작위화(Randomization) : 피험자를 무작위 배정하여 외생변수의 영향을 균등화

② 균형화(Matching) : 실험집단과 통제집단이 주요 속성에서 유사하도록 구성

③ 제거(Elimination) : 외생변수가 개입할 수 있는 조건을 사전에 배제

④ 상쇄(Counterbalancing) : 실험 순서를 달리하여 순서 효과를 상쇄

(7) 활용 예시

적용 사례	독립변수	종속변수	조사형태
가격변화 효과	가격수준	구매의도	실험조사
광고메시지 효과	광고유형	브랜드태도	A/B 테스트
진열위치 효과	매대위치	매출액	현장실험
프로모션 효과	쿠폰제공	전환율	준실험설계

(8) 장점과 한계

① 장점

　㉠ 원인 – 결과 관계의 명확한 규명 가능

　㉡ 마케팅 전략의 효과 검증에 실용성 높음

　㉢ 내적 타당성 확보 용이(특히 진실험설계 시)

② 한계

　㉠ 실험환경의 인위성으로 외적 타당성 저하 가능

　㉡ 시간 · 비용 · 윤리적 제약 발생 가능

　㉢ 모든 변수의 완전한 통제 어려움

(9) 종류

① **단순한 인과관계** : 어느 하나의 변수가 타 변수에 영향을 미치는 것

> 예 A → B

② **연속적 인과관계** : 어느 한 변수가 타 변수에, 그리고 그 변수가 다시 또 다른 변수에 영향을 미치는 것

> 예 A → B → C

③ **구조적 인과관계** : 어느 한 변수가 제3변수의 매개에 의해서 다른 변수에 영향을 미칠 뿐만 아니라 직접적으로도 그 변수에 영향을 미치는 것

> 예 A → B, A → C, B → C

체크 포인트

조사유형 간 비교

구분	탐색조사	기술조사	인과조사
목적	문제 규명 · 가설 설정	현상 기술 · 비교	원인 – 결과 검증
접근방식	정성적	정량적	실험적
주요방법	사례 · 문헌 · 전문가조사	서베이 · 패널	실험 · A/B 테스트
자료형태	비구조적	구조적	조작 · 관찰 데이터
분석수준	개념적	통계적	인과적
결과활용	후속조사 설계	시장현황 파악	의사결정 검증
대표예시	신제품 아이디어 발굴	고객만족도 조사	가격정책 효과 분석

제2절　마케팅 조사를 통해 수집되는 자료의 종류 `중요` `기출`

마케팅 조사에서 수집되는 자료는 조사의 목적, 출처, 수집방법, 측정수준, 데이터 형태 등에 따라 다양하게 구분된다. 자료의 유형을 올바르게 이해하는 것은 조사 설계와 분석기법 선택의 기초가 된다.

1 자료 출처에 따른 구분

(1) 1차 자료(Primary Data) `중요` `기출`

① 정의
- ㉠ 조사자가 현재 조사목적을 달성하기 위해 직접 수집한 자료
- ㉡ 새로운 연구목적을 위해 처음으로 수집된 정보이며, 문제 해결을 위한 맞춤형 정보(Customized Data)로 활용됨

② 장점
- ㉠ 조사목적에 적합한 정확도 · 신뢰도 · 타당성 확보가 가능함
- ㉡ 자료수집 과정의 통제가 가능하므로 품질관리가 용이함
- ㉢ 수집된 자료를 의사결정 시점에 맞추어 적시에 활용 가능함

③ 단점
- ㉠ 자료수집에 많은 시간 · 비용 · 인력이 소요됨
- ㉡ 표본조사 · 실험 · 관찰 시 응답률 저하나 윤리적 제약 발생 가능함

④ 유형 및 예시
- ㉠ 서베이(Survey) : 대면, 전화, 우편, 온라인 설문(CAWI, CATI 등)
- ㉡ 관찰조사(Observation) : 매장 내 동선, 제품 사용행동, POS 데이터
- ㉢ 실험조사(Experiment) : 가격 · 광고 · 프로모션 효과 검증 실험
- ㉣ 패널조사(Panel Research) : 동일 응답자를 반복적으로 추적 조사

> 예 신제품 콘셉트 테스트, 광고 카피테스트, 가격민감도 실험 등

(2) 2차 자료(Secondary Data) 종요 기출

① 정의

다른 기관이나 개인이 이미 수집한 기존 자료(Existing Data)로, 현 조사목적에 재활용되는 자료

② 장점

㉠ 자료 취득이 빠르고 비용이 저렴함

㉡ 단기간에 탐색조사나 예비분석에 활용 가능함

㉢ 대규모 통계나 장기적 추세 분석에 유용함

③ 단점

㉠ 자료의 수집 목적이 현 조사와 다를 수 있음

㉡ 정의 · 단위 · 기간 등의 불일치로 인해 신뢰도가 떨어짐

㉢ 최신성이 떨어지거나 갱신주기가 불규칙한 경우가 존재함

④ 유형

㉠ 기업 내부자료(Internal Data) : 판매 · 재고 · 고객 · 거래 · CRM · 웹로그 등.

㉡ 기업 외부자료(External Data) : 정부통계(예 통계청, KOSIS), 산업리포트(예 KISVALUE, DART), 학술논문, 컨설팅 보고서, 오픈데이터 등

> 예 시장규모 추정, 경쟁사 점유율 비교, 소비자 트렌드 탐색, 탐색조사 기초자료

2 수집 채널에 따른 구분

구분	주요형태	특징
오프라인 조사	대면면접, 종이설문, 현장관찰	• 응답신뢰도 높음 • 비용 · 시간 부담 큼
온라인 조사	CAWI(웹), 모바일앱, 이메일, 소셜미디어	• 속도 · 비용 효율성 높음 • 대표성 관리 필요함
하이브리드 조사	CATI(전화) + CAPI(대면) 결합	정확성과 효율성의 절충형임
디지털 데이터	웹로그, 검색이력, SNS, POS, IoT 로그	실제 행동 데이터로 객관성 높음

3 패널 및 종단 자료

① 정의

동일한 응답자 집단(Panel)을 일정 기간 반복 조사하여 시간에 따른 행동 변화와 추세를 분석하는 자료

② 특징

㉠ 개별 응답자 단위의 변화 추적이 가능함

㉡ 소비자 행동의 일관성 · 충성도 · 이탈 원인 분석이 가능함

㉢ 데이터 축적을 통한 종단분석(Longitudinal Analysis)이 가능함

③ 유형

㉠ 소비자 패널(Consumer Panel) : 구매이력 · 제품사용 추적

㉡ 점포 패널(Store Panel) : 유통업체의 재고 · 판매 데이터 수집

㉢ 시청률 패널(Media Panel) : TV · 모바일 미디어 이용행태 기록

④ 유지관리 요건 : 패널 피로도 관리, 응답률 보상제도, 샘플 가중치 조정, 탈락보정이 필요함

> 예 브랜드 충성도 변화 분석, 광고 캠페인 전후 구매패턴 비교, 장기 고객가치(LTV) 분석

더 알아두기

핵심 구분 요약표

구분 기준	구분유형	핵심 키워드	예시
자료 출처	1차 / 2차	직접수집 vs 기존자료	설문 vs 정부통계
생성 방식	정성 / 정량	서술 vs 수치	FGI vs 설문조사
측정 수준	명목~비율	측정단위 · 분석가능범위	성별 ~ 매출액
수집 채널	온 · 오프라인	CAWI, CAPI, 로그데이터	웹패널, POS
추적 형태	패널 / 단면	반복측정 / 단일시점	종단조사 vs 횡단조사

※ 다음 지문의 내용이 맞으면 ○, 틀리면 ✕를 체크하시오. (01~08)

01 마케팅 조사정보를 얻기 위해 사용되는 방식으로는 크게 1차 조사와 2차 조사 2가지로 구분된다. ( )

02 탐색조사는 현재 나타나고 있는 마케팅 현상을 보다 정확하게 이해하기 위해서 수행되는 조사이다. ( )

03 기술조사는 소비자들이 느끼고, 생각하고, 행동하는 것을 기술하는 조사로 확실한 목적과 조사하려는 가설을 염두에 두고 시행하는 엄격한 조사방법이라고 할 수 있다. ( )

04 인과조사는 인과 관련성을 파악하는 데 그 목적이 있는 조사방법이다. ( )

05 표적 집단면접법은 연령 및 사회·경제적인 지위 등이 서로 비슷한 인원으로 구성되는 것이 좋다. ( )

06 횡단조사는 조사의 대상을 반복적으로 조사하는 방법이다. ( )

07 1차 자료는 조사목적에 적합한 정확도, 신뢰도, 타당성 평가가 가능하다. ( )

08 2차 자료의 대표적인 유형으로는 전화 서베이, 대인면접법, 우편이용법 등이 있다. ( )

정답과 해설 01 ✕ 02 ✕ 03 ○ 04 ○ 05 ○ 06 ✕ 07 ○ 08 ✕

01 마케팅 조사정보를 얻기 위해 사용되는 방식으로는 크게 탐색조사, 기술조사, 인과조사의 3가지로 구분된다.
02 탐색조사는 특정 문제가 잘 알려져 있지 않은 경우에 적합한 조사방법이다.
06 횡단조사는 조사의 대상을 단 1회만 조사하는 방법이다.
08 2차 자료의 대표적인 유형으로는 논문, 정기간행물, 각종 통계자료 등이 있다.

01 다음 중 탐색조사의 대표적 방법으로 옳은 것은?

① 실험조사

② 패널조사

③ 전문가 인터뷰와 문헌조사

④ A/B 테스트

02 기술조사(Descriptive Research)의 특징으로 옳은 것은?

① 원인 – 결과 관계의 검증 중심

② 현상·태도·행동을 객관적으로 묘사하는 조사

③ 탐색조사 후의 가설 형성단계

④ 실험실 환경에서만 수행

03 인과조사(Causal Research)에 대한 설명으로 옳은 것은?

① 기존 자료를 재활용하는 조사이다.

② 탐색조사의 하위 단계에 해당한다.

③ 독립변수를 조작하여 결과(종속변수)의 변화를 검증하는 조사이다.

④ 단순 서술형 설문조사이다.

---

01 탐색조사는 문제를 규명하고 가설을 설정하기 위한 예비조사로, 정성적 접근법을 사용한다.

02 기술조사는 현재의 현상과 태도를 객관적으로 기술하고 비교하는 조사이다.

03 인과조사는 변수 간의 원인 – 결과 관계를 검증하는 실험조사이다.

정답　01 ③　02 ②　03 ③

04 탐색조사는 계량적인 방법보다는 전문가 의견조사, 문헌조사, 표적 집단면접법, 심층면접법 등의 질적인 방법을 주로 활용한다.

04 탐색조사에 대한 설명으로 옳지 않은 것은?

① 탐색조사에 활용되는 것으로는 사례조사 · 문헌조사 · 전문가 의견조사 등이 있다.
② 질적인 방법보다는 계량적인 방법을 주로 활용한다.
③ 특정 문제가 잘 알려져 있지 않은 경우에 적합한 조사방법이다.
④ 현 상태를 잘 이해하기 위해서 시행한다.

05 종단조사는 보통 패널조사라고도 한다.

05 다음 내용 중 옳지 않은 것은?

① 횡단조사는 단 1회의 조사를 통해 마케팅 정보를 수집하는 조사방법이다.
② 횡단조사는 보통 패널조사라고도 한다.
③ 종단조사는 동일한 표본을 대상으로 해서 일정한 간격으로 반복적 조사를 통해서 마케팅변수의 변화추이를 지켜보는 조사방법이다.
④ 기술조사는 어떤 집단의 특성을 기술하려 할 때 쓰이는 조사방법이다.

06 전문가 의견조사(Key Informant Survey)는 비구조적인 질문으로 이루어진다.

06 전문가 의견조사에 대한 설명으로 옳지 않은 것은?

① 기업의 경우 당면한 문제 또는 해결책 등에 대한 아이디어를 찾기 위해서 관련 분야 및 산업에 다량의 경험을 갖춘 전문가를 통해 정보를 찾아내는 조사방법이다.
② 엄격한 대표성을 요구하기가 어렵다는 문제가 존재한다.
③ 해당 분야 전문가들의 수는 별다른 문제가 되지 않는다.
④ 구조적인 질문방식으로 이루어진다.

정답 04 ② 05 ② 06 ④

07 심층면접법에 대한 내용으로 옳지 않은 것은?

① 면접진행자가 미치는 영향이 조사대상자의 응답에는 전혀 영향을 미치지 않으므로 해당 연구결과에 대한 신뢰성에는 문제가 없다.

② 조사대상자들 중의 한 명을 선택해서 일반적인 면접의 내용보다도 심화된 깊이 있는 질문을 통해 조사하는 방법이다.

③ 심층적인 면접의 진행이므로 면접진행자의 경우에는 심화된 숙련을 필요로 한다.

④ 조사하고자 하는 내용이 깊이가 있는 관계로 조사대상자의 부담을 없애며, 그들의 깊이 있는 내용을 말할 수 있도록 분위기를 조성해야 한다.

08 다음 중 표적 집단면접법에 대한 설명으로 옳지 않은 것은?

① 진행자의 편견 등으로 인해 해석상 에러 발생의 가능성이 있다.

② 연령이나 사회·경제적인 지위 등에 있어 서로 비슷한 인원으로 구성되는 것이 좋다.

③ 응답자를 8 ~ 12명 정도의 집단으로 해서 구조적인 인터뷰를 시행하는 방식이다.

④ 표적 집단면접법의 경우 취득한 결과에 대해서 일반화하기가 어렵다는 문제점이 있다.

---

07 심층면접법은 면접진행자의 영향이 조사대상자의 응답에 영향을 끼칠 수 있기 때문에 해당 연구 결과에 대한 신뢰성에 문제가 될 수 있다.

08 표적 집단면접법은 응답자를 8 ~ 12명 정도의 집단으로 해서 비구조적인 인터뷰를 시행하는 방식이다.

정답 07 ① 08 ③

09 순수패널은 같은 변수에 대해 반복적으로 응답하는 집단이다.

09 다음 설명 중 옳지 <u>않은</u> 것은?

① 패널조사는 조사의 횟수가 잦은 종단조사에서의 경우에 활용하기 용이한 조사방법이다.
② 순수패널은 서로 다른 변수에 대해 단 1회만 답하는 집단이다.
③ 혼합패널은 표본으로서의 구성원들은 그대로 유지가 되는 반면에 타 변수에 답하는 집단이다.
④ 기술조사는 현재 기업이나 조직 등에 나타나 있는 마케팅 현상을 보다 더 정확하게 이해하기 위해서 수행되는 조사방법이다.

10 방향적 가설은 독립변수(원인)와 종속변수(결과) 간의 관계에 대한 방향을 제시하는 것을 말한다.

10 다음 내용과 관련이 있는 것은?

> 제품가격이 저렴할수록 매출이 좋다.

① 신뢰성의 정의이다.
② 비방향적 가설이다.
③ 타당성의 정의이다.
④ 방향적 가설이다.

11 연속적 인과관계란 어느 하나의 변수(A)가 다른 변수(B)에, 그리고 그 다른 변수(B)가 다시 또 다른 변수(C)에 영향을 미치는 것을 말한다.

11 다음이 의미하는 것과 합치되는 것은?

> A → B → C (A, B, C는 각각의 변수를 뜻함)

① 연속적 인과관계
② 구조적 인과관계
③ 단순한 인과관계
④ 복합적 인과관계

정답 09 ② 10 ④ 11 ①

12 다음 중 탐색조사에 활용되는 조사방법으로 거리가 <u>먼</u> 것은?

① 전문가 의견조사

② 문헌조사

③ 기술조사

④ 사례조사

13 인과조사의 시행목적은 무엇인가?

① 집단의 특성을 기술하려고 하기 위해서

② 인과관계를 파악하기 위해서

③ 무엇이 문제인가를 알기 위해서

④ 다량의 자료를 얻기 위해서

14 다음 중 인과관계를 추론하는 조건에서 "원인변수 및 결과변수의 변화는 같이 나타나야 한다."라는 조건과 가장 합치되는 것은?

① 내생변수의 통제

② 외생변수의 통제

③ 발생의 시간적 순서

④ 동반발생

15 1차 자료에 대한 설명으로 거리가 <u>먼</u> 것은?

① 수집한 자료를 의사결정에 필요한 시기에 적절하게 활용이 가능하다.

② 자료의 신뢰성은 2차 자료에 비해 떨어진다.

③ 자료를 수집함에 있어 2차 자료에 비해 시간 및 비용 등이 많이 소요된다.

④ 정원이는 논문주제에 맞는 질문지 문항을 개발해서 더 많은 표본을 확보하기 위한 일환으로 우편을 이용한 질문지법으로서 원하는 자료를 수집하고자 하였다.

---

12 탐색조사에 활용되는 조사 : 사례조사, 문헌조사, 전문가 의견조사

13 인과조사는 인과관계를 파악하는 것을 목적으로 한다.

14 동반발생은 인과관계로 설정된 변수들이 가설이 예측하는 방향으로 함께 흘러가는 것을 말한다.

15 수집한 자료에 대해서 정확도, 신뢰도, 타당성 등의 평가가 가능하다.

정답 12 ③ 13 ② 14 ④ 15 ②

16 2차 자료는 자료수집 목적이 조사 목적과 일치하지 않는다.

16 다음 중 2차 자료에 대한 내용으로 옳지 <u>않은</u> 것은?

① 당면한 문제에 대해서 도움을 줄 수 있는 기존의 모든 자료를 말한다.
② 1차 자료에 비해 자료의 취득이 용이하다.
③ 자료수집의 목적이 조사목적과 일치하는 특징을 지닌다.
④ A전자의 김과장은 전자사업부장의 지시로 올해 선풍기 판매량을 예측하기 위해 제일 먼저 작년과 비슷한 기간 동안 자사의 선풍기 제품에 대한 매출기록자료를 참고하여 보고서를 작성하였다.

17 ② · ③ · ④는 1차 자료이고, ①은 2차 자료에 해당한다.

17 다음 중 성격이 <u>다른</u> 하나는?

① 문헌조사
② 실험법
③ 서베이법
④ 관찰법

18 관찰자는 피관찰자의 느낌이나 태도, 동기 등과 같은 심리적 현상은 관찰할 수 없다.

18 관찰법에 대한 설명으로 옳지 <u>않은</u> 것은?

① 관찰자에게서 나타나는 오류에 대한 제거가 가능하다.
② 관찰자는 피관찰자의 태도, 동기 등과 같은 심리적 현상의 관찰이 가능하다.
③ 관찰법은 객관성 및 정확성이 높다.
④ 관찰법은 설문지에 비해 많은 비용이 들어간다.

정답 16 ③ 17 ① 18 ②

제4장

자료의 측정

지식에 대한 투자가 가장 이윤이 많이 남는 법이다.

– 벤자민 프랭클린 –

제1절　측정대상의 결정

1　측정의 개념과 중요성　[중요] [기출]

(1) 측정의 개념

① 추상적 개념(만족도 · 충성도 등)에 숫자 · 기호를 체계적으로 부여하는 절차이다.

② 측정규칙은 일관되고 1:1 대응이 되어야 한다.

③ 측정이 올바르기 위해서는 일관성(consistency)과 정확성(accuracy)이 확보되어야 한다.

(2) 측정의 중요성

① 측정은 조사설계의 기초이자 통계분석의 전제이며, 모든 연구결과의 신뢰성과 타당성은 측정의 품질에 의해 좌우된다.

② 마케팅 조사는 태도 · 지각 등 심리적 요인을 다루므로 정확한 측정도구의 개발과 검증이 핵심이다.

> **더 알아두기**
>
> **측정 대상에 관련된 주요 용어 구분**
> - 변수(Variable) : 측정결과가 조사대상에 따라 다른 값으로 나타날 수 있는 특성 혹은 속성
> - 개념(Concept) : 연구자가 관심 갖는 추상적 대상
> - 구성개념(Construct) : 직접 측정 불가능한 개념(예 브랜드 충성도)
> - 개념적 정의(Conceptual Definition) : 개념의 의미 정의(예 고객만족 = 전반적 만족감)
> - 조작적 정의(Operational Definition) : 응답 가능한 문항으로 변환(예 "전반적으로 만족한다" 1 – 7점)

더 알아두기

구성개념과 변수의 예시와 비교

구분	추상적 구성개념(Construct)	구체적 변수(Observable Variable)	측정 예시 (문항 또는 지표)
정의	직접 관찰할 수 없는 심리적·개념적 속성으로, 태도·인식·동기·신념 등과 같은 이론적 개념을 의미함	구성개념을 구체화하여 실제로 수치화할 수 있도록 설계된 관찰 가능한 항목 또는 문항	Likert형 문항, 비율값, 순위 등 수치 데이터 형태
측정 가능성	간접적으로만 측정 가능함(잠재변수 형태)	직접 측정 가능함(관찰 가능한 변수 형태)	
예	소비자 만족(Consumer Satisfaction)	• 제품 성능에 만족한다. • 가격 대비 가치가 높다. • 이 브랜드를 선택한 것이 옳다고 생각한다.	1~7점 Likert 척도 평균값
예	브랜드 충성도(Brand Loyalty)	• 다음에도 이 브랜드를 구입하겠다. • 친구에게 추천할 것이다. • 타 브랜드로 바꾸지 않겠다.	5점 척도 응답 평균
예	지각된 품질(Perceived Quality)	• 제품의 내구성이 우수하다. • 이 브랜드는 신뢰할 만하다.	등간척도(1~7점) 평균값
예	구매의도(Purchase Intention)	향후 3개월 이내에 구매할 가능성이 있다.	비율 또는 확률형(%) 응답값
예	가격민감도(Price Sensitivity)	• 가격이 오르면 구매를 줄일 것이다. • 저렴할수록 구매하고 싶다.	서열 또는 등간척도 응답값

2 측정 과정 기출

| 개념의 조작적 정의 | → | 측정대상과 척도의 대응 | → | 척도의 선택 | → | 측정 항목의 구성 |

(1) 개념의 조작적 정의

① 추상적인 개념(예 만족, 충성도 등)을 측정 가능한 형태로 구체화하는 과정
② 조사대상의 특성을 수치화할 수 있도록 재정의하여 연구의 타당성을 높임

> 예 소비자 만족 → 제품 성능에 만족한다, 가격 대비 가치가 높다 등

(2) 측정 대상과 척도의 대응

조작적으로 정의된 개념의 속성이나 상태를 숫자 또는 기호에 연결하는 단계

> 예 구매 빈도를 "1 = 연 1회 이하, 2 = 연 2~3회, 3 = 연 4회 이상"으로 부호화

(3) 척도의 선택

측정 대상의 특성과 연구 목적에 가장 적합한 척도 수준(명목 · 서열 · 등간 · 비율)을 결정하는 단계

> 예 브랜드 선호 순위 : 서열척도 선택 / 소비 금액 : 비율척도 선택

(4) 측정 항목의 구성

하나의 개념을 측정하기 위해 사용할 구체적인 설문 문항이나 관찰 지표를 설계하는 단계

> 예 [상위개념] 서비스 품질
> [하위항목] 직원의 응대가 친절하다, 문의에 신속히 대응한다, 문제 해결이 정확하다 등의 복수 문항

제2절　척도

1 척도의 개념 (중요)(기출)

(1) 척도의 의미

조사대상의 질적인 특성(예 태도, 만족, 충성도 등)을 숫자나 기호로 표현하는 방법이다. 즉, 추상적인 개념을 수치로 바꿔서 비교할 수 있게 만드는 도구이다.

> 예 매우 만족한다(5점) ~ 전혀 만족하지 않는다(1점)

(2) 척도의 역할

① 사람마다 다른 생각이나 태도를 객관적인 수치로 나타내어 비교 가능하게 함
② 연구자가 통계적으로 분석할 수 있는 형태로 데이터를 준비하게 해줌

(3) 척도의 기본 조건

① 신뢰도(Reliability) : 같은 대상을 여러 번 측정했을 때 일관된 결과가 나오는 정도(예 오늘과 내일 같은 사람에게 조사했을 때 비슷한 점수가 나와야 함)
② 타당도(Validity) : 측정도구가 정말로 측정하고자 하는 개념을 정확히 측정하는 정도(예 '만족도'를 묻는 질문이 실제로 만족을 제대로 반영해야 함)

(4) 척도화(Scaling)의 목적

① 질적인 자료를 수학적으로 다룰 수 있는 수치형 데이터로 변환하는 것임
② 여러 가지 통계적 방법이 있지만, 대부분 등간척도 수준의 정밀 측정을 목표로 함

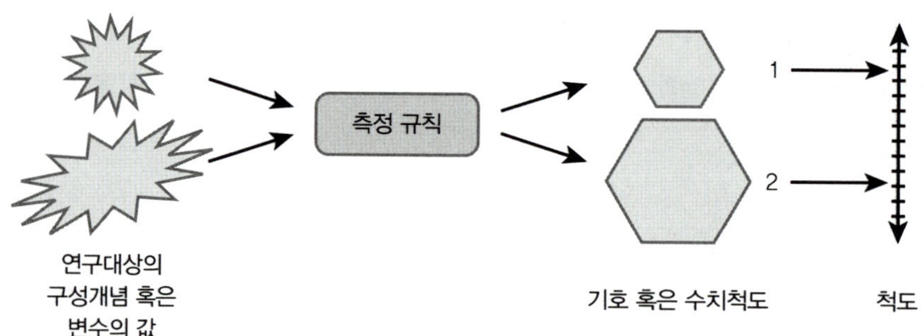

더 알아두기

측정의 표준

측정수준(Level of Measurement)이란 어떤 변수에 대한 속성들에 할당된 변수값들의 관계를 의미한다. 그러면 변수값들의 관계란 무엇을 의미하는 것인가? 예를 들어, "건강상태"라는 변수를 생각해 보자. 응답자들이 응답할 수 있는 건강상태는 여러 가지 척도로 응답할 수 있으나 여기에서는 "나쁘다", "보통이다", "좋다" 등으로 응답할 수 있다고 가정하면, 각각의 3가지 종류의 건강상태는 속성들이라고 할 수 있으며, 이러한 속성들에 숫자를 부여하는 과정을 수치화라고 한다. 이렇게 수치화 과정을 통하여 부여된 각 숫자를 변수값이라고 한다. 이러한 변수값들이 가지는 상호관계를 측정수준이라고 하며, 이 측정수준에 따라서, 즉 수치화된 변수값들 간의 관계에 따라 명목척도(Nominal Scale), 서열척도(Ordinal Scale), 등간척도(Interval Scale), 비율척도(Ratio Scale) 등으로 나누어진다.

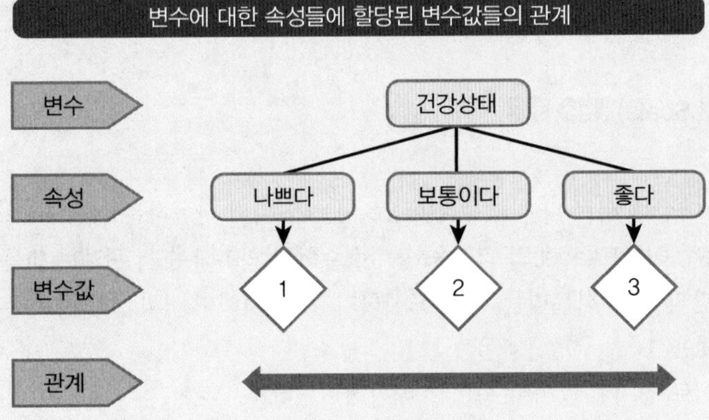

2 척도의 유형 중요 기출

척도	정의	예시 변수	기술통계	적용 가능한 통계기법
명목척도 (Nominal)	대상을 단순 분류(서열 없음)	성별, 지역, 브랜드명	빈도, 최빈값, 비율	카이제곱 검증(적합도, 독립성), 로지스틱 회귀
서열척도 (Ordinal)	순서·서열만 의미, 간격 불명확	만족도 순위, 선호도 순위	중앙값, 분위수	비모수 검증(Mann–Whitney U, Wilcoxon, Kruskal–Wallis), 순위상관(스피어만 ρ)
등간척도 (Interval)	간격 의미 O, 절대0점 ×	온도(℃), 리커트 척도 (1~7)	평균, 표준편차	t-검증, ANOVA, 상관분석(피어슨 r), 회귀분석
비율척도 (Ratio)	절대적 영점 존재, 비율 계산 가능	매출액, 소득, 나이, 시간	평균, 표준편차, 기하평균	모든 통계분석 가능(t-검증, ANOVA, 회귀, 요인·군집, 구조방정식 등)

(1) 명목척도(Nominal Scale) 중요 기출

① 개념 및 내용

　㉠ 명목척도는 대상을 서로 다른 범주(분류)로 나누기 위해 사용하는 가장 기초적인 척도

　㉡ 숫자는 단순히 **이름표(label)**의 역할을 할 뿐, 수학적 의미나 순서 관계는 없음

　㉢ 각 숫자는 단지 서로 다르다는 것을 표시하기 위한 것이며, 1과 2의 차이(= 거리)나 크고 작음의 의미는 전혀 없음

　㉣ 각 범주는 서로 겹치지 않아야 함(상호배반적)

> 예 ・ 귀하가 좋아하는 색은?
> 　① 노랑　② 파랑　③ 검정　④ 보라　⑤ 빨강
> ・ 귀하의 성별은?
> 　① 남자　② 여자
> ・ 귀하의 직업은?
> 　① 교수　② 회사원　③ 프리랜서　④ 작가
> ・ 귀하의 거주지는?
> 　① 서울　② 강릉　③ 광주　④ 부산　⑤ 울산

구분	항목	부여된 숫자	의미
성별	남성 / 여성	1 / 2	단순히 구분용
혈액형	A / B / O / AB	1 / 2 / 3 / 4	순서 없음
브랜드 선호	A사 / B사 / C사	1 / 2 / 3	서열·거리 개념 없음

② 주요 특징

    ㉠ 숫자는 단지 분류표시용 기호일 뿐, 수학적 연산(+, −, 평균 등)이 불가능함

    ㉡ 서열(순서)이나 간격(거리)의 개념이 없음

    ㉢ 평균이나 표준편차 계산은 의미 없음, 대신 빈도수나 비율 계산은 가능함

    ㉣ 통계 분석에서는 카이제곱(χ^2) 검증, 사인 테스트(Sign Test) 등 비모수 검증(non-parametric test)에 활용됨

(2) 서열척도(Ordinal Scale) 중요 기출

① 개념 및 내용

    ㉠ 서열척도는 대상을 순서(서열)에 따라 나열할 수 있는 척도

    ㉡ 각 항목은 상대적인 순위(높고 낮음)를 나타내지만, 그 차이(간격)가 얼마인지는 알 수 없음

    ㉢ 예를 들어, "가장 만족한다(1순위)", "보통이다(2순위)", "불만족한다(3순위)"와 같은 표현은 순서는 있지만, 1과 2의 차이가 2와 3의 차이와 같은지는 모름

순위	만족도 항목	의미
1	매우 만족	가장 높은 만족 수준
2	보통 만족	중간 정도
3	불만족	가장 낮은 만족 수준

    ㉣ 순서만 중요하고 간격은 불명확한 척도

    ㉤ 명목척도처럼 대상을 구분하면서도, 순서의 개념이 추가된 형태

> 예 학생들의 성적 등위, 인기 순서, 키 순서

> 예 다음 중 여러분이 좋아하는 순서대로 번호를 매기시오(가장 좋아하는 경우 1, 그 다음은 2의 순입니다).
> 1. 꼬꼬면   2. 해물탕면   3. 스낵면   4. 너구리   5. 신라면

② 주요 특징

    ㉠ 순위 정보만 유지되므로, 숫자의 실제 간격이나 평균을 계산할 수 없음

    ㉡ 빈도(몇 명이 1순위인지)는 의미 있지만, 평균값은 의미 없음

    ㉢ 같은 순위를 부여(동점 처리)할 수도 있음

    ㉣ 중앙값(Median)과 최빈값(Mode) 계산은 가능함

    ㉤ 사용할 수 있는 주요 통계기법 : 스피어만 상관계수(Spearman's ρ), 백분위수(Percentile), 순위상관분석, 중앙값 검증 등

(3) 등간척도(Interval Scale) 중요 기출

① 개념 및 내용

㉠ 각 수치 간의 간격이 일정한 척도

㉡ 예를 들어, 10점과 20점의 차이(= 10)와 30점과 40점의 차이(= 10)는 같은 간격을 의미함

㉢ 간격의 크기는 의미가 있지만, '0'이 절대적인 의미(완전한 없음)을 가지지 않음. 따라서, '두 배', '절반' 같은 비율 계산은 불가능함

> 예 • **온도(섭씨)** : 10℃와 20℃의 차이는 10℃이지만, 20℃가 10℃의 '2배 따뜻한 것'은 아님
> • **시험 점수** : 80점이 40점의 '두 배 실력'을 의미하지는 않음

구분	항목	척도 예시	해석
온도	섭씨(℃)	0℃, 10℃, 20℃, 30℃	간격은 일정하지만, 0℃는 절대적 '없음'이 아님
시험 점수	0~100점	40점, 60점, 80점	점수 차이는 의미 있지만, 비율 의미는 없음

② 주요 특징

㉠ 덧셈(+), 뺄셈(−)은 가능하지만, 곱셈(×), 나눗셈(÷)은 불가능함

㉡ 간격이 동일하므로, 평균과 분산 같은 통계량 계산이 가능함

㉢ 서열(순서)과 간격(거리)의 의미를 모두 포함함 ⇒ 절대적 0점이 없고, 기준은 연구자가 임의로 정한 값임

㉣ 활용 가능한 분석방법 : 평균, 상관분석, 분산분석, 회귀분석 등 대부분의 통계기법 사용 가능(단, 조화평균 · 기하평균 · 변동계수 계산은 불가능)

㉤ 등간척도는 수치 간의 차이가 동일한 척도로 질적인 속성을 계량화할 때 많이 사용됨

> 예 새벽 1시에서 1시간이 지나면 새벽 2시가 되지만, 새벽 2시가 새벽 1시의 2배가 되는 것은 아니다.

(4) 비율척도(Ratio Scale) 중요 기출

① 개념 및 내용

㉠ 네 가지 척도 중 가장 정교하고 완전한 척도

㉡ 절대적 기준점(0)이 존재하며, 0은 전혀 없음을 의미함. 따라서, '2배', '절반' 등의 비율 계산이 가능함

> 예 • 키 180cm는 90cm의 2배
> • 무게 0kg은 완전한 없음(절대적 0)을 의미함

㉢ 간격과 비율의 개념을 모두 포함한 척도

㉣ 모든 수학적 연산(+, −, ×, ÷)이 가능함

② 주요 특징

㉠ 절대적 0이 존재하므로, 비율 계산이 가능함

㉡ 서열(순서), 간격(거리), 비율 등 모든 정보가 포함됨

㉢ 척도 위치의 해석이 명확하고 일관됨(누구나 같은 의미로 이해함)

㉣ 모든 통계 분석기법(평균, 분산, 회귀, 상관, 비율 비교 등)이 적용 가능함

㉤ 대표적 예시

구분	항목	척도 예시	해석
무게	kg	0kg, 50kg, 100kg	0은 '없음', 100kg은 50kg의 2배
소득	원	0원, 2백만 원, 4백만 원	간격과 비율 모두 의미 있음
거리	km	0km, 5km, 10km	0은 시작점, 10km는 5km의 2배 거리

더 알아두기

절대척도(Absolute Scale)

• 분류, 서열, 동간성의 속성을 지닌 등간척도의 특성을 지니면서 동시에 절대영점 및 절대단위를 갖는 척도이다.

• 교육이나 심리 측정에서는 서열척도와 등간척도를 흔히 사용한다.

예 사람 수, 책상 수, 자동차 수

척도의 종류

척도	기본특성	일상적인 활용사례	허용되는 통계량	
			기술통계	추론통계
명목척도	숫자를 확인하고 대상을 분류	주민등록번호, 선수의 등 번호, 성별, 주거지	퍼센트(%), 빈도	카이제곱 검증, 이변량검증
서열척도	대상의 상대적 위치를 지정 (단, 대상들 간의 크기나 차이는 없음)	품질 순위, 석차, 선호도	퍼센트(%), 중앙값	순위상관, ANOVA
등간척도	비교된 대상물의 차이, 영점(Zero)은 임의적으로 정해짐	온도	범위, 평균, 표준편차	가설검증
비율척도	절대영점이 존재하고, 척도값 비율을 계산하여 이용	길이, 무게	기하학적 평균, 조화평균	분산의 개수

제3절　측정방법

1　측정방법과 자료수집 기출

관찰법	행동 직접 관찰(객관적이나 동기 파악 어려움)
설문법	구조화된 문항으로 대규모 조사(일관성↑, 피로도↑)
실험법	변수 통제 가능, 인과관계 검증(비용·시간↑)

(1) 관찰법(Observation Method) 기출

① 개요
  - ㉠ 사람의 행동이나 상황을 직접 눈으로 보거나, 기기를 통해 관찰하여 자료를 수집하는 방법
  - ㉡ 설문처럼 응답자의 진술에 의존하지 않고, 실제 행동을 기반으로 자료를 얻는다는 점이 특징임
  - ㉢ 사람들이 말하기 어려워하거나 숨기고 싶은 행동도 파악 가능함
  - ㉣ 단, 관찰 대상이 자신이 관찰당하고 있음을 느끼지 않게 자연스럽게 관찰해야 함(예 매장에서 고객이 어떤 동선을 따라 움직이는지 몰래 관찰하는 것)

② 장점
  - ㉠ 응답자의 왜곡·허위 응답 문제를 최소화할 수 있음
  - ㉡ 무의식적·비의도적 행동까지 파악 가능함
  - ㉢ 행동이 발생하는 맥락(Context)을 함께 분석할 수 있음
  - ㉣ 실제 구매 상황이나 서비스 이용 과정 분석에 특히 유용함

③ 단점
  - ㉠ 심리적 요인(느낌, 동기, 태도 등)은 관찰만으로 알 수 없음(예 "왜 그렇게 행동했는가?"는 직접 물어 보지 않으면 알 수 없음)
  - ㉡ 시간이 오래 걸리거나, 사적인 행동은 관찰이 어려움(예 집 안에서의 소비행동 등)
  - ㉢ 비용이 많이 들고, 조사자 인력도 필요함
  - ㉣ 관찰받는 사람이 그 사실을 알게 되면 행동이 달라질 수 있음(예 매장에서 직원이 보고 있다는 걸 느끼면 평소보다 점잖게 행동함)

> **더 알아두기**
>
> **서베이법**
> - 많은 응답자로부터 질문을 통해 자료를 수집하는 방법
> - 장점
>   - 대규모의 조사가 가능하다.
>   - 직접적으로 관찰이 불가능한 동기 및 개념의 측정 등이 가능하다.
>   - 대규모의 표본으로 조사 결과에 대한 일반화가 가능하다.
>   - 수치적(계량적) 방법으로 분석해서 객관적인 해석이 가능하다.
>   - 자료의 코딩 및 분석이 용이하다.
> - 단점 **기출**
>   - 설문지에 대한 개발이 쉽지 않다.
>   - 조사를 진행함에 있어 많은 시간이 소요된다.
>   - 부정확하면서도 성의 없는 응답 가능성이 있다.
>   - 응답률이 저조하다.
>   - 깊이가 있으면서 복잡한 질문 등을 하기가 어렵다.

(2) 설문법(Survey Method) **기출**

① 개요

    ㉠ 설문지를 이용해 응답자에게 직접 질문하여 자료를 수집하는 방법

    ㉡ 짧은 시간 안에 많은 정보를 효율적으로 수집할 수 있음

    ㉢ 전화, 방문, 우편, 전자(온라인) 등 다양한 방식으로 실시 가능함

    ㉣ 인구통계, 태도, 의견, 행동 동기 등 광범위한 정보 수집에 유용함

② 전화 인터뷰법(Telephone Interview)

    ㉠ 개념 : 조사원이 전화를 걸어 설문 문항을 질문하고, 응답 내용을 기록하는 방식

    ㉡ 장점

        ⓐ 접촉 범위가 넓고, 빠르게 조사 가능

        ⓑ 비용이 비교적 저렴함

        ⓒ 조사원의 통제가 용이함(시간, 순서 등 관리 가능)

        ⓓ 조사가 신속하게 이루어짐

    ㉢ 단점

        ⓐ 긴 문항이나 복잡한 질문 사용이 어려움

        ⓑ 조사원의 말투 · 태도에 따라 응답이 영향을 받을 수 있음

        ⓒ 시각 자료(예 그림, 표 등) 제시가 불가능함

③ 대인 인터뷰법(Face-to-Face Interview)
  ㉠ 개념 : 조사원이 응답자를 직접 만나 대면 인터뷰를 진행하는 방식
  ㉡ 종류
    ⓐ 몰 인터셉트 인터뷰 : 쇼핑몰 등에서 즉석 조사
    ⓑ 방문 인터뷰 : 가정 방문 형태
    ⓒ CAPI(Computer Assisted Personal Interview) : 태블릿 · 노트북 등을 활용한 전자식 대면조사
  ㉢ 장점
    ⓐ 응답률이 높음
    ⓑ 복잡한 질문이나 시각 자료 활용 가능
    ⓒ 응답자가 이해하지 못할 때 설명 가능
  ㉣ 단점
    ⓐ 면접자의 태도나 의견이 응답에 영향을 줄 수 있음(면접자 오류)
    ⓑ 비용과 시간이 많이 듦
    ⓒ 이동과 접촉 범위의 제약이 있음
④ 전자 인터뷰법(Online or Computer Interview)
  ㉠ 개념 : 컴퓨터나 인터넷을 이용해 응답자가 온라인상에서 설문에 응답하는 방식
  ㉡ 장점
    ⓐ 응답자의 익명성 보장 ⇒ 솔직한 응답 유도
    ⓑ 면접자 오류가 없음
    ⓒ 조사 속도가 빠르고, 데이터 자동 저장 · 분석 가능
    ⓓ 전 세계 응답자 접근 가능(접촉 범위 넓음)
  ㉢ 단점
    ⓐ 응답률이 낮을 수 있음
    ⓑ 인터넷 접근 가능자만 참여 가능(표본의 대표성 한계)
⑤ 우편 조사법(Mail Survey)
  ㉠ 개념 : 설문지를 우편으로 보내 응답자가 직접 작성 후 회신하는 방식
  ㉡ 장점
    ⓐ 비용이 저렴하고 면접자 오류가 없음
    ⓑ 응답자의 익명성 보장
    ⓒ 넓은 지역의 응답자 조사 가능
  ㉢ 단점
    ⓐ 응답률이 낮음
    ⓑ 설문 순서 무시, 불성실한 응답 가능
    ⓒ 질문을 이해하지 못해도 조사자가 설명 불가

2 척도의 개발

(1) 척도 개발 시 고려해야 할 주요 요소

① 척도점의 수(Number of Scale Points)

　㉠ 척도에서 선택할 수 있는 응답 단계의 개수를 의미함

　㉡ 점수가 많을수록 세밀한 구분이 가능하지만, 응답이 어려워질 수 있음

　㉢ 일반적으로 5점 척도(보통) 또는 7점 척도(정교한 측정)가 가장 많이 사용[예 매우 그렇다(7점) ~ 전혀 그렇지 않다(1점)]

　㉣ 척도점의 선택은 자료수집방법, 응답자 특성, 통계분석 방식에 따라 달라짐

② 홀수 척도 vs 짝수 척도

　㉠ 홀수 척도 : 중간 선택지가 있어, 응답자가 명확한 의견 없이 '중립'으로 응답하는 경향(중간화 현상)이 생김[예 1~5점 중 3점을 선택(중간 선택)]

　㉡ 짝수 척도 : 중간값이 없기 때문에 응답자가 찬성 또는 반대 중 하나를 선택해야 하지만, 실제로 중립적인 사람은 응답에 어려움을 느낌

③ 균형척도 vs 불균형척도

　㉠ 균형척도 : 긍정적 · 부정적 항목 수가 같음[예 매우 만족 – 만족 – 보통 – 불만족 – 매우 불만족(2:2 균형)]

　㉡ 불균형척도 : 한쪽으로 치우친 척도[예 매우 만족 – 만족 – 약간 만족 – 보통(긍정 응답이 많음)]

　　⇒ 연구목적에 따라 선택하지만, 일반적으로 균형척도가 선호됨

④ 응답의 강요성 여부

　㉠ 응답자가 반드시 하나를 선택하게 할지(강제선택형)

　㉡ 혹은 "모름", "해당 없음" 등의 선택지를 둘지(비강제형) 결정함

⑤ 척도 설명 및 표현 형태 : 척도는 응답자가 쉽게 이해할 수 있도록 명확한 설명과 일관된 표현 방식이 중요함[예 숫자(1 ~ 7)와 함께 '매우 그렇다 – 전혀 그렇지 않다' 식으로 단어 표시 병행)]

(2) 비교 척도법(Comparative Scaling)

① 쌍대비교척도법(Paired Comparison Scale)

　㉠ 두 대상을 한 쌍씩 비교하여 선호도나 중요도를 판단하게 하는 방식

> 예 브랜드 A와 브랜드 B 중 어느 쪽이 더 고급스럽습니까?

　㉡ 소수 브랜드(2 ~ 5개) 비교 시 유용하며, 브랜드 간 경쟁 위치나 선호 순위를 파악할 때 활용됨

　㉢ 단점

　　ⓐ 비교 대상이 많아지면 응답 부담이 급격히 증가함

　　ⓑ 상대적 선호만 알 수 있고, 절대적 의미는 없음

　㉣ 활용 예 : 다차원척도법(MDS)의 기초 데이터로 자주 사용됨

② 고정총합척도법(Constant Sum Scale)

  ㉠ 일정한 총점을 주고, 각 항목에 비중을 나누어 할당하게 하는 방법

> 예 제품 선택 시 중요도를 100점 기준으로 나누어 주세요.
>   → 가격 40점, 디자인 30점, 브랜드 20점, 서비스 10점

  ㉡ 각 항목의 상대적 중요도 비교가 가능함

  ㉢ 서열척도의 성격을 가지지만, 절대적 0이 있으므로 비율척도로 간주함

  ㉣ 단점

    ⓐ 항목이 많을수록 계산이 복잡해져 응답이 어려움

    ⓑ 반대로 항목이 너무 적으면 결과의 정밀성이 떨어짐

③ 순서서열척도법(Rank Order Scale)

  ㉠ 여러 대상을 동시에 제시하고, 응답자가 선호 순위를 직접 매기게 하는 방식

> 예 가장 선호하는 브랜드 순서를 고르세요.
>   ① A브랜드   ② B브랜드   ③ C브랜드

  ㉡ 비교적 현실적이고 직관적인 응답 방법

  ㉢ 장점

    ⓐ 응답이 간단하고 빠름

    ⓑ 이해하기 쉬움

  ㉣ 단점

    ⓐ 선택 항목이 많아질수록 비교가 어려움

    ⓑ 선호의 정도 차이는 알 수 없음(서열만 존재)

구분	개념 요약	장점	단점	대표 활용
쌍대비교척도	두 대상을 한 쌍씩 비교	• 비교가 명확함 • 이해 쉬움	• 항목 많으면 부담 • 절대값 해석 불가	• 브랜드 선호 비교 • MDS
고정총합척도	일정 합계 내에서 점수 분배	중요도 파악 가능	• 응답 복잡 • 항목 수 영향	속성 중요도 측정
순서서열척도	순위로 선호도 표시	간단 · 빠름	서열만 있고 간격 없음	• 선호도 조사 • 브랜드 평가

(3) 메트릭 척도법(Metric Scaling Methods) 중요

응답자의 의견 · 태도 · 평가 정도를 수치로 표현할 수 있는 척도법으로, 등간척도(Interval scale) 성격을 갖는 경우가 많음

① 연속형 평가척도(Continuous Rating Scale)

  ㉠ 개념 : 두 개념(예 좋다 – 나쁘다) 사이의 연속선 위에 응답자가 자신의 느낌에 가장 가까운 위치를 표시함

> 예 사과주스를 어떻게 생각하시나요? 사과주스에 대한 여러분의 평가를 다음 선상에 표기해 주시기 바랍니다.
> 매우 나쁘다 ——————— ∨ ————————————————————— 매우 좋다

  ㉡ 특징

    ⓐ 구성이 쉽고 직관적임

    ⓑ 응답자가 자유롭게 표시할 수 있음

    ⓒ 표시 위치를 정확히 수치화하기 어렵다는 한계가 있음

  ㉢ 활용 예 : 제품 이미지나 광고 호감도 등 감각적 평가에 자주 활용됨

② 리커트 척도(Likert Scale)

  ㉠ 개념 : 응답자에게 태도 관련 문장을 제시하고, 그에 대한 동의 정도를 5점 또는 7점 척도로 평가하도록 함

> 예 F라면의 맛은 상당히 좋다.
> 〈전혀 그렇지 않다〉　　1　　2　　3　　4　　5　　〈매우 그렇다〉

> 예 C회사의 자동차는 승차감이 아주 좋다.
> 〈전혀 그렇지 않다〉　　1　　2　　3　　4　　5　　〈매우 그렇다〉

  ㉡ 특징

    ⓐ 가장 널리 사용되는 척도임

    ⓑ 설계 · 관리가 용이함

    ⓒ 응답자 이해도 높음

    ⓓ 결과는 등간척도로 간주하여 통계분석에 활용 가능함

  ㉢ 장점

    ⓐ 단순하고 응답이 빠름

    ⓑ 설문 분석 시 평균, 상관, 회귀 등 다양한 통계 적용 가능함

  ㉣ 단점 : 응답자들이 중간값(보통)을 선택하는 경향이 있음

③ 의미차별화 척도(Semantic Differential Scale)

　㉠ 개념 : 서로 반대되는 형용사를 척도의 양 끝에 배치하고, 응답자가 그 사이에서 적절한 위치를 선택하도록 하는 방식

> 예 대한민국 경제의 앞날에 대해서 여러분의 솔직한 느낌을 표시해 주세요.
> 밝다　　　　　: —— : —— : —— : —— : —— : —— : —— :　　　어둡다

　㉡ 특징

　　ⓐ 브랜드 · 기업 이미지 평가에 매우 유용함

　　ⓑ 응답자가 직관적으로 이해하기 쉬움

　　ⓒ 형용사 쌍을 선정하기가 어렵고, 잘못 구성하면 의미가 모호해짐

　　ⓓ 서열척도 성격을 가지지만, 등간척도로 간주함

　㉢ 활용 예

　　ⓐ 소비자가 브랜드를 '신뢰할 수 있다 – 없다'로 평가

　　ⓑ 광고의 '흥미롭다 – 지루하다' 인식 분석

④ 스타펠 척도(Staple Scale)

　㉠ 개념 : 0을 중심으로 $-5 \sim +5$ 범위의 10점 척도를 사용하여, 응답자가 각 문항의 평가를 수치로 직접 표시함

> 예 D백화점에 대한 평가를 다음의 각 속성별로 표기해 주세요(동의할수록 높은 점수를 부여해 주세요).
>
> | $-5\ -4\ -3\ -2\ -1$ | 직원이 친절하다 | $+1\ +2\ +3\ +4\ +5$ |
> |---|---|---|
> | $-5\ -4\ -3\ -2\ -1$ | 제품의 품질이 높다 | $+1\ +2\ +3\ +4\ +5$ |
> | $-5\ -4\ -3\ -2\ -1$ | A/S가 뛰어나다 | $+1\ +2\ +3\ +4\ +5$ |
> | $-5\ -4\ -3\ -2\ -1$ | 첨단제품을 개발한다 | $+1\ +2\ +3\ +4\ +5$ |

　㉡ 특징

　　ⓐ 의미차별화 척도와 유사하나, 반대 형용사 쌍을 제시하지 않음

　　ⓑ 응답자가 긍정(+), 부정(−) 방향으로 평가함

　　ⓒ 0점이 없음 ⇒ 중립적 응답이 어렵다는 단점이 있음

　㉢ 장점

　　ⓐ 구성 간단, 형용사 짝 필요 없음

　　ⓑ 숫자 척도로 정량분석 용이함

　㉣ 단점 : 일부 응답자가 점수 방향(+, −)을 혼동할 가능성 있음

제4절 측정의 평가 종요

1 오차(Error) 기출

이론적으로 구하고자 하는 '참값(true value)'과 실제로 측정하거나 계산하여 얻은 '측정값(observed value)'의 차이. 즉, 실제와 측정 간의 불일치

(1) 체계적 오차(Systematic Error)

① 개념 : 측정 과정에서 일정한 방향이나 패턴을 가지고 반복적으로 나타나는 오차(예 항상 일정하게 더 크거나 작게 측정되는 경향)

② 특징

㉠ 오차가 일정한 규칙성을 지님(예 항상 +1씩 높게 측정됨)

㉡ 원인은 측정도구의 결함, 조사자의 편향, 질문의 표현 방식 등

㉢ 결과적으로 타당도(validity) 를 떨어뜨림 ⇒ **잘못된 것을 일관되게 측정**

> 예 • 온도계가 실제보다 항상 2℃ 높게 측정되는 경우
> • 설문 문항이 응답자에게 긍정적으로만 보이게 작성된 경우
> • 조사자가 특정 응답을 유도하는 질문을 반복하는 경우

(2) 비체계적 오차(Nonsystematic Error, Random Error)

① 개념 : 특정한 패턴 없이 우연히 발생하는 오차로, 측정값이 불규칙하게 변동하는 경우

② 특징

㉠ 예측이 어렵고, 방향성이 없음(플러스/마이너스 무작위로 발생)

㉡ 주로 응답자의 일시적 상태, 환경 요인, 우연한 판단 실수 등에서 발생

㉢ 측정 결과의 일관성(reliability)을 저하시킴

> 예 • 응답자가 설문 도중 집중력이 떨어져 임의로 답한 경우
> • 날씨나 조사 환경이 달라 응답이 달라지는 경우
> • 한 사람이 같은 질문에 매번 다른 답을 하는 경우

2 신뢰성(Reliability) 중요

(1) 개념 기출

① 정의 : 동일한 대상을 반복 측정했을 때 측정 결과가 일관성 있게 나타나는 정도

② 핵심 포인트 : 신뢰성은 비체계적 오차(nonsystematic error)를 얼마나 잘 통제했는가에 달려 있음

⇒ 비체계적 오차가 클수록 결과가 흔들리므로 신뢰성이 낮아짐

> 예 • 같은 사람에게 같은 설문을 두 번 했을 때 결과가 거의 같다면 → 신뢰성 높음
>
> • 매번 전혀 다른 결과가 나오면 → 신뢰성 낮음

(2) 신뢰성 측정방법

① 내적 일관성(Internal Consistency) : 하나의 개념(construct)을 여러 문항으로 측정했을 때, 그 문항들이 서로 일관성 있게 작동하는지 평가하는 방법

㉠ 핵심 개념 : 같은 개념을 묻는 문항들이 서로 비슷한 방향으로 반응하는가?

㉡ 대표적 측정방법

방법	설명	특징 / 해석
반분법 (Split-Half Method)	문항을 두 부분으로 나누어 두 집단의 점수를 비교	항목 구분 방식에 따라 상관이 달라질 수 있음
크론바흐 알파 (Cronbach's α)	문항 간 상관관계를 종합적으로 반영한 계수	0.8 이상 : 매우 우수 0.6 ~ 0.8 : 수용 가능 0.6 미만 : 일관성 부족

> **더 알아두기**
>
> $$크론바흐\ 알파 = \frac{문항의\ 수 \times 상관계수들의\ 평균값}{1+(문항의\ 수-1) \times 상관계수들의\ 평균\ 값}$$

㉢ 활용 예시 : '고객만족도' 문항이 5개일 때 → 각 문항 간 상관이 높으면 α값 ↑ → 신뢰성 높음

② 반복 측정법(Test-Retest Method) : 동일한 대상을 일정 시간 간격을 두고 두 번 이상 측정한 뒤, 두 측정값의 상관관계를 통해 신뢰성을 판단하는 방법 기출

㉠ 장점

ⓐ 실제 일관성을 직접 확인 가능

ⓑ 시간 경과에 따른 안정성 평가 가능

㉡ 단점

ⓐ 첫 번째 응답이 두 번째 응답에 영향을 줄 수 있음(기억 효과)

ⓑ 시간의 흐름에 따라 실제 태도나 인식이 변할 수 있음

ⓒ 시간 · 비용이 많이 듦

> 예 2주 간격으로 동일한 만족도 설문을 시행 → 두 결과가 매우 유사하면 신뢰성 높음

(3) 신뢰성 향상 방안 〔중요〕 〔기출〕

신뢰성은 비체계적 오차를 줄이는 데 초점을 둔다. 즉, 측정 대상 · 도구 · 상황의 안정성이 높아야 신뢰성도 향상된다.

① 주요 개선 전략

ㄱ 구성 개념(Construct)을 명확히 정의할 것 → 측정 문항이 개념을 정확히 반영하도록 함

ㄴ 검증된 측정도구 사용 → 이미 신뢰성이 검증된 척도 활용(예 SERVQUAL, Likert 척도 등)

ㄷ 가능하다면 반복측정법 적용 → 시간과 여유가 있다면 동일 측정 반복을 통해 일관성 검증

ㄹ 문항 수와 척도점 수 확대 → 문항이 많을수록 α값이 커져 신뢰성 향상 가능

ㅁ 일관성이 낮은 항목 제거 → 전체 문항 간 상관이 낮은 항목을 제외하면 신뢰성 개선

3 타당성(Validity) 〔기출〕

타당성이란 우리가 측정하려는 개념(construct)을 얼마나 정확하게 측정했는가를 의미. 즉, '척도가 정말로 그 개념을 재고 있는가?'를 평가하는 것

(1) 동시 타당성(Concurrent Validity)

① 개념 : 현재 시점에서 측정한 새로운 척도(측정 A)가 이미 타당성이 검증된 기존의 척도(측정 B)와 동시에 높은 상관관계를 보이는지를 확인하는 방법

② 핵심 포인트

ㄱ 두 측정이 같은 시점에서 동시에 이루어짐

ㄴ 두 결과 간의 상관계수(r)가 높을수록 타당성이 높다고 판단함

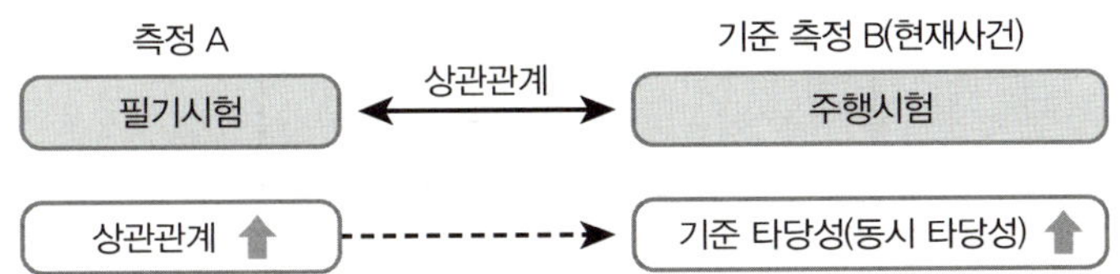

③ 의의

ㄱ 새로운 측정도구의 신뢰성과 실용성 검증에 유용

ㄴ 특히 마케팅 조사에서 새로 만든 문항 세트(예 고객충성도, 브랜드태도 등)를 검증할 때 활용됨

(2) 예측 타당성(Predictive Validity)

① 개념 : 지금 측정한 변수(측정 A)가 미래의 실제 결과나 행동(측정 B)과 높은 상관관계를 보이는 정도

② 핵심 포인트

ⓐ A(현재) → B(미래) 를 예측할 수 있으면 예측 타당성이 높음

ⓑ "지금의 태도나 의도가 미래의 행동으로 이어지는가?"를 봄

ⓒ 두 시점 간 시간적 간격이 존재한다는 점이 동시 타당성과의 차이

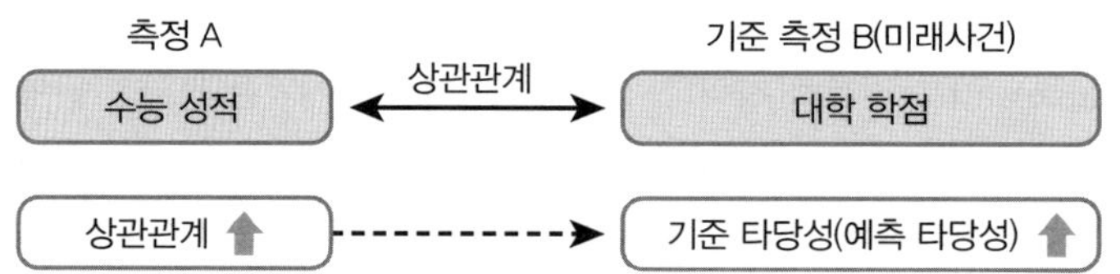

(3) 내용 타당성(Content Validity)

① 개념 : 조사 문항들이 측정하고자 하는 개념의 중요한 영역이나 요소를 충분히 포함하는지 평가하는 것

② 핵심 포인트

ⓐ 연구자가 만든 문항들이 개념의 대표성(representativeness)을 가지는지 확인

ⓑ 객관적 통계분석보다는 전문가 판단(주관적 평가)에 의존하는 경우가 많음

(4) 구성 타당성(Construct Validity)

① 개념 : 설문 문항이나 척도가 이론적 개념(construct)과 일치하는지를 확인하는 타당성

② 핵심 포인트

ⓐ 추상적인 개념(예 충성도, 브랜드 이미지, 신뢰 등)을 측정할 때 필수적

ⓑ 단순한 상관관계보다 이론적 관계(가설적 관계)의 타당성을 검증

ⓒ "이론적으로 예상한 변수 간 관계가 실제 자료에서도 유효한가?"를 확인

ⓓ 측정값이 관련 이론이나 가설에 부합하는지 검증함으로써, 이론적 신뢰도를 확보함

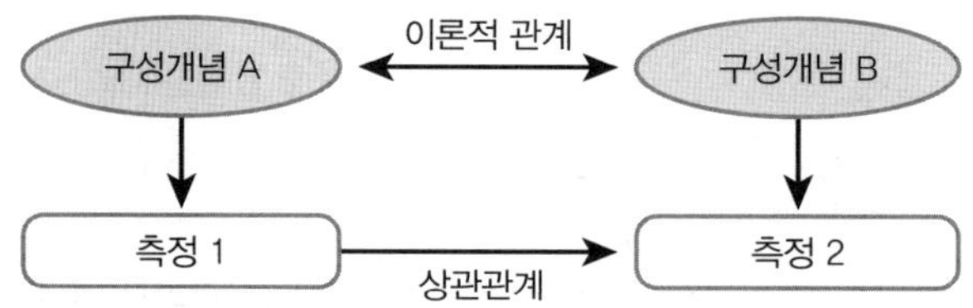

(5) 수렴 타당성(Convergent Validity)

① **개념** : 하나의 개념(예 고객 만족)을 여러 문항이나 도구로 측정했을 때, 그 측정 결과들이 서로 일관된 방향으로 수렴(converge)해야 함

② **핵심 포인트**

　㉠ 동일한 개념을 재는 여러 문항이나 지표의 상관계수가 높을수록 수렴 타당성이 높음

　㉡ 반대로 상관이 낮다면, 같은 개념을 제대로 측정하지 못하고 있음을 의미

　㉢ 즉, 같은 개념은 서로 비슷한 결과를 보여야 한다는 원리

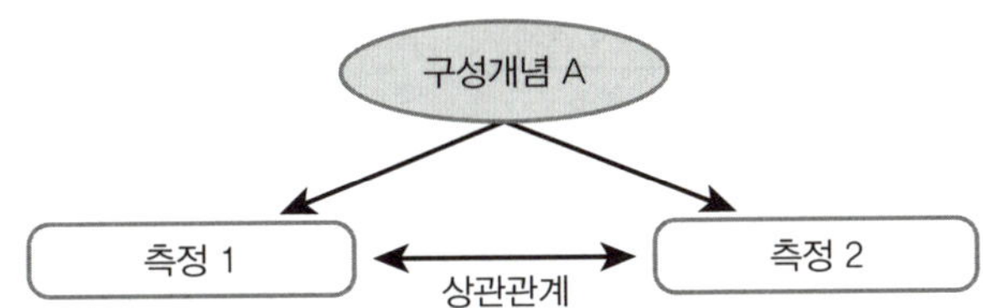

(6) 판별 타당성(Discriminant Validity) 기출

① **개념** : 서로 다른 개념을 측정한 결과들 간의 상관관계가 낮을수록 각 개념이 서로 명확히 구분되어 측정되고 있다는 것을 의미함

② **핵심 포인트**

　㉠ 다른 개념은 서로 다른 결과를 보여야 함

　㉡ 만약 서로 다른 개념임에도 측정 결과가 비슷하게 나온다면, 두 개념이 혼동되어 측정되고 있다는 뜻 ⇒ 판별 타당성 낮음

　㉢ 따라서, 수렴 타당성과는 반대 개념이라 할 수 있음

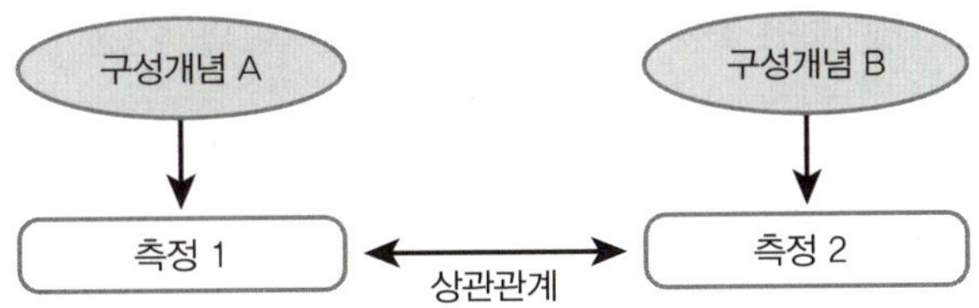

(7) 이해 타당성(Nomological Validity)

① **개념** : 연구자가 설정한 이론적 모형(변수 간 관계 구조)이 실제 자료 분석에서도 예상된 관계로 나타나는가를 확인하는 방법

② **핵심 포인트**

㉠ 이론적 관계가 실제 데이터에서도 확인되면 이해 타당성이 높음

㉡ 구성개념 간의 논리적 일관성(logical consistency)과 경험적 검증(empirical validation)을 동시에 봄

㉢ 구성 타당성(Construct Validity)의 세부 형태 중 하나임

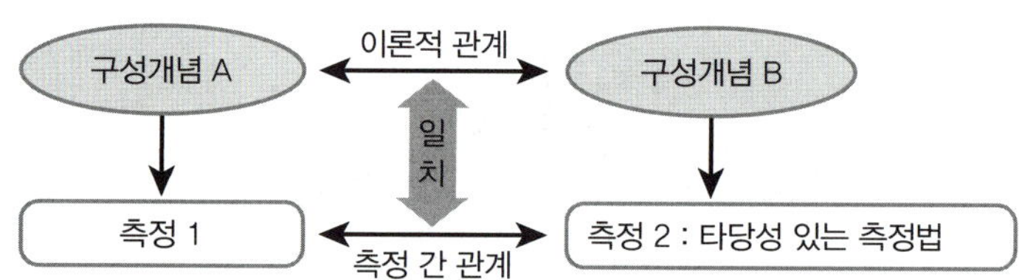

(8) 집중 타당성(Convergent Validity) `기출`

① **개념** : 동일한 개념을 측정하기 위해 서로 다른 두 가지 이상의 방법을 사용했을 때, 그 결과값들 간의 상관이 높다면 집중 타당성이 높다고 판단함

② **핵심 포인트**

㉠ 측정방법이 달라도 결과가 일치해야 함

㉡ 같은 개념을 여러 방식으로 측정함으로써 측정도구의 안정성과 일관성을 검증함

㉢ 구성 타당성(Construct Validity)의 세부 항목 중 하나로 분류됨

> 예 '사랑'의 척도로 '비용 투자' 및 '연락 횟수'라는 두 척도를 제안했을 시, 연락 횟수와 비용 투자의 두 척도의 상관관계가 높을수록, '사랑'이라는 추상적 개념의 타당성은 높은 척도일 가능성이 있다는 것이다.

(9) 내적 타당성(Internal Validity) `기출`

① **개념** : 연구에서 측정된 결과(종속변수의 변화)가 실제로 실험처리(독립변수)의 효과로 인한 것인지를 확인하는 정도

② **핵심 포인트**

㉠ 연구 결과의 인과관계가 내부적으로 논리적 · 과학적으로 타당한가를 평가함

㉡ 다른 원인(외생 변수, 측정 오류 등)에 의해 결과가 왜곡되지 않았는지를 검토함

㉢ 인과관계 검증의 핵심 요건으로, 타당한 연구 설계의 기본이 됨

> **더 알아두기**
>
> **타당성의 향상 방안**
> - 갖가지 측정방법을 활용해서 수렴 타당성을 검토
> - 구성개념에 대한 명확한 이해
> - 타 연구에 활용되어 타당성을 검증받은 측정방법을 활용하는 것이 안전
> - 관련된 용어를 명확하게 정의해서 관련자가 똑같이 이해해야 함
>
> **내적 타당성 및 외적 타당성**
> ① 내적 타당성(Internal Validity)
>   - ㉠ 일반적인 의미의 타당성으로서, 내적 타당성은 인과적 결론의 적합성 정도를 말한다. 다시 말해, 드러난 결과가 추정된 원인에 기인한 것인가를 명확하게 판단해 낸다면 내적 타당성이 높다고 할 수 있다.
>   - ㉡ 진정한 정책효과가 있을 시에 이러한 효과가 있다고 판단하거나 사실상의 정책효과가 없을 시에 이러한 효과가 없다고 정확히 밝혀내면 내적 타당성이 높다고 한다.
>   - ㉢ 정책평가를 위해 고찰된 모든 통계적 · 실험적인 방법들은 내적 타당성을 제고하는 것을 1차적 목표로 두고 있다.
>   - ㉣ 내적 타당성을 위태롭게 하는 요소에는 외재적 요소와 내재적 요소가 있다. 외재적 요소는 처치집단과 비교집단을 구성할 시에 두 집단에 특성이 서로 다른 표본들을 선발 · 할당함으로써 발생하게 될지도 모르는 편견을 말하고, 내재적 요소는 평가연구를 수행하는 과정에서 스며들어 가는 교란요인을 말한다.
>   - ㉤ 인과적 추론의 타당성을 낮게 하는 내재적 요소
>   - 역사적 오염(History)
>   - 성숙효과(Maturation)
>   - 상실요소(Experimental Mortality)
>   - 측정요소(Testing)
>   - 회귀인공요소(Regression Artifact)
>   - 측정도구의 변화(Instrumentation)
>   - 선발과 성숙의 상호작용(Selection Maturation Interaction)
>   - 처리와 상실의 상호작용(Treatment Mortality Interaction)
> ② 외적 타당성(External Validity)
>   - ㉠ 어떤 특정한 상황에서 얻은 인과적 결론의 적합성을 타 상황에 일반화시킬 수 있는 것을 말한다. 다시 말해, 특정한 상황 하에서 타당한 평가가 다른 상황에서도 타당하면 외적 타당성이 높다고 할 수 있다.
>   - ㉡ 연구로 나타난 결과를 일반화할 수 있는 정도, 실험설계와 같은 실험이 계속해서 반복되어 실험이 효과가 있다는 것이 반복적으로 증명될 시에 외적 타당도가 높은 설계라고 할 수 있다.
>   - ㉢ 외적 타당도 저해요인 3가지
>   - 표본의 대표성
>   - 조사에 대한 대상자의 민감성 또는 반응성
>   - 환경과 상황
>   - ㉣ 외적 타당도 저해요인 통제방법 : 확률적 또는 무작위 표본추출법 적용

4 내적 타당성의 저해요인 중요

구분	설명	예시	통제 방법
역사적 오염	실험 중 외부 사건이 결과에 영향	경쟁사 프로모션 발생	통제집단, 무작위 배정
성숙효과	시간 경과로 피험자 특성 변화	피로, 학습	실험 기간 단축
검사효과	사전조사가 사후에 영향	문항 익숙함	문항 순서 변경
도구변화	측정도구 또는 조사자 변화	문항 수정, 조사자 교체	동일 도구 유지
회귀효과	극단값이 평균으로 회귀	낮은 성적자 향상	극단값 제외
이탈	표본 일부 중도 탈락	장기 조사 중 중단	표본 여유 확보

(1) 역사적 오염(History Effect) 기출

① **개념** : 실험이 진행되는 동안 외부에서 발생한 사건이 결과에 영향을 미치는 현상이다. 즉, 연구자가 통제할 수 없는 외부 환경의 변화로 인해 결과가 왜곡되는 경우이다.

> 예 • 광고 효과를 측정하는 실험 도중 경쟁사에서 대규모 할인행사를 진행함 → 결과 왜곡
> • 신제품 캠페인 기간 중 뉴스 이슈나 사회적 사건이 발생해 태도 변화 발생
> • 만족도 조사 중 가격 인상 발표로 인해 응답이 급격히 부정적으로 변함

② **문제점** : 독립변수의 효과와 외부 사건의 영향을 구분하기 어렵게 만들어 결과 해석의 인과관계 타당성이 낮아짐

③ **통제방법**

  ㉠ 통제집단(Control Group) 설정 : 외부 사건의 영향을 비교할 수 있게 함
  ㉡ 무작위 배정(Random Assignment) : 두 집단이 동일 조건에서 출발하도록 설정
  ㉢ 시기 통제(Time Control) : 실험 시기를 일정하게 유지하거나 짧게 설정

(2) 기타 저해요인

① **성숙효과(Maturation)** : 시간 경과로 인한 피험자의 변화
② **검사효과(Testing)** : 사전조사가 사후에 영향
③ **도구변화(Instrumentation)** : 측정도구 변경으로 인한 결과 차이
④ **회귀효과(Statistical Regression)** : 극단값이 평균으로 회귀
⑤ **이탈(Mortality)** : 표본 중 일부의 탈락

※ **다음 지문의 내용이 맞으면 ○, 틀리면 ×를 체크하시오. (01~09)**

01 개념적 정의는 어떠한 개념에 대해 응답자가 구체적인 수치를 부여할 수 있는 형태로 상세하게 정의를 내린 것이다. (   )

02 조작적 정의는 측정의 대상이 되는 어떠한 개념의 의미를 사전적으로 정의를 내린 것이다. (   )

03 명목척도는 상하 관계가 있고 구분도 존재하는 척도라 할 수 있다. (   )

04 비율척도는 절대 '0'이 존재하는 척도이다. (   )

05 체계적 오차는 반복 측정 시 무작위로 발생하는 오차이다. (   )

06 타당도는 측정도구가 측정하려는 개념을 정확히 측정하는 정도를 말한다. (   )

07 신뢰도가 높으면 타당도도 반드시 높다고 할 수 있다. (   )

08 역사적 오염은 실험 중 발생한 외부 사건이 결과에 영향을 미치는 현상이다. (   )

09 성숙효과는 시간의 경과로 인해 피험자의 특성이 변하는 것이다. (   )

정답과 해설 01 × 02 × 03 × 04 ○ 05 × 06 ○ 07 × 08 ○ 09 ○

01 개념적 정의는 측정의 대상이 되는 어떠한 개념의 의미를 사전적으로 정의를 내린 것이다.
02 조작적 정의는 어떠한 개념에 대해 응답자가 구체적인 수치를 부여할 수 있는 형태로 상세하게 정의를 내린 것이다.
03 명목척도는 상하 관계는 없고 일종의 구분만 존재하는 척도이다.
05 체계적 오차는 일정한 방향으로 편향된 오류이다.
07 신뢰도는 타당도의 필요조건이지만 충분조건은 아니다.

01 해설관찰자는 피관찰자의 느낌이나 태도, 동기 등과 같은 심리적 현상은 관찰할 수 없다.

01 관찰법에 대한 설명으로 옳지 <u>않은</u> 것은?

① 관찰자에게서 나타나는 오류에 대한 제거가 가능하다.
② 관찰자는 피관찰자의 태도, 동기 등과 같은 심리적 현상의 관찰이 가능하다.
③ 관찰법은 객관성 및 정확성이 높다.
④ 관찰법은 설문지에 비해 많은 비용이 들어간다.

02 서베이법은 직접적으로 관찰이 불가능한 동기 및 개념의 측정 등이 가능하다.

02 다음 중 서베이법에 대한 내용으로 거리가 <u>먼</u> 것은?

① 자료에 대한 코딩 및 분석 등이 용이하다.
② 직접적으로 관찰이 불가능한 동기 및 개념의 측정 등은 불가능하다.
③ 대규모의 조사가 가능하다.
④ 응답률이 저조하다.

03 전화 인터뷰법은 면접진행자에 의한 오류가 발생할 수 있다.

03 다음 중 전화 인터뷰법에 대한 설명으로 옳지 <u>않은</u> 것은?

① 전화를 활용하기 때문에 접촉의 범위가 넓다.
② 전화를 활용하므로 시각적인 자료의 활용은 어렵다고 할 수 있다.
③ 면접진행자에 의한 오류의 발생은 없다.
④ 면접진행자의 통제가 용이한 편이다.

정답 01 ② 02 ② 03 ③

04 다음 중 우편 조사법에 대한 설명으로 적절하지 <u>않은</u> 것은?

① 응답자에 대한 익명성이 보장된다.

② 응답자들이 질문의 의도를 잘못 이해할 경우에는 그에 따른 설명이 불가능하다.

③ 면접진행자에 의한 오류가 없다.

④ 응답자들이 질문에 대한 순서를 무시할 가능성이 낮다.

05 다음 중 척도에 대한 내용으로 바르지 <u>않은</u> 것은?

① 신뢰도 및 타당성을 동시에 필요로 한다.

② 가설을 기반으로 본래의 양적인 내용을 지닌 여러 가지 속성을 질적인 변수로 바꾸어 놓은 것이다.

③ 측정하는 도구이다.

④ 척도화의 방법은 여러 가지 수학적 가설에 입각해 여러 가지 방법이 고안되었다.

06 다음 내용에 대한 설명으로 거리가 <u>먼</u> 것은?

> • 귀하의 직업은? ① 교수 ② 회사원 ③ 프리랜서 ④ 작가
> • 귀하의 성별은? ① 남자 ② 여자

① 위 내용을 토대로 보면, 상하관계는 없고 일종의 구분만 존재하는 척도라고 유추할 수 있다.

② 위 내용을 보면, 단순하게 이름만 가지고 구별이 가능한 척도라는 결론을 얻을 수 있다.

③ 위 사례는 서열척도이다.

④ 위 사례에서 말하는 척도는 상호 배반적이어야 한다는 것을 알 수 있다.

---

04 우편 조사법은 응답자들이 질문에 대한 순서를 무시할 가능성이 높다.

05 척도는 어떠한 가설에 의거해서 본래의 질적인 내용을 지닌 여러 가지 속성을 수량적인 변수로 바꾸어 놓은 것을 의미한다.

06 제시된 내용은 명목척도에 관한 사례이다.

정답 04 ④ 05 ② 06 ③

07 문제에서 말하는 것은 명목척도에 대한 내용이다. 명목척도는 연구하고자 하는 대상을 구분할 목적으로 임의로 숫자를 부여하는 척도이다

07 지금은 은퇴한 LG트윈스의 투수 이상훈의 등번호는 47번이다. 다음 중 등번호 47번과 관련된 내용으로 옳은 것은?

① 일종의 구분만 존재하는 척도라는 것을 알 수 있다.
② 서열척도의 전형적인 예라고 추론할 수 있다.
③ 등번호 30번보다 공의 스피드가 훨씬 빠르다고 유추할 수 있다.
④ 등번호가 작을수록 야구를 못한다고 추론할 수 있다.

08 제시된 내용은 서열척도의 사례이다. 서열척도에서 사용 가능한 통계량으로는 중앙값, 최빈값, 스피어먼 상관계수, 백분위 수 등이 있다.

08 다음 내용과 관련성이 <u>적은</u> 것은?

> • 학생들의 성적 등위
> • 키 순서

① 연구대상의 특성 등에 대해서 상대적인 정도를 표현하기 위해 수치를 부여하는 척도라는 것을 알 수 있다.
② 위 내용에 사용 가능한 통계량으로는 모집단, 모분산, 모평균 등이 있다.
③ 등간척도 및 비율척도처럼 연산수행이 이루어지지 않는다.
④ 서열척도로서 측정대상들의 특성을 서열로 나타낸 것이라고 유추할 수 있다.

09 등간척도는 '+', '−'는 가능하지만, '×', '÷'는 불가능하다.

09 다음은 등간척도에 대한 설명이다. 이 중 바르지 <u>않은</u> 것은?

① 간격이 일정한 척도이다.
② 서열, 범주, 거리 등에 대한 정보를 지니고 있다.
③ 측정된 값들은 동일한 간격을 가지고 있다.
④ '+', '−'는 불가능하지만, '×', '÷'는 가능하다.

정답 07 ① 08 ② 09 ④

10 비율척도에 대한 내용으로 거리가 <u>먼</u> 것은?

① '×', '÷'가 가능한 척도이다.

② 척도상 위치를 모든 사람이 동일하게 인지하고 해석한다.

③ 절대 '0'이 존재하지 않는 척도이다.

④ 모든 통계분석 기법의 활용이 가능하다는 특징이 있다.

11 다음 중 순서서열척도법에 대한 설명으로 바르지 <u>않은</u> 것은?

① 비교적 현실에 가까운 선택 방법이라고 할 수 있다.

② 현실적인 방법인 만큼 시간 및 노력이 많이 들어간다는 문제점이 있다.

③ 선택 대안의 수가 늘어나게 되면 비교하기가 상당히 어려워진다.

④ 선호에 있어서 상대적인 의미만 존재한다.

12 다음 중 리커트 척도법에 대한 설명으로 바르지 <u>않은</u> 것은?

① 응답자들이 제시된 문장을 보고 이에 동의하는 정도를 답하게 하는 유형의 척도이다.

② 응답자들이 스스로가 이해하며 답하는 경우에 널리 활용되는 방식이다.

③ 응답자들이 쉽게 이해하고, 척도 설계가 쉬우며 관리하기가 용이하다는 특징이 있다.

④ 측정값은 명목척도로 간주된다.

---

10 비율척도는 절대 '0'이 존재하는 척도이다.

11 순서서열척도법은 시간 및 노력이 절감된다.

12 측정값은 등간척도로 간주된다.

정답 10 ③ 11 ② 12 ④

13 내용 타당성은 타당성의 정도를 주관적으로 판단할 수밖에 없다.

13 다음 중 내용 타당성에 대한 설명으로 옳지 <u>않은</u> 것은?

① 타당성의 정도를 객관적으로 판단할 수밖에 없다.
② 시험 등을 통해 측정하는 행동이나 질문 주제의 내용이 직무의 수행에 있어 중요한 상황을 대표할 수 있느냐 하는 판단과 연관된다.
③ 연구설계 또는 실험 등에 있어, 조사연구자가 측정하고자 하는 내용이 조사대상의 주요 국면을 대표할 수 있느냐 하는 등의 판단 및 그와 관련된 타당성을 의미한다.
④ 구성개념을 정확하게 이해해야 하며, 동시에 이를 잘 정리해야 한다.

14 추상화의 정도가 높은 개념을 구성개념이라 하며, 연구자가 측정하고자 하는 추상적 개념이 실제로 측정도구에 의해 제대로 측정되었는지의 정도를 말한다.

14 구성 타당성에 대한 내용으로 바르지 <u>않은</u> 것은?

① 타 타당성과는 달리 이론과 구성개념 및 가설적인 관계를 검증한다는 점에서 타당성의 핵심적인 요소가 된다.
② 조사의 설계에서 처리, 결과, 모집단 및 상황들에 대한 이론적인 구성 요소들이 성공적으로 조작화된 정도를 말한다.
③ 추상화의 정도가 높은 개념을 수렴개념이라 한다.
④ 특정 조사 또는 시험 등이 무엇을 측정하는지를 설명하기 위해 심리학자들이 도입한 개념이다.

15 등간척도는 간격이 같다는 의미에서 나왔으며, 측정된 값들은 동일한 간격을 지니며, 측정값들의 차이는 거리의 개념으로 표현이 가능하다.

15 다음 중 순위 사이의 간격이 동일하지만 절대 0점이 존재하지 <u>않는</u> 척도는 무엇인가?

① 비율척도
② 서열척도
③ 명목척도
④ 등간척도

정답 13 ① 14 ③ 15 ④

16 다음 중 측정대상에 대한 조작적 정의에 해당하는 것은?

① 고객충성도는 재구매 의도이다.

② 고객충성도는 재방문 의사 여부를 5점 척도로 측정한다.

③ 고객충성도는 심리적 애착이다.

④ 고객충성도는 태도와 행동으로 구성된다.

16 '고객충성도'를 "재방문 의사 5점 척도"로 수치화하는 것이 조작적 정의의 예다.

17 비교척도에 해당하지 <u>않는</u> 것은?

① 쌍대비교척도

② 순서서열척도

③ 고정총합척도

④ 리커트 척도

17 리커트 척도는 절대평가형 메트릭 척도이다.

18 타당도의 종류 중 '측정도구가 실제 결과를 얼마나 잘 예측하는가'에 초점을 둔 것은?

① 내용타당도

② 구성타당도

③ 동시타당도

④ 예측타당도

18 예측타당도를 의미하며, 예시로는 "구매의도 척도가 실제 구매와 일치하는 정도"가 있다.

정답 　16 ②　17 ④　18 ④

19 '표본대표성 부족'은 '외적 타당성' 문제이다.

19 내적 타당성을 저해하는 요인이 <u>아닌</u> 것은?

① 성숙효과
② 역사적 오염
③ 도구변화
④ 표본대표성 부족

20 외생변수 통제를 통해 인과관계의 진정성을 확보하면, 내적 타당도가 높아진다.

20 내적 타당도를 높이기 위한 방법으로 옳은 것은?

① 표본의 다양성 확대
② 실험집단과 통제집단의 무작위 배정
③ 응답자 수 증가
④ 설문문항 단순화

정답 19 ④ 20 ②

제5장

설문지의 작성

행운이란 100%의 노력 뒤에 남는 것이다.

– 랭스턴 콜먼 –

제1절 설문지 작성을 위한 사전준비단계

1 설문지의 개념

(1) 조사자가 조사문제의 해답을 얻기 위해 고안한 표준화된 조사도구의 일종

(2) 응답자가 스스로 응답할 수 있도록 체계적으로 구성된 일정 수의 질문항목의 집합

(3) 조사목적에 적합한 정보를 획득하고, 측정의 오차를 최소화하기 위한 수단

(4) 연구자가 조사하고자 하는 일련의 질문을 논리적 순서에 따라 배열한 소책자 형태

2 설문지 작성의 중요성

(1) 설문지는 조사결과의 신뢰도와 타당도를 좌우하는 핵심요소임

(2) 필요한 정보의 종류, 측정방법, 분석방식이 모두 반영되어야 함

(3) 설문지 완성 시점에는 분석방법과 조사설계가 결정되어 있어야 함

(4) 결과의 활용방향까지 고려한 상태에서 설계되어야 함

(5) 각 질문 문항은 실제 응답자에게 제시될 문장 그대로 작성되어야 함

(6) 조사목적과 응답자의 이해 수준을 고려한 문체와 배열의 일관성 유지가 필요함

(7) 한 번 작성된 질문서로 모든 조사가 동일한 결과를 얻을 수 없으므로, 지속적인 수정ㆍ보완이 필요함

3 설문지 작성 전 준비사항

(1) 조사목적 및 가설의 명확화

① 조사에서 측정해야 할 개념(예 태도, 만족도, 충성도 등)의 조작적 정의 수립

② 독립변수 · 종속변수 · 통제변수의 관계를 명확히 설정

③ 가설검증 또는 의사결정에 필요한 정보유형의 확정

(2) 정보요구의 결정

① 조사목적 달성을 위해 필요한 구체적 정보의 내용 파악

② 정보의 원천(1차 자료 또는 2차 자료)의 구분 및 확보방법 결정

③ 수집할 정보의 범위와 세부 항목의 구조화

(3) 측정방법의 선정

① 측정대상 특성에 따라 명목척도 · 서열척도 · 등간척도 · 비율척도 중 적절한 수준 결정

② 측정오차를 최소화할 수 있는 질문형태와 척도 선택

③ 각 척도의 특성과 통계분석 방법의 연계 검토

(4) 응답자 특성의 고려

① 응답자의 연령, 교육 수준, 이해력, 사회적 민감도, 응답 동기 등을 반영

② 문장의 난이도와 표현방식의 조정

③ 응답자의 사회적 바람직성 편향을 최소화하는 질문 설계

(5) 조사방법의 결정

① 대면, 전화, 우편, 온라인 등 조사방법의 선택

② 조사비용, 응답률, 시간, 표본 접근성 등을 종합적으로 고려

③ 방법별 장 · 단점 비교 후 적합한 방법을 선택

4 예비조사 및 사전조사 종요 기출

구분	주요내용	목적
예비조사(탐색조사)	문헌조사, 전문가면접, 탐색적 인터뷰 등	조사문제의 구조와 방향 설정
사전조사(파일럿조사)	설문 초안의 실제 적용, 오류 및 문항 수정	신뢰도 · 타당도 검증 및 보완

> **더 알아두기**
>
> **예비조사와 사전조사** 기출
>
> - 예비조사
>   - 실제 조사하고자 하는 연구문제에 대한 정보나 지식이 없을 경우에 활용한다.
>   - 질문서 및 면접조사 등 실태조사의 도구를 초안하기 위해 실시하는 조사이다.
>   - 예비조사에서는 공식적인 표본설계 및 표본추출 과정은 크게 중요하지 않다.
>   - 예비조사가 충분히 시행되면 본조사의 문제점의 해결과 조사기간의 단축 및 오차의 통제 등을 가능하게 한다.
> - 사전조사
>   - 예비조사 등의 결과를 기반으로 질문서 또는 조사표를 작성한 후 해당 조사도구가 타당성이 있으며, 신뢰성이 있는 자료를 수집할 수 있는지를 확인하기 위해 실시한다.
>   - 예비조사가 조사표 및 설문지의 초안 전에 실시하는 비조직적이고 기초적인 조사임에 비해 사전조사는 이들의 작성이 이루어진 후에 실시되는 조사로서 이는 매우 조직적이면서 공식적으로 실시하는 본조사의 연습, 다시 말해, 본조사의 축소판이라 할 수 있다.
>   - 사전조사를 통해 질문에 대한 형식, 내용, 순서 등을 확인 및 수정하는 부분은 상당히 중요하다.
>   - 사전조사 대상자의 경우 본조사의 표본과 비슷하지만 모집단에는 포함되지 않는 사람을 대상으로 하는 것이 좋다.

5 사전준비단계에서의 점검사항

(1) 필요한 정보의 명확화 여부

(2) 정보의 원천 및 측정방법의 타당성

(3) 모집단의 특성 파악 및 표본구성의 적정성

(4) 자료의 분석기법과 결과 활용방식의 연계성

(5) 설문 설계의 각 단계가 조사목적과 일치하는지 여부

제2절 개별질문항목의 완성

1 질문서 작성 시 유의사항 및 기본지침 기출

(1) 질문의 명확성

① 질문은 짧고 명료하게 표현
② 모호한 용어, 복합질문, 전문용어 지양

(2) 조사목적의 일관성

각 문항은 조사목적과 논리적으로 일관되어야 함

(3) 질문 배열의 논리성

질문 순서의 흐름은 '일반 → 구체', '쉬운 → 어려운' 순서로 구성

(4) 타당성과 신뢰성 확보

문항이 실제 측정하려는 개념을 올바르게 측정하도록 설계

(5) 응답자의 이해 용이성

응답자가 질문을 정확히 해석할 수 있도록 문체 단순화

(6) 응답의 포괄성과 상호배제성

모든 응답이 포함되되, 중복되지 않도록 설계

(7) 민감질문 배치

응답자의 부담이 적은 질문부터 시작하고, 민감하거나 중요한 질문은 중간부에 배치

(8) 유동성 배제

응답자를 특정 방향으로 유도하는 문장 금지

(9) 복수질문 금지

한 문항에 두 가지 이상의 질문 금지

(10) 표현의 구체성

구체적 단어 사용(자주, 가끔 등 모호한 빈도 표현 지양)

더 알아두기

질문서 작성 시 주의사항

- 알기 쉽게 표현해야 한다(응답자의 입장에서 생각하고 평가할 수 있도록 해야 한다).
- 애매모호한 표현을 피해야 한다.
  - 예 당신은 커피를 얼마나 많이 마십니까?
    - ＿＿＿ 전혀 마시지 않는다.
    - ＿＿＿ 가끔 마신다.
    - ＿＿＿ 때때로 마신다.
    - ＿＿＿ 자주 마신다.
    - ＿＿＿ 거의 매일 마신다.
- 유도성의 질문은 하지 않는다(응답자가 특정 대안을 택하도록 하는 표현을 담고 있는 질문).
  - 예 당신은 광우병 사태를 보고 미국으로부터 쇠고기 수입의 금지를 연장하는 것이 바람직하다고 생각하십니까?
    - 예 ＿＿＿　　　아니요 ＿＿＿
  - 예 당신은 한국에서 고교 교육을 의무 교육으로 하는 것에 대해서 어떻게 생각하십니까?
    - 찬성 ＿＿＿　　　반대 ＿＿＿
- 응답할 수 없는 질문은 하지 않는다.
  - 예 당신이 라면을 처음 먹어본 것은 언제인가요?
- 설문 하나에 두 개 이상의 질문을 하면 안 된다.
  - 예 이 회사에서 출시한 장갑과 모자가 어느 정도 마음에 드시나요?
- 가능한 한 모든 응답을 표시해야 하며, 그 응답이 중복되어서는 안 된다.
  - 예 당신의 나이는 몇 세인가요?
    - 1. 0 ～ 10세　　　2. 10 ～ 20세　　　3. 20 ～ 30세　　　4. 30 ～ 40세　　　5. 40세 이상
  - 예 당신이 거주하는 지역은 어디인가요?
    - 1. 특별시 ＿＿＿　　　2. 광역시 ＿＿＿　　　3. 읍 혹은 면 ＿＿＿
- 응답자가 민감하게 반응할 수 있는 질문은 되도록 우회적으로 질문해야 한다.
  - 예 당신 주변에 배우자를 구타하는 사람이 있나요?
    - 예 ＿＿＿　　　아니요 ＿＿＿
  - 예 당신은 배우자를 구타한 적이 있나요?
    - 예 ＿＿＿　　　아니요 ＿＿＿

2 질문유형의 구분 `중요` `기출`

구분	개념	장점	단점	예시
개방형 질문 (Open-ended)	응답자에게 자유롭게 서술하도록 하는 문항	• 풍부한 질적 정보 확보 가능 • 새로운 아이디어 발견	• 코딩·분석 어려움 • 무응답률 높음	해당 제품의 개선점을 자유롭게 서술하시오.
고정형 질문 (Fixed-alternative)	응답 대안을 제시하고 선택하게 하는 문항	• 분석 용이 • 통계처리 가능 • 비교 가능	응답자의 생각을 완전히 반영하기 어려움	이 브랜드를 구매한 적이 있습니까? (예/아니요)
척도형 질문 (Scaled Question)	태도·만족·선호 등 추상적 개념을 수치화하는 문항	• 분석력 높음 • 세밀한 측정 가능	• 척도 설계의 복잡성 • 응답자 피로 가능	이 제품에 얼마나 만족하십니까? (1∼7점)

(1) 개방형 질문 `중요` `기출`

① 개념

　　㉠ 응답의 선택지를 제시하지 않고, 응답자가 자유롭게 서술하도록 하는 질문형식

　　㉡ 주관식 응답을 통해 응답자의 사고, 감정, 태도 등을 자연스럽게 표현하게 하는 방식

② 특징

　　㉠ 탐색적 조사나 질적 연구에서 활용 빈도가 높음

　　㉡ 응답의 자유도가 높아 응답자 중심의 정보 수집이 가능함

　　㉢ 사전조사나 예비조사 단계에서 폐쇄형 문항의 응답항목을 도출하기 위한 자료로 유용함

　　㉣ 응답자의 언어 그대로 인용 가능하여 보고서 작성 시 현장감이 제공됨

③ 장점

　　㉠ 응답의 다양성 확보 및 새로운 아이디어 발굴이 가능함

　　㉡ 응답자에게 자기표현의 기회를 제공하여 심층적 정보 취득이 가능함

　　㉢ 응답범주를 사전에 설정하기 어려운 주제(예 신제품 아이디어 탐색)에 유용함

　　㉣ 보고서 작성 시 직접적인 인용이 가능함

④ 단점

　　㉠ 코딩 및 분석의 어려움, 주관적 해석 가능성이 있음

　　㉡ 응답자의 교육 수준·사고력에 따라 응답 품질 차이가 발생함

　　㉢ 응답시간이 길고, 무응답률이 높음

　　㉣ 대규모 서베이에 적용 시 실용성이 낮음

> 예 • 해당 점포에서의 서비스에 대한 당신의 생각은 어떤가요?
> 　• 어젯밤 뉴스가 당신에게는 어떤 의미가 있었나요?
> 　• 한 조직의 리더로서 갖추어야 할 자질은 무엇이라고 생각하시나요?

(2) 고정형 질문(Fixed-Alternative Questions) 중요

① 개념

　　㉠ 응답대안을 미리 제시하고, 응답자가 그중 하나(또는 복수)를 선택하게 하는 형식

　　㉡ 응답의 일관성과 비교가능성을 높이기 위한 대표적 서베이형 질문방식

② 특징

　　㉠ 응답의 표준화가 가능하여 비교, 통계분석, 코딩, 요약이 용이함

　　㉡ 응답자의 부담이 적고, 응답시간이 짧음

　　㉢ 응답항목의 수에 따라 이분형(dichotomous)과 선다형(multiple choice)으로 구분됨

③ 장점

　　㉠ 응답과 비교가 용이하고, 통계적 처리가 가능함

　　㉡ 명확한 대안 제시로 인해 응답자의 이해가 빠름

　　㉢ 결과의 시각화 · 도표화가 용이함

　　㉣ 대규모 서베이에 적합함

④ 단점

　　㉠ 응답자의 사고와 감정을 완전히 반영하기 어려움

　　㉡ 미리 제시된 선택지가 응답자의 실제 의견을 제한할 수 있음

　　㉢ 응답항목의 구성 방식에 따라 결과의 왜곡이 가능함

⑤ 세부 유형

유형	개념	예시
이분형 질문 (Dichotomous Question)	두 개의 대안 중 하나를 선택하도록 하는 문항	이 브랜드를 구매한 적이 있습니까? ① 예　② 아니요
선다형 질문 (Multiple Choice Question)	복수의 대안 중 한 개 또는 여러 개 선택	해당 상품을 구매하는 주요 이유는? ① 가격　② 디자인　③ 브랜드　④ 기능
체크리스트형 질문 (Check List)	복수응답이 가능한 항목을 제시	결혼생활의 문제점(복수응답 가능) ① 경제문제　② 교육문제　③ 출산문제　④ 고부갈등

더 알아두기

척도점을 활용한 질문

어떠한 특성을 표현하는 여러 개의 척도점으로 구성되는 것으로써, 선다형 질문의 변형이라고 할 수 있다. 데이터를 활용해서 자료를 수집·분석해서 유용한 정보를 제공하기 위해서는 다음의 4가지 척도를 적절하게 사용해서 질문서를 작성해야 한다.

척도구분	정보의 양/ 통계적 분석력	척도의 특징	적용 데이터
비율척도	높다	절대적 원점	연속형 데이터
등간척도	↑	동일한 간격[절대원점 무(無)]	
순서척도	↓	속성들 간의 순서관계	범주형 데이터
명목척도	낮다	속성들의 이름	

- 등급척도를 활용한 질문의 작성
  - 숫자를 활용한 등급척도

    예 현재 시청하고 계신 벽걸이형 TV에 대한 당신의 만족도는 어떤가요?

①	–	②	–	③	–	④	–	⑤
매우 불만족		약간 불만족		보통		약간 만족		매우 만족

  - 글을 활용한 등급척도

    예 현재 사용하고 계신 에어컨에 대한 당신의 만족도는 어느 정도인가요?

    1. 매우 불만족　　2. 약간 불만족　　3. 보통　　4. 약간 만족　　5. 매우 만족

  - 그림을 활용한 등급척도

    예 현재 사용하고 계신 휴대폰에 대한 당신의 만족도는 어느 정도인가요?

〈매우 불만족〉　　〈약간 불만족〉　　〈보통〉　　〈약간 만족〉　　〈매우 만족〉

- 어의차이 척도

  컬러 또는 이미지 등의 감성적인 내용에 대해 질문할 때 자주 활용하는 방식이다. 이를 척도화하는 방법으로는 척도의 양쪽 끝에 서로 상반되는 형용사적 단어를 삽입하고 응답자의 느낌 또는 생각 등을 척도상에 표시하게 하는 방법이다. 또한 패션 및 자동차 등의 디자인 및 느낌 등을 알고자 할 때 주로 사용한다.

  예 이번에 출시된 스포츠카에 대한 당신의 느낌은 어떤가요?

참신한	1	2	3	4	5	진부한
개방적인	1	2	3	4	5	폐쇄적인
재미있는	1	2	3	4	5	재미없는

- **리커트 척도**

서술형의 질문에 대해 찬·반의 정도를 표시하게 하는 방법을 말한다. 통상적으로 20 ~ 30개의 서술형 문항을 활용하고, 긍정적 문항 및 부정적 문항을 포함하고 있다. 또한, 3점, 5점, 7점, 11점, 13점 척도 등을 활용하며, 이 중에서 5점 척도가 가장 많이 활용되고 있다.

– 5점 척도의 예문

예 이번에 나온 만화책의 내용에 대해 어떻게 생각하시나요?

서술형 질문내용	전혀 아니다	아니다	보통	그렇다	매우 그렇다
재미있다	1	2	3	4	5
참신하다	1	2	3	4	5
깔끔하다	1	2	3	4	5

– 7점 척도의 예문

예 담당 교수님(마케팅 조사)의 수업에 대해 어떻게 생각하시나요?

　1. 매우 만족하지 않는다　　2. 만족하지 않는다　　3. 약간 만족하지 않는다　　4. 보통이다

　5. 약간 만족한다　　　　　6. 만족한다　　　　　7. 매우 만족한다

- **체크리스트** : 응답자들이 생각하기에 해당되는 항목을 무제한적으로 체크하도록 질문을 만든 것을 말한다.

예 미혼자들에게 결혼에 있어 가장 문제가 되는 것은 무엇인가요? 괄호 안에 체크해 주세요.

　– 경제문제(　　　)

　– 출산문제(　　　)

　– 교육문제(　　　)

　– 양육문제(　　　)

　– 성격문제(　　　)

- **스타펠 척도** : 어의차이 척도의 변형된 형태로서, 스타펠 척도는 양수값과 음수값의 응답형태로 하나의 수식어를 제시해서 응답자들의 평가 정도를 측정하는 방식이다.

예 백화점에 대한 평가를 아래의 각 속성별로 표기해주세요.(동의할수록 높은 점수를 부여)

　-5 -4 -3 -2 -1　　　　　직원이 친절하다　　　　　+1 +2 +3 +4 +5

　-5 -4 -3 -2 -1　　　　　제품의 품질이 높다　　　　+1 +2 +3 +4 +5

　-5 -4 -3 -2 -1　　　　　A/S가 뛰어나다　　　　　+1 +2 +3 +4 +5

　-5 -4 -3 -2 -1　　　　　첨단제품을 개발한다　　　　+1 +2 +3 +4 +5

- **등위식** : 질문의 내용을 일정한 기준에 의해서 순위를 매기는 방식이다.

예 미혼 남·녀들이 결혼할 때 가장 중요시하는 것부터 괄호 안에 번호로 기입하세요.

　경제문제 (　　　)　　　　　교육문제 (　　　)　　　　　성격문제 (　　　)

　출산문제 (　　　)　　　　　양육문제 (　　　)　　　　　고부문제 (　　　)

제3절 질문순서의 결정 기출

설문지 내 질문의 배열은 응답자의 이해도, 집중도, 응답의 진실성에 영향을 미치는 핵심요소이다. 부적절한 배열은 응답거부 · 비협조 · 응답오차를 유발하는 주요 원인으로 작용한다.

1 배열의 기본원칙

(1) 깔때기 원칙(Funnel Principle)

　① 일반적인 질문에서 시작하여 점차 구체적이고 세부적인 질문으로 이동하는 방식
　② 응답자의 사고흐름과 유사한 논리적 전개 유지

(2) 부담감 최소화 원칙

　'쉬운 질문 → 복잡한 질문 → 민감한 질문 순서'로 배열하여 응답자의 심리적 저항감 완화

(3) 주제별 묶음 원칙

　동일한 주제의 문항은 연속 배치하고, 주제 전환 시에는 전환문구 삽입

(4) 논리적 연속성 원칙

　질문 간 논리적 연결성을 확보하여 응답 흐름의 단절 방지

(5) 중요도 우선 원칙

　긴 설문에서는 핵심적인 질문을 전반부에 배치하여 응답이탈을 방지

2 유의사항

(1) 설문은 응답자가 쉽고 흥미롭게 답할 수 있는 질문으로 시작

(2) 일반적이고 보편적인 질문을 앞부분에 배치하고, 세부적 · 전문적 질문은 중 · 후반부에 위치

(3) 동일 주제 내에서는 '포괄적 질문 → 세부질문'의 순서 유지

(4) 응답자가 부담을 느낄 수 있는 민감문항(예 소득, 건강, 가치관 등)은 설문 후반부에 배치

(5) 인구통계적 항목(예 성별, 연령, 직업 등)은 개인적 성격이 강하므로 설문지의 마지막에 배치

(6) 설문지 길이가 긴 경우, 핵심 질문을 전반부에 배치하여 응답품질 저하를 방지

(7) 응답자에게 판매유도나 정치적 편향으로 오해될 수 있는 질문은 피하거나, 중립적 표현 사용

> **더 알아두기**
>
> - **순서효과**(Order Effect) : 문항 순서에 따라 응답경향이 달라지는 현상
> - **피로효과**(Fatigue Effect)
>   - 설문이 길어질수록 후반부 응답의 집중도가 낮아지는 현상
>   - 대응방안 : 문항 길이 축소, 주제별 구획, 시각적 분리, 휴식문구 삽입 등으로 피로감 최소화
>
> **질문지 배열의 예시**
>
> | 구분 | 내용 |
> | --- | --- |
> | 도입부 | 흥미 유발 및 부담이 적은 일반 질문(예 평소 구매경험, 인식 수준) |
> | 본론부 | 연구의 핵심과 관련된 구체적 질문(예 만족도, 태도, 선호도 등) |
> | 후반부 | 민감하거나 개인적 질문(예 소득, 학력, 연령 등) |
> | 마무리 | 감사인사 및 응답확인 항목 |

제4절 설문지 초안의 완성

초안 작성의 목적은 설문 전반의 일관성 · 가독성 · 응답의 편의성을 확보함으로써, 사전조사 및 본조사 단계에서 발생할 수 있는 오차를 최소화하는 데 있음

1 설문지의 기본 구조

(1) 표지(Introduction)

조사명, 조사기관명, 조사목적, 응답의 중요성, 익명 및 비밀보장 안내, 소요시간, 응답자 보상, 감사의 문구 등 포함

(2) 응답자 파악자료(Identification Data)

조사표 번호, 조사자명, 조사일자, 응답자 성명 · 연락처 · 주소 등 기본 정보. 단, 개인정보는 최소화하여 익명성 보장

(3) 주요 질문부(Main Body)

① 연구목적과 직접적으로 관련된 핵심 문항으로 구성
② 가설검증 또는 변수 측정에 필요한 질문 중심 배치

(4) 지시사항(Instructions)

① 응답요령, 체크방법, 분기 및 스킵 규칙 명시
② 응답자의 혼동 방지를 위한 시각적 강조 필요

(5) 분류자료(Classification Data)

① 인구통계적 항목(예 성별, 연령, 학력, 직업, 소득 등)
② 설문 후반부에 배치하여 응답자의 부담감 최소화

2 설문지 초안 작성의 절차

제5절 설문지 사전조사 및 설문지의 완성

설문 초안의 적절성과 응답자의 이해 정도를 검증하여, 본조사에서 발생할 수 있는 측정오차, 누락, 불응답 등의 문제를 예방하기 위한 절차이다. 설문지의 완성도를 높이기 위해 반드시 거쳐야 하는 단계로, 예비조사(Exploratory Pretest)와 사전조사(Pilot Test)의 두 단계로 구분된다.

1 예비조사 기출

(1) 조사 전 단계의 리허설로서, 설문 방향성과 문항 논리성을 사전에 검증하는 역할을 수행함

(2) 문항 작성 시 포함되어야 할 변수, 표현의 적절성, 순서 구조 등을 점검함

(3) 예비조사 = 설계 전 탐색단계, 문항초안 개발을 위한 비공식적 조사

구분	내용
목적	연구문제에 대한 사전 이해 부족 시, 문항 개발을 위한 탐색적 정보 확보
시기	설문 초안 작성 이전 단계
방법	문헌조사, 전문가조사, 소규모 면접조사, 포커스그룹조사(FGI) 등
특징	비공식적 · 비표본적 접근, 질적 탐색 중심
결과 활용	개념 명확화, 질문항목 초안 도출, 응답항목 구성 기초자료 제공

2 사전조사

(1) 설문 초안의 품질을 정량적으로 검증하는 공식적 절차임

(2) 응답자의 실제 반응을 관찰하고, 문항의 표현 · 배열 · 응답방식에 대한 개선점을 도출함

(3) 조사결과를 통해 신뢰도 분석(α값 0.8 이상 권장) 및 타당성을 검토함

(4) 사전조사 = 설문 초안 검증단계, 타당성 · 신뢰성 확보를 위한 공식 테스트

구분	내용
목적	설문 초안을 실제 응답환경에서 시험하여 타당성 · 신뢰성 검증
시기	본조사 직전 단계
방법	본조사와 유사한 환경 · 표본집단에서 시험조사 실시
점검항목	문항의 이해도, 응답시간, 스킵 규칙, 응답누락, 응답패턴 등
분석지표	크론바흐의 알파(α), 문항 간 상관계수, 응답분포의 일관성
결과 활용	문제 문항 수정 · 삭제, 척도 내 일관성 점검, 설문지 완성도 향상

3 최종 완성단계(Finalization Stage)

(1) 최종 단계에서는 설문지의 형식적 · 내용적 완성도를 확보함

(2) 설문 문항의 오류, 중복, 불명확한 표현을 최종적으로 제거함

	단계	주요 점검사항
1	내용 점검	설문 목적 · 가설과 문항의 일치성 재확인, 불필요한 문항 삭제
2	형식 점검	질문 순서, 번호, 응답코드, 시각적 배열, 글자 크기 통일
3	응답처리 규칙 확정	결측값 처리 방식, 범주 코딩, 스킵 · 분기 규칙 확정
4	인쇄 · 배포 계획 수립	응답방식(온라인 · 모바일 · 우편 등)별 레이아웃 조정 및 출력 검토
5	실행계획 수립	조사원 교육, 응답자 리마인드 일정, 데이터 입력 매뉴얼 작성

더 알아두기

질문서에 포함되어야 하는 내용 중요 기출

수신인	수신인의 성명과 호칭을 기술한다.
조사 회사	조사를 수행하는 회사의 이름을 인사말에 제시한다.
조사의 목적	조사의 목적을 기술한다.
조사 대상자의 선정과정	응답자들이 어떻게 선정되었는지 기술한다.
응답의 중요성	조사의 목적을 달성하기 위하여 응답자들의 협조를 구한다.
익명과 비밀보장	응답자들의 사적인 환경이 반드시 보장된다는 것을 기술한다.
소요 시간	질문서 작성에 소요되는 시간을 기술한다.
보상	응답자들이 어떻게 보상받는지 기술한다.
회송시기와 회송주소	미리 준비된 봉투를 동봉하여, 언제까지 어디로 회송해야 하는지 기술한다.
감사 인사말	질문조사에 협조해 준 응답자에게 감사의 뜻을 표현한다.

※ 다음 지문의 내용이 맞으면 ○, 틀리면 ×를 체크하시오. (01~07)

01 질문서는 조사자가 조사문제에 대한 해답을 구할 수 있도록 형성된 하나의 조사도구이다. (　　)

02 질문서를 잘못 작성하게 되면 조사하고자 하는 부분만 무효가 된다. (　　)

03 예비조사는 실제 조사하고자 하는 연구문제에 대한 정보나 지식이 있을 경우에 활용하는 방식이다.
(　　)

04 개방형 질문(Open-Ended Questions)은 주관식 질문이다. (　　)

05 고정형 질문(Fixed-Alternative Questions)은 응답이 용이하고 분석이 쉽다. (　　)

06 파일럿 테스트(Pilot Test)는 설문지의 신뢰도(일관성)와 타당도(정확성)를 사전에 검증하는 방법이다.
(　　)

07 스타펠 척도는 수평형으로 하나의 수식어를 제시해서 응답자들의 평가 정도를 측정하는 방식이다.
(　　)

정답과 해설　01 ○　02 ×　03 ×　04 ○　05 ○　06 ○　07 ×

02 질문서를 잘못 작성하게 되면 조사하고자 하는 내용 전체가 무효가 될 수 있다.
03 예비조사는 실제 조사하고자 하는 연구문제에 대한 정보나 지식이 없을 경우에 활용하는 방식이다.
07 스타펠 척도는 수직형으로 하나의 수식어를 제시해서 응답자들의 평가 정도를 측정하는 방식이다.

01 질문서의 작성에 있어 응답자가 민감하게 반응 할 수 있는 질문 또는 중요한 질문 등은 질문서 중간에 배치한다.

01 질문서 작성의 기본지침으로 적절하지 <u>않은</u> 것은?

① 질문 내용은 되도록 쉽게 표현하도록 한다.
② 응답자로 하여금 유도성의 질문은 하지 않도록 한다.
③ 애매모호한 표현에는 상당한 주의를 해야 한다.
④ 응답자가 민감하게 반응할 수 있는 질문 또는 중요한 질문 등 은 질문서의 마지막에 배치한다.

02 ① · ② · ③ 외에도 얻고자 하는 정보의 원천은 무엇인가, 얻고자 하는 정보는 어떠한 방식으로 측정되어야 하는가 등을 확인해야 한다.

02 질문서 작성 전에 조사연구에 참여하는 사람들이 확인해야 하는 내용으로 옳지 <u>않은</u> 것은?

① 어떠한 정보들이 필요한가?
② 얻고자 하는 정보는 어떠한 분석기법을 사용하는가?
③ 얻고자 하는 정보는 어떠한 결과를 얻기 위해 활용되는 것인가?
④ 누가 정보를 얻어와야 하는가?

03 예비조사에서 공식적인 표본설계 및 표본추출 과정은 크게 중요하지 않다.

03 예비조사에 대한 설명으로 바르지 <u>않은</u> 것은?

① 예비조사에서는 공식적인 표본설계 및 표본추출 과정이 상당히 중요하다.
② 예비조사가 충분히 시행되면 본조사의 문제점 해결과 조사기 간의 단축 및 오차의 통제 등을 가능하게 한다.
③ 실제 조사하고자 하는 연구문제에 대한 정보나 지식이 없을 경우에 활용한다.
④ 질문지 및 면접조사 등 실태조사의 도구를 초안하기 위해 실시하는 조사이다.

정답 (01 ④ 02 ④ 03 ①)

04 사전조사에 대한 내용 중 옳지 <u>않은</u> 것은?

① 사전조사는 매우 조직적이면서 공식적으로 실시하는 본조사의 연습이라 할 수 있다.

② 사전조사를 통해 질문에 대한 형식, 내용, 순서 등을 확인 및 수정하는 부분은 크게 중요하지 않다.

③ 사전조사 대상자의 경우 본조사의 표본과 비슷하지만 모집단에는 포함되지 않는 사람을 대상으로 하는 것이 좋다.

④ 예비조사 등의 결과를 기반으로 해서 질문지 또는 조사표 등을 작성한 후에 해당 조사도구가 타당성이 있으며, 신뢰성이 있는 자료를 수집할 수 있는지를 확인하기 위해 실시한다.

04 사전조사를 통해 질문의 형식, 내용, 순서 등을 확인하고 수정하는 부분은 상당히 중요하다.

05 다음 중 개방형 질문에 대한 설명으로 옳지 <u>않는</u> 것은?

① 응답에 대한 선택지를 제시하지 않고 응답자들이 자유롭게 응답할 수 있도록 하는 것이다.

② 연구조사의 초기단계 또는 탐색적인 연구에서 많이 활용되고 있다.

③ 다양하고 창의적인 응답을 얻어낼 수 있다.

④ 일종의 객관식 질문이다.

05 응답자들이 자유롭게 응답하므로 주관식 질문이다.

06 다음 중 개방형 질문의 특징으로 적절하지 <u>않은</u> 것은?

① 무응답 또는 응답에 대한 거절의 빈도수가 적다.

② 보고서 작성 시 직접적인 인용이 가능하다.

③ 응답자들의 응답에 있어 일정 수준의 사고가 요구되는 만큼 응답자들이 어느 정도의 교육 수준을 갖추고 있어야 한다.

④ 코딩이 어려우며, 분석이 어렵다.

06 개방형 질문은 주관식 형태의 질문이고 응답자들이 부담을 느낄 수 있으므로 무응답 또는 응답에 대한 거절의 빈도수가 많다.

정답 04 ② 05 ④ 06 ①

07 고정형 질문의 경우 응답자들의 생각을 모두 반영한다고 할 수 없다.

08 명확하게 처음 우유를 먹은 때를 기억하는 사람들은 많지 않을 것이다.

09 사전조사는 본조사 전 설문지의 신뢰성과 타당성을 확인하기 위한 절차이다.

10 응답자의 연령, 학력, 언어 수준 등을 고려해야 정확한 응답을 얻을 수 있다.

07 다음 중 고정형 질문에 대한 설명으로 적절하지 <u>않은</u> 것은?

① 고정형 질문은 응답의 대안을 제시하고, 그중 하나를 선택하는 질문방식을 말한다.
② 선다형 질문의 경우에는 의미차별화 척도, 리커트 척도 등이 널리 활용된다.
③ 응답자들의 생각을 모두 반영한다고 할 수 있다.
④ 이분형의 질문과 선다형의 질문형태가 있다.

08 "당신이 처음으로 우유를 먹은 해를 쓰시오."라는 질문에서 문제점으로 볼 수 있는 것은?

① 애매모호한 표현을 사용한 질문이다.
② 응답하기 상당히 어려운 질문이다.
③ 응답자들이 상당히 민감하게 반응할 가능성이 있는 질문의 형태이다.
④ 유도성의 질문이다.

09 사전조사(Pilot Test)의 목적과 가장 관련 깊은 것은?

① 신뢰도 및 타당도 검증
② 조사가설 설정
③ 분석모형 선택
④ 결과 보고서 작성

10 설문지 작성 시 고려해야 할 요인으로 옳은 것은?

① 조사자의 개인 선호도
② 응답자의 이해수준
③ 조사자의 직급
④ 조사예산의 배분비율

정답 07 ③ 08 ② 09 ① 10 ②

제**6**장

표본의 추출

또 실패했는가? 괜찮다. 다시 실행하라. 그리고 더 나은 실패를 하라!

– 사뮈엘 베케트 –

제6장 표본의 추출

1 표본추출의 개념 중요

(1) 표본추출(Sampling)이란 모집단(Population)으로부터 조사에 필요한 일부 단위를 과학적 절차를 통해 선택하는 과정을 말함

(2) 즉, 전수조사(Complete Enumeration)가 현실적으로 불가능하거나 비효율적인 경우, 모집단 전체를 대표할 수 있는 일부를 표본(Sample)으로 추출하여 모집단의 특성을 추정하기 위한 절차를 의미함

2 표본추출의 필요성

(1) **시간과 비용의 절감**

(2) **측정오차의 통제** : 표본조사를 통해 측정과정의 품질을 관리할 수 있으며, 오히려 전수조사보다 높은 정확성을 확보할 수 있음

(3) **통계적 추론의 가능성** : 적절한 표본설계는 모집단 전체의 성격을 추론할 수 있는 근거를 제공함

(4) **분석의 효율성 제고** : 복잡한 통계분석, 세분집단 분석을 위해 적절한 표본크기와 층화 구조가 필요함

3 표본추출 관련 주요 개념 [중요] [기출]

구분	정의	비고
모집단	조사대상이 되는 전체 집단	예 전국 대학생, 전체 고객 등
표본	모집단으로부터 선택된 일부 단위	예 대학생 1,000명 중 100명
표본추출단위	추출 대상이 되는 최소 단위	예 개인, 가구, 점포 등
표본추출프레임	표본추출의 대상 목록	예 회원 리스트, 기업명단
모수와 추정량	모집단의 실제값과 모수를 추정하는 통계량	평균 · 비율 등
표본오차	표본이 모집단을 완전히 대표하지 못해 생기는 무작위 오차	확률적 발생
비표본오차	질문, 기록, 처리, 무응답 등 조사과정의 체계적 오류	관리필요

(1) 전수조사(Complete Enumeration) [중요] [기출]

① 통계조사에서 모집단 전체를 조사하는 방법

② 전수조사는 표본조사보다 항상 정확하다고 볼 수 없음. 불가능한 경우도 있음

③ 시간과 비용이 많이 듦

> 예 • 전체 사업소를 모집단으로 하는 사업소 조사
> • 학교에서 전체 학생을 대상으로 실시하는 신체검사
> • 국민 전체를 모집단으로 해서 전체 국민을 조사하는 국세조사
> • 인구 센서스

(2) 표본추출프레임(Sampling Frame) : 전체 표본추출의 대상 목록

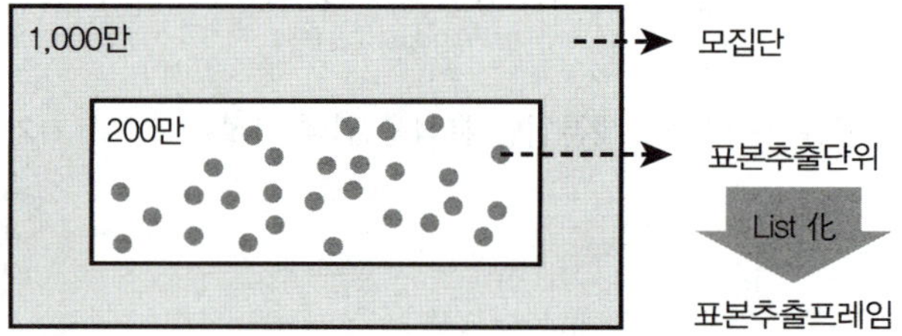

(3) 추정량(Estimator) : 표본으로부터 추출된 조사 단위들을 조사해서 취득한 자료에 의해, 모수를 추정하는 통계량

(4) 표본오차와 비표본오차 `중요` `기출`

구분	정의	원인	대응방안
표본오차	일부만 조사함으로써 생기는 무작위 오차	표본의 대표성 부족	표본크기 확대, 층화설계
비표본오차	조사과정의 체계적 오류	질문 오류, 응답누락, 데이터 처리 오류	사전검증 · 훈련, 품질점검

① 표본오차(Sampling Error)
  ㉠ 모집단 전체를 조사하지 않고, 일부 표본만 조사함으로써 발생되는 오차
  ㉡ 표본오차는 표본이 모집단을 확실하게 대표하지 못하기 때문에 발생
② 비표본오차(Nonsampling Error)
  ㉠ 자료수집의 과정에서 발생되는 오차
  ㉡ 조사자의 실수 또는 태만, 잘못된 질문, 자료처리에 있어서의 오류 등으로 발생

더 알아두기

모집단과 표본의 차이

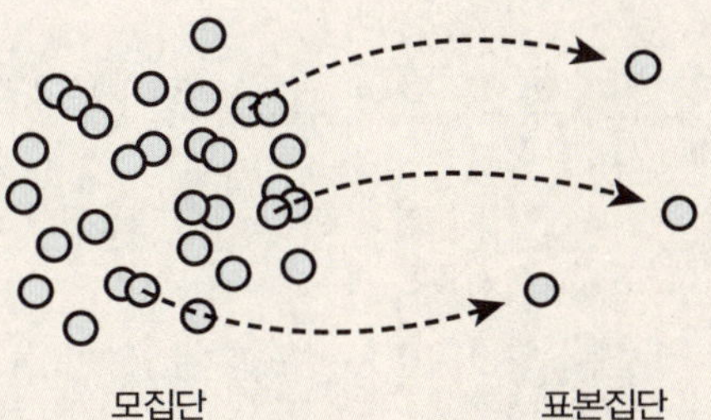

예 고등학생들의 국어성적을 알고 싶을 때, 이를 위해 전국 고등학생들의 국어성적 데이터(모집단)를 가지고 정보를 취합한다는 것은 쉽지가 않다. 그러므로 이 중 대표할 만한 고등학생들의 성적(표본집단)을 토대로 얻고자 하는 정보를 취득해야 한다.

4 표본추출의 단계

단계		내용 요약	핵심 포인트
1	모집단의 결정	연구자가 관심을 두는 사람, 기업, 제품, 지역 등 조사 대상 전체의 집합을 명확히 정의함	모집단의 정의가 모호하면 표본의 대표성이 떨어짐
2	자료수집방법의 결정	질문지법, 면접법, 실험법, 관찰법 등 중 목적과 대상에 맞는 방법을 선택함	조사목적 · 대상 특성 · 예산에 따라 방법 결정
3	표본추출프레임(표집틀)의 결정	모집단의 구성원을 포함한 명단 또는 목록을 작성함	누락(coverage error)과 중복 방지가 핵심
4	표본추출방법의 결정	확률표본추출(무작위성 보장) 또는 비확률표본추출(편의성 중심) 중 선택함	확률표본 → 통계적 추론 가능 / 비확률표본 → 탐색적 조사 적합
5	표본크기 및 접촉표본의 크기 결정	필요한 표본 수를 정하고, 예상 응답률을 고려해 실제 접촉할 표본 수를 계산함	너무 작으면 신뢰도 하락, 너무 크면 시간 · 비용 낭비
6	표본추출 실행계획의 수립	표본을 실제로 선정 · 조사하기 위한 절차와 방법을 구체화함	표본 접근방법, 조사일정, 담당자 역할 명시
7	표본추출의 실행	계획에 따라 표본을 실제로 선정하고 조사 수행	프레임이 있으면 계획대로 추출, 없으면 현장면접원이 수행

제2절　표본추출방법 `중요`

표본추출방법은 모집단으로부터 표본을 선택하는 절차로서, 각 단위가 표본으로 선택될 확률이 명확히 규정되는가 여부에 따라 크게 확률표본추출과 비확률표본추출로 구분된다.

표본추출방법의 선택은 조사목적, 예산, 시간, 분석기법, 대표성 확보 여부에 따라 달라지며, 결과의 통계적 추론 가능성과 신뢰도를 결정하는 핵심 요인이다.

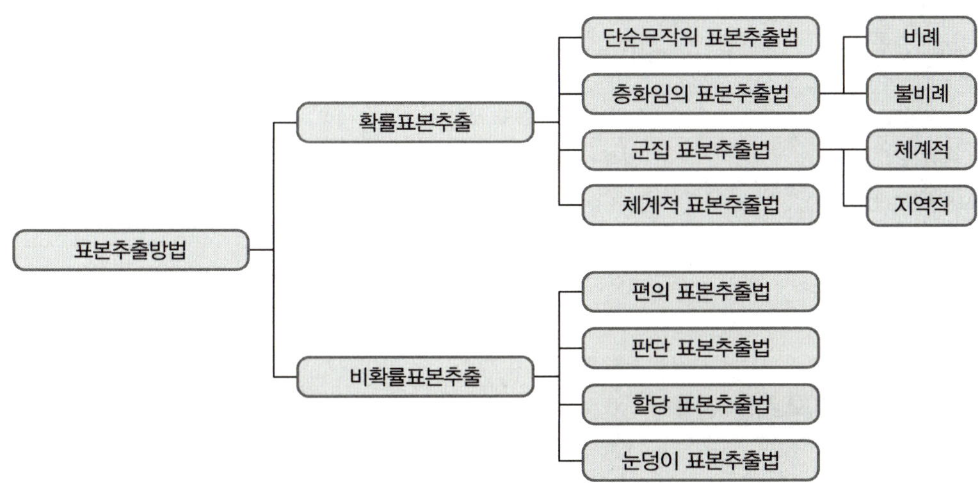

> **더 알아두기**
>
> • 확률표본추출법
>   - 단순임의 추출법[=단순무작위 표본추출법(Simple Random Sampling)]
>   - 계층별무작위 표본추출법[=층화임의 표본추출법(Stratified Random Sampling)]
>   - 군집 표본추출법[=집락 표본추출법(Cluster Sampling)]
>   - 체계적 표본추출법[=계통 표본추출법(Systematic Sampling)]
> • 비확률표본추출법
>   - 편의 표본추출법(Convenience Sampling)
>   - 판단 표본추출법(Judgement Sampling)
>   - 할당 표본추출법(Quota Sampling)
>   - 눈덩이 표본추출법(Snowball Sampling)

1 확률표본추출과 비확률표본추출 비교 중요

구분	확률표본추출	비확률표본추출
추출기준	각 단위의 선택확률이 동일하고 사전 규정됨	선택확률 미정, 조사자 판단에 의존
표본의 모집단 대표성	(모집단에 대해 보다 대표성이) 높음	낮음
표본추출오차계산(추정)	가능(표본오차 산출)	불가능
비용 및 시간	상대적으로 높음	낮음
통계적 추론 (추출통계기법적용)	가능(신뢰구간, 검증 등)	불가능
주요방법	단순무작위, 체계적, 층화, 군집	편의, 판단, 할당, 눈덩이
활용목적	양적 · 정량조사	탐색적 · 질적조사
표본추출기법	높은 수준 요구됨	높은 수준 요구되지 않음

제3절 확률표본추출 중요

확률표본추출(Probability Sampling)은 모집단의 각 구성단위가 표본으로 선택될 확률이 0보다 크며 사전에 명확히 규정되는 표본추출방법이다. 모든 구성원이 표본으로 포함될 가능성을 갖고 있으며, 이로 인해 통계적 추정, 신뢰구간, 검증 등의 통계적 추론(statistical inference)이 가능하다.

확률표본추출은 조사결과의 대표성을 높이고 표본오차의 계산이 가능하다는 장점이 있지만, 설계와 실행이 복잡하고, 비용 및 시간이 많이 소요된다는 단점이 있다.

(1) 단순무작위 표본추출(Simple Random Sampling) 중요 기출

① 개념 : 모집단의 모든 구성요소가 표본으로 선택될 확률이 동일하게 부여되는 방법 ⇒ 즉, n개의 표본이 선택될 모든 조합이 동일한 확률을 가짐

> 예 • 1,000명의 고객명단 중 무작위로 100명을 추출
> • 난수표를 이용해 특정 번호에 해당하는 고객 선정

② 절차

모집단의 모든 구성요소 명단을 작성
↓
난수표(Random Number Table) 또는 컴퓨터 난수 프로그램으로 표본선정
↓
선정된 단위를 대상으로 조사 실시

③ 장점
- ㉠ 편향 없는 표본 구성 가능
- ㉡ 표본오차 계산 용이

④ 단점
- ㉠ 모집단 명단 확보 필수
- ㉡ 대규모 모집단에서는 시간과 비용 부담

(2) 체계적 표본추출(Systematic Sampling) 중요 기출

① 개념 : 모집단을 일정한 간격(k)으로 나누고, 임의의 시작점(s)을 정한 뒤 s, s+k, s+2k, … 의 순서로 표본을 선택하는 방법 ⇒ 체계적 표본추출은 조사원 배치, 생산라인 품질검사, 고객명단 샘플링 등 일상적 데이터 수집에 매우 자주 사용되는 실용적 방법

> 예 고객 10,000명 중 1,000명을 조사하려 할 때, ⇒ 1 ~ 10 중 임의의 시작점 5를 정해, 5, 15, 25, … 번째 고객을 선택

② 절차

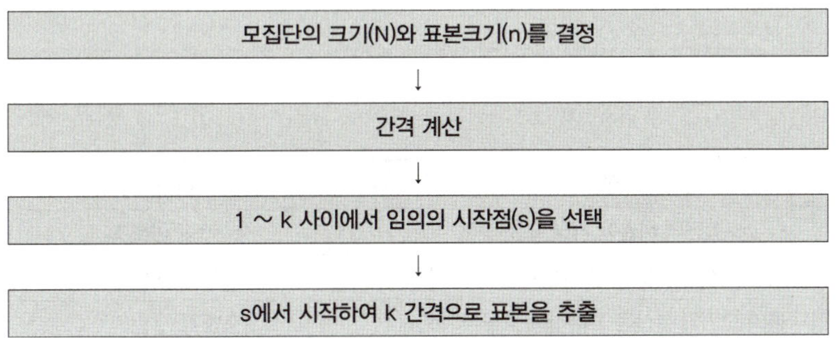

모집단의 크기(N)와 표본크기(n)를 결정
↓
간격 계산
↓
1 ~ k 사이에서 임의의 시작점(s)을 선택
↓
s에서 시작하여 k 간격으로 표본을 추출

③ 장점
- ㉠ 절차 간단, 실행 용이
- ㉡ 모집단 명단의 순서가 일정할 경우 효율적

④ 단점
- ㉠ 모집단 내 주기성이 존재할 경우 편향 가능
- ㉡ 첫 번째 시작점 선택이 결과에 영향

(3) 층화 표본추출(Stratified Sampling) 중요 기출

① 개념 : 모집단을 일정 기준에 따라 동질적 하위집단(층, Strata)으로 구분한 뒤, 각 층에서 무작위로 표본을 추출하는 방법 ⇒ 층 간 이질성을 유지하고, 층 내 동질성을 높이는 것이 원칙

> 예 전국 대학생을 남학생 60%, 여학생 40%로 층화 후, 남 60명, 여 40명을 무작위 추출

② 절차

모집단을 층화 기준 변수(예 성별, 지역, 연령 등)에 따라 층으로 구분

↓

각 층의 크기와 분산을 고려하여 표본크기 결정

↓

각 층 내에서 무작위추출 실시

③ 장점
- ㉠ 표본의 대표성 향상
- ㉡ 각 층별 분석 가능
- ㉢ 오차 감소 및 추정 정밀도 향상

④ 단점
- ㉠ 층화 기준 변수 결정이 어려움
- ㉡ 사전 정보 부족 시 비효율 발생

⑤ 특징
- ㉠ 계층 구조가 명확한 모집단(예 연령대, 직종, 지역)에 매우 적합
- ㉡ 층화 기준을 잘못 설정할 경우 오히려 표본오차가 증가할 수 있음

더 알아두기

배분 방식

유형	설명	예시
비례배분	모집단의 비율에 따라 표본 배분	남60%, 여40%
불비례배분	특정층을 강조하기 위해 비율 다르게 배분	남50%, 여50%
최적배분	층의 크기와 분산을 고려하여 효율 극대화	층별 분산 반영

(4) 군집 표본추출(Cluster Sampling) 중요 기출

① 개념 : 모집단을 여러 개의 이질적 군집(Cluster)으로 나누고, 이 중 일부 군집만 무작위로 선택하여 조사하는 방법 ⇒ 선정된 군집 내의 모든 구성원을 조사하거나, 다시 일부를 표본으로 추출함

> 예 전국 초등학교 중 10개 학교를 무작위로 선정하여, 각 학교 학생 전원을 조사(1단계 군집추출) → 선택된 학교 내에서 학년별 무작위 추출(2단계 군집추출)

② 절차

모집단을 일정 기준에 따라 군집으로 구분(예 학교, 지역, 점포 등)
↓
일부 군집을 무작위로 선택
↓
선택된 군집 내 구성원을 조사(1단계 또는 2단계 추출 가능)

③ 장점
  ㉠ 비용 절감, 현장조사 효율성 높음
  ㉡ 표집틀 작성이 용이

④ 단점
  ㉠ 군집 간 이질성 클 경우 정확도 저하
  ㉡ 표본오차 증가 가능

더 알아두기

확률표본추출방법 비교

구분	장점	단점
단순무작위 표본추출	• 이론적 타당성 높음 • 편향 최소화	• 명단 구축비용 • 대규모 조사 부적합
체계적 표본추출	• 절차 간단 • 실행 용이	주기성 존재 시 편향 발생
층화 표본추출	• 정밀도 향상 • 층별 분석 가능	• 사전정보 필요 • 층화기준 설정 어려움
군집 표본추출	• 비용절감 • 조사 효율성	• 표본오차 증가 • 군집 이질성 문제

제4절　비확률표본추출 `중요`

비확률표본추출(Non-probability Sampling)은 모집단의 각 단위가 표본으로 선택될 확률이 사전에 규정되지 않은 추출방법을 의미한다. 표본선정이 조사자의 판단, 접근 용이성, 응답자 네트워크 등 비무작위적 기준에 의해 이루어지므로 대표성 확보가 어렵고, 통계적 추론(표본오차 계산, 신뢰구간 추정 등)이 불가능하다. 그러나 조사비용이 낮고 신속한 자료수집이 가능하다는 이유로 탐색적 연구, 예비조사, 실무현장 조사에서 자주 활용된다.

(1) 편의 표본추출(Convenience Sampling) `중요` `기출`

① 개념 : 연구자가 접근하기 쉬운 대상이나 장소를 중심으로 표본을 선정하는 방법 ⇒ 응답자 접근이 용이한 경우에 사용되며, 시간 · 비용이 제한적인 상황에서 가장 널리 사용되는 단순형 표본방법

> 예 ・ 백화점 내 고객 인터뷰
> ・ 대학 캠퍼스에서 통행인 설문
> ・ 온라인 커뮤니티 게시글 설문

② 장점
　　㉠ 조사비용과 시간이 적게 듦
　　㉡ 실행이 간편하고 즉각적 데이터 수집 가능
③ 단점
　　㉠ 대표성 부족으로 결과 일반화 불가능
　　㉡ 특정 집단 편향(bias) 발생 가능성 높음
④ 편의표본은 **누구를 만나느냐**에 따라 결과가 크게 달라질 수 있으므로, 연구 결과 해석 시 항상 주의가 필요함

(2) 판단 표본추출(Judgment Sampling) `중요` `기출`

① 개념 : 조사자의 경험과 전문적 판단을 근거로, 모집단을 잘 대표할 것으로 판단되는 대상을 선정하는 방법 ⇒ 비록 무작위는 아니지만, 조사자의 전문성이 높을수록 효용성이 있음

> 예 ・ 업계 전문가나 핵심 고객군을 대상으로 한 인터뷰
> ・ 신제품 출시 전 마케팅 담당자가 대표 고객군을 직접 선정

② 장점
　　㉠ 연구자의 경험 반영 가능
　　㉡ 탐색적 연구나 파일럿 조사에 적합

③ 단점

　㉠ 조사자의 주관 개입 가능성 높음

　㉡ 통계적 검증 불가능

(3) 할당 표본추출(Quota Sampling) 중요 기출

① 개념 : 모집단의 인구학적 특성(예 성별, 연령, 직업 등)에 따라 각 집단별 비율을 정하고, 각 비율에 맞추어 조사자가 임의로 응답자를 할당하여 채우는 방법

> 예 ・ 성별 · 연령대별 할당을 기준으로 백화점 고객 200명을 조사
> 　・ TV 시청률 조사에서 가구 형태별 비율에 따라 표본 비중을 조정

② 절차

인구통계적 기준 설정(예 성별 50:50, 연령 20대 30%, 30대 40% 등)

↓

각 범주별 목표 표본 수(Quota) 산정

↓

조사자가 각 범주에 해당하는 응답자를 임의로 선정

③ 장점

　㉠ 모집단 구조를 부분적으로 반영 가능

　㉡ 전수조사 대비 시간 · 비용 절감

④ 단점

　㉠ 조사자의 임의성이 개입

　㉡ 무작위성이 결여되어 편향 발생 가능

　㉢ 표본오차 계산 불가능

⑤ 할당표본은 확률표본처럼 인구비율을 맞추지만, 실제 추출 과정은 임의적이므로 통계적 추론에는 부적합함

(4) 눈덩이 표본추출(Snowball Sampling) 중요 기출

① 개념 : 초기 응답자(핵심 정보원)가 추가 응답자를 소개하는 방식으로 표본이 연쇄적으로 확장되는 추출 방법 ⇒ 사회적 네트워크를 이용하기 때문에 **연결 기반 추출법**이라고도 함

> 예 희귀질환자, 불법거래자, 특정 전문가 집단 등
> ⇒ 접근이 어려운 집단 연구에 활용

② 장점
  ㉠ 희귀하거나 폐쇄적인 집단 접근 가능
  ㉡ 네트워크 구조 분석에 적합
③ 단점
  ㉠ 동질적 집단 내 편향(친분 관계 중심)
  ㉡ 모집단 대표성 확보 어려움
  ㉢ 초기 응답자 선정에 따른 왜곡 가능성
④ 질적 연구, 사회네트워크 연구, 행동패턴 탐색 연구에 주로 활용됨

> **더 알아두기**
>
> **비확률표본추출방법 비교**
>
> | 구분 | 개념 | 장점 | 단점 | 대표 활용 |
> | --- | --- | --- | --- | --- |
> | 편의 표본추출 | 접근이 용이한 대상 중심 추출 | ・빠르고 저렴
・간단한 실행 | ・대표성 낮음
・편향 가능 | ・초기 탐색조사
・상권분석 |
> | 판단 표본추출 | 전문가의 판단으로 대표 사례 선정 | 전문성 반영 가능 | ・주관 개입
・검증 불가 | ・탐색적 연구
・파일럿 조사 |
> | 할당 표본추출 | 인구 비율에 맞추어 각 범주별 응답자 할당 | ・인구구조 반영
・시간 절감 | ・무작위성 결여
・오차추정 불가 | ・소비자조사
・미디어조사 |
> | 눈덩이 표본추출 | 기존 응답자의 소개를 통한 확장 | 접근 어려운 집단 조사 가능 | ・편향
・대표성 약함 | ・소수집단
・네트워크조사 |

제5절　표본크기 결정 중요 기출

표본크기(Sample Size) 결정은 모집단을 대표할 수 있는 최소한의 표본 수를 정하는 과정을 의미한다. 표본이 너무 작으면 추정의 신뢰도가 낮고, 너무 크면 조사비용과 시간이 불필요하게 증가한다. 따라서 신뢰성과 효율성의 균형을 고려하여, 필요한 만큼 충분히 크고, 가능한 한 경제적인 표본크기를 설정하는 것이 원칙이다.

1 표본크기 결정의 주요 고려요소 중요

구분	내용	영향 방향
조사목적의 중요도	연구결과 활용의 중요성이 높을수록 더 큰 표본 필요	+
모집단의 이질성	모집단 내 차이가 클수록 더 큰 표본 필요	+
허용오차(표준오차)	허용 가능한 오차 범위가 작을수록 더 큰 표본 필요	오차 ↓ → n ↑
신뢰수준(Confidence Level)	신뢰수준이 높을수록 더 큰 표본 필요 (예 95%→99%)	+
표본추출방법	층화추출 등 정밀한 방법은 필요한 표본 수 감소 가능	±
예산 및 시간제약	비용 · 인력 · 기간 제약이 크면 표본 축소 불가피	−
자료수집방식	면접조사(고비용)보다 온라인조사(저비용)가 더 큰 표본 확보 가능	±

2 평균추정을 위한 표본크기 결정 기출

모집단의 평균(예 고객 만족도 점수, 소득 수준 등)을 추정하려는 경우에 사용하는 공식

$$n = \frac{Z^2 \times \sigma^2}{E^2}$$

※ Z : 신뢰수준에 해당하는 표준정규분포 값 (95%→1.96, 99%→2.58)

※ σ : 모집단의 표준편차 (예비조사 또는 과거자료로 추정)

※ E : 허용오차 (추정평균이 실제평균과 허용 가능한 차이)

예 고객 만족도 평균을 ±0.5점의 오차 이내에서 95% 신뢰수준으로 추정하고자 할 때, 표준편차(σ)=2라고 가정하면

$$n = \frac{(1.96)^2 \times (2)^2}{(0.5)^2} = 61.47 \approx 62명$$

즉, 최소 62명의 응답이 필요함

3 비율추정을 위한 표본크기 결정 기출

모집단의 비율(예 제품 구매 경험이 있는 고객 비율, 찬성률 등)을 추정하려는 경우에 사용하는 공식

$$n = \frac{Z^2 \times p(1-p)}{E^2}$$

※ Z : 신뢰수준에 해당하는 값

※ p : 모집단 중 특정 특성을 가진 비율 (예비조사로 추정, 모르면 p = 0.5 사용)

※ E : 허용오차(± 오차 범위)

예 어떤 브랜드를 인지한 소비자의 비율을 ±5% 오차, 95% 신뢰수준으로 추정하려 할 때,

$$p = 0.5,\ Z = 1.96,\ E = 0.05$$

$$n = \frac{(1.96)^2 \times 0.5(1-0.5)}{(0.05)^2} = 384.16 \approx 384명$$

즉, 최소 385명 이상의 표본이 필요함

4 평균추정과 비율추정 비교

구분	평균추정	비율추정
추정대상	평균값(연속형 변수)	비율(이분형 변수)
사용 공식	$n = \dfrac{Z^2 \times \sigma^2}{E^2}$	$n = \dfrac{Z^2 \times p(1-p)}{E^2}$
모수값	표준편차(σ)	비율(p)
적용 사례	소득, 만족도, 점수 등	찬성률, 구매경험률 등
오차(E)	평균과 실제 평균 간 차이	비율 추정의 ± 오차범위
비고	σ가 필요, 예비조사 통해 추정	p = 0.5 가정 시 보수적 계산

※ 다음 지문의 내용이 맞으면 ○, 틀리면 ×를 체크하시오. (01~09)

01 표본이란 평균으로부터 선택된 평균 구성단위의 일부를 말한다. (　　)

02 변수의 수가 적으면 적을수록 측정에 수반되는 오차가 커지게 되므로 표본의 크기가 작아야 한다.
(　　)

03 전수조사는 모집단 전체를 조사하는 방법을 말한다. (　　)

04 확률표본추출법에는 편의 표본추출법, 판단 표본추출법, 할당 표본추출법 등이 있다. (　　)

05 단순무작위 표본추출법은 0이 되도록 표본을 추출하는 방법을 말한다. (　　)

06 층화 표본추출법에서 각각의 층은 서로 동질적인 구성요소를 지녀야 하며, 각각의 층은 서로 이질적이어야 한다. (　　)

07 비례적 층화 표본추출은 각 층에서 추출하는 표본의 크기를 각 층에 상응하는 모집단의 층의 크기와 동일한 비율로 추출하는 것을 말한다. (　　)

08 비표본오차는 표본의 크기를 늘리면 완전히 제거할 수 있다. (　　)

09 비확률표본추출은 대표성이 높아 통계적 일반화가 용이하다. (　　)

정답과 해설　　01 ×　02 ×　03 ○　04 ×　05 ×　06 ○　07 ○　08 ×　09 ×

01　표본이란 모집단으로부터 선택된 모집단 구성단위의 일부를 말한다.
02　변수의 수가 많으면 많을수록 측정에 수반되는 오차가 커지게 되므로 표본의 크기가 커야 한다.
04　확률표본추출법에는 단순무작위 추출법, 층화표본 추출법, 군집 표본추출법, 체계적 표본추출법 등이 있다.
05　단순무작위 표본추출법은 0이 아니도록 표본을 추출하는 방법을 말한다.
08　비표본오차는 조사과정의 부정확함(응답왜곡, 입력실수 등)에서 발생하며, 표본 수와는 무관하다.
09　비확률 표본은 임의성 결여로 대표성이 낮아 통계적 추론이 어렵다.

실전예상문제

01 표본의 크기가 클 경우에는 오차를 줄일 수 있다.

01 표본에 관련된 설명 중 옳지 않은 것은?

① 표본은 모집단으로부터 추출된 모집단 구성단위의 일부를 의미한다.

② 표본의 크기가 작을 경우에는 오차를 줄일 수 있다.

③ 중요도가 높은 조사일수록 더욱 많은 정보를 필요로 하며, 그로 인한 표본의 수는 커야 한다.

④ 복잡한 통계분석을 활용할수록 표본의 크기는 커야 한다.

02 표본오차는 모집단 전체를 조사하지 않고, 일부 표본만 조사함으로써 발생되는 오차이다.

02 다음 중 표본추출과 관련한 오차에 대한 설명으로 적절하지 않은 것은?

① 비표본오차는 자료수집의 과정에서 발생되는 오차를 말한다.

② 비표본오차의 경우 조사자의 실수 또는 태만, 잘못된 질문 및 자료처리에 있어서의 오류 등으로 인해 발생한다.

③ 표본오차는 일부 표본만 조사하지 않고 모집단 전체를 조사함으로써 발생되는 오차를 말한다.

④ 표본오차의 경우 표본이 모집단을 확실하게 대표하지 못하기 때문에 발생한다.

정답 01 ② 02 ③

03 다음 내용에 대한 설명으로 옳지 <u>않은</u> 것은?

> • 학교에서 전체 학생을 대상으로 실시하는 신체검사
> • 국민 전체를 모집단으로 해서 전체 국민을 조사하는 국세
> 　조사

① 위 내용의 조사는 표본조사보다 반드시 정확하다.
② 위 내용은 통계조사에서 모집단 전체를 조사하는 방법이라
　고 할 수 있다.
③ 위 내용의 조사는 시간이 많이 소요된다.
④ 위 내용의 조사는 비용이 많이 소요된다.

03 제시된 내용은 전수조사에 대한 사례이다. 전수조사는 표본조사보다 반드시 정확하다고 할 수 없다.

04 표본추출프레임(Sampling Frame)의 설명으로 적절한 것은?

① 특정 변수가 가지고 있는 특성을 요약 및 묘사한 것이다.
② 선택 대상이 될 수 있는 모집단의 구성원이다.
③ 조사 연구의 목적을 잘 끝내기 위해서 표본을 샘플링하는
　과정이다.
④ 전체 표본추출 단위들에 대한 리스트이다.

04 표본추출프레임이란 전체 표본추출 단위들의 리스트를 말한다.

05 다음 중 확률표본추출법에 해당하지 <u>않는</u> 것은?

① 체계적 표본추출법
② 할당 표본추출법
③ 층화 표본추출법
④ 단순무작위 추출법

05 확률표본추출법은 다음과 같다.
　• 단순무작위 추출법
　• 층화 표본추출법
　• 군집 표본추출법
　• 체계적 표본추출법

정답　03 ①　04 ④　05 ②

06 ①은 확률표본추출법에 속하며, ② · ③ · ④는 비확률표본추출법에 속한다.

06 다음 중 성격이 <u>다른</u> 하나는?

① 체계적 표본추출법
② 판단 표본추출법
③ 할당 표본추출법
④ 편의 표본추출법

07 단순무작위 표본추출법은 모집단의 구성원들이 표본으로서 선정될 확률이 미리 알려져 있고 동일하며, 0이 아니도록 표본을 추출하는 방법을 말한다.

07 다음 중 0이 아니도록 표본을 추출하는 방법은?

① 체계적 표본추출법
② 군집 표본추출법
③ 단순무작위 표본추출법
④ 층화 표본추출법

08 군집 표본추출법은 층화임의 추출법(= 계층별무작위 추출법)과는 반대가 된다. 즉, 군집 내 요소들은 서로 이질적으로 다양한 특성을 가지고 있어야 하고 군집들은 서로 동질적이어야 한다.

08 여러 개의 동질적인 소규모 집단으로 구성되어 있으며, 각 군집은 해당 모집단을 대표할 수 있을 만큼의 다양한 특성을 지닌 요소들로 구성되어 있을 시에 군집을 무작위로 몇 개 추출해서 선택된 군집 내에서 무작위로 표본을 추출하는 방법을 무엇이라고 하는가?

① 체계적 표본추출법
② 군집 표본추출법
③ 단순무작위 추출법
④ 층화 표본추출법

09 체계적 표본추출법(= 계통추출법)은 표본추출프레임이 순서가 있거나 순서에 의해 표본의 추출이 가능한 경우에 사용이 가능하다.

09 모집단 구성원에게 어떠한 순서가 있는 경우에 일정한 간격을 두면서 표본을 추출하는 방법은?

① 계층별무작위 표본추출법
② 단순무작위 표본추출법
③ 군집 표본추출법
④ 체계적 표본추출법

정답 06 ① 07 ③ 08 ② 09 ④

10 다음 중 편의 표본추출법에 대한 설명으로 옳지 <u>않은</u> 것은?

① 표본의 모집단 대표성이 충분하다.

② 연구조사자가 편리한 시간 및 장소에 접촉하기 쉬운 대상을 표본으로 선정하는 것을 말한다.

③ 편의 표본으로부터 엄격한 분석결과를 취득할 수는 없지만, 조사대상들의 특성에 대한 개괄적인 정보의 획득은 가능하다.

④ 조사대상을 적은 시간 및 비용으로 확보가 가능하다.

11 다음 중 표본추출법으로 올바르게 짝지어진 것은?

① 확률표본추출법, 비확률표본추출법

② 확률표본추출법, 전수조사

③ 표본조사, 비확률표본추출법

④ 전수조사, 표본조사

12 다음 중 성격이 <u>다른</u> 하나는?

① 단순무작위 표본추출법

② 층화 표본추출법

③ 군집 표본추출법

④ 할당 표본추출법

13 표본크기 결정 시 고려요소로 옳지 <u>않은</u> 것은?

① 허용오차

② 신뢰수준

③ 조사비용

④ 조사자의 직급

10 편의 표본추출법은 표본의 모집단 대표성이 부족하다.

11 표본추출방법은 크게 확률표본추출법과 비확률표본추출법으로 나뉜다.

12 ① · ② · ③은 확률표본추출법에 속하며, ④는 비확률표본추출법에 속한다.

13 표본크기는 통계적 요인(신뢰수준, 오차범위)과 현실적 요인(비용, 시간)에 따라 결정된다.

정답 10 ① 11 ① 12 ④ 13 ④

14 표본이 지나치게 크면 비용과 시간 대비 효율이 저하된다.

14 표본의 크기가 지나치게 크면 발생할 수 있는 문제는?

① 표본오차가 커진다.
② 통계적 유의성이 사라진다.
③ 효율성이 떨어진다.
④ 신뢰수준이 낮아진다.

15 표본의 크기를 계산하는 공식은 $n = \dfrac{Z^2 \times \sigma^2}{E^2}$ 이다.

주어진 값을 대입하면,

$$n = \dfrac{(1.96)^2 \times (12)^2}{(3)^2}$$

$$= \dfrac{3.8416 \times 144}{9} = 61.47$$

따라서 필요한 표본 수는 약 62명이다.
이는 95% 신뢰수준에서 ±3점 오차 범위 내로 평균을 추정하기 위해 필요한 최소 표본 수이다.

15 한 마케팅 조사자가 고객 만족도의 평균 점수를 추정하려고 한다. 표준편차(σ)는 12점이며, 95% 신뢰수준($Z=1.96$)에서 허용오차(E)를 ±3점으로 설정하였다. 이때 필요한 표본의 크기(n)는 얼마인가?

① 48명
② 56명
③ 62명
④ 70명

정답 14 ③ 15 ③

제 7 장

실사의 실시

이성으로 비관해도 의지로써 낙관하라!

– 안토니오 그람시 –

제1절　실사의 의미 및 중요성

1 실사의 개념

(1) 조사계획에서 설계된 자료수집 절차를 실제 현장에서 실행하는 단계

(2) 설문지 · 면접법 · 관찰법 등 자료수집 수단을 실행하여 자료를 확보하고 검증 · 편집 · 코딩을 거쳐 분석 가능한 형태로 전환하는 전 과정 포함

(3) 마케팅 조사 절차 중 **조사의 실시** 단계로서, '자료의 수집 → 자료의 분석 → 정보의 추출'의 세 단계로 구성됨

2 실사의 목적

(1) 조사설계의 타당성을 현장에서 검증

(2) 수집된 자료가 대표성 · 정확성 · 일관성을 갖추도록 관리

(3) 조사자료를 분석 가능한 형태로 정제 · 처리

3 실사의 중요성

(1) 설계가 아무리 정교해도 현장 실행 품질이 낮으면 자료의 신뢰도 상실

(2) 응답자 접촉, 면접원 관리, 데이터 검증 등은 비표집오차(non-sampling error) 관리의 핵심 요인

(3) 실사는 단순한 자료수집을 넘어, **자료의 편집 · 코딩 · 검수를 통해 분석의 입력값을 완성하는** 과정

제2절　실사의 일반적 절차

수집자료처리 흐름

1　자료수집(Data Collection) 중요

(1) 조사설계에 따라 현장에서 자료를 실제로 확보하는 과정이며, 조사결과의 신뢰성과 타당성을 결정짓는 핵심 단계

(2) 자료수집 조사자는 설계된 자료수집계획(대상 · 방법 · 기간)에 따라 면접 · 전화 · 우편 · 온라인 등 적합한 수집방법을 선택하여, 응답률을 높이고 오차를 최소화하는 방향으로 수행함

(3) 조사방법 실행

① **조사계획의 실행** : 조사대상, 기간, 표집방법, 수집수단에 대한 계획에 따라 자료수집 수행

② **수집방법의 선택** : 면접법, 전화면접법, 우편질문법, 이메일(인터넷)질문법 등 상황에 맞는 방법 선택

③ **응답률 관리** : 조사 전 안내문 · 사전연락 실시, 조사 중 피로 · 무응답 방지, 조사 후 회수 및 확인 체계 구축

④ **대표성 유지** : 실행 중 표본손실 발생 시 대체표본 운영, 단 설계된 대표성 원칙은 유지

(4) 현장통제(Quality Control)

① **면접원 관리** : 면접원 교육, 질문지 숙지, 조사윤리 교육 시행

② **검증 활동** : 콜백(Call-back) 10 ~ 20% 실시, 응답시간 · 위치기록 · 패턴 점검으로 신뢰성 확보

③ **오류 예방** : 무응답, 대리응답, 유도질문, 불성실 응답 등 비표집오차 사전 차단

④ **기록 관리** : 설문지 · 응답데이터 회수, 누락문항 · 불일치 응답 확인, 전자기기(CAPI · CAWI) 활용 자동검증

(5) 주요 자료수집방법 기출

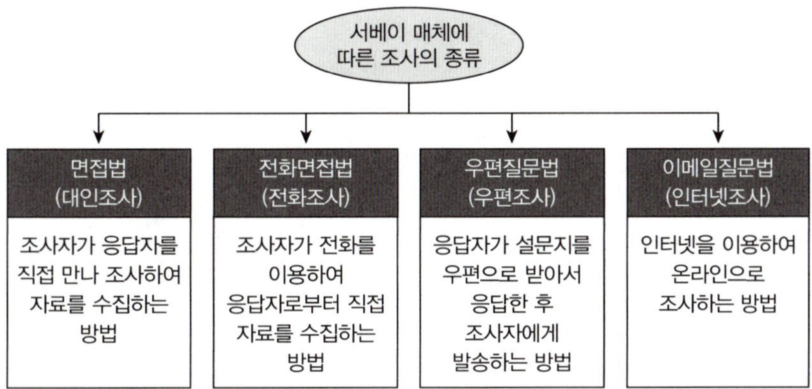

① 면접법(대인조사, Interview Method)
　㉠ 개념 : 연구자와 응답자가 면대면 상호작용을 통해 자료를 수집하는 방법
　㉡ 장점
　　　ⓐ 조사대상 제한이 없음(모든 사람 적용 가능)
　　　ⓑ 질문서법보다 표본 공정성 확보 용이
　　　ⓒ 개별상황에 따른 신축성 · 적응성 우수
　　　ⓓ 다양한 질문 가능, 응답의 정확성 · 심층성 확보
　　　ⓔ 환경 통제 및 표준화 가능
　　　ⓕ 타인 영향 배제, 사적 정보 접근 가능
　㉢ 단점
　　　ⓐ 사전연락 · 일정조율 등 절차 복잡성
　　　ⓑ 시간 · 비용 부담 높음
　　　ⓒ 응답자의 기분 · 상황에 따른 편차 발생
　　　ⓓ 질문표준화 어려움, 비교분석 한계
　　　ⓔ 광역조사 곤란, 접근성 제약
　　　ⓕ 응답자 사생활 노출 부담 존재
② 전화면접법(전화조사, Telephone Interview) 기출
　㉠ 개념 : 전화통신을 이용하여 짧은 시간 안에 응답자와 면접을 수행하는 방법 ⇒ 대면하지 않고도 면
　　　접효과를 얻을 수 있음
　㉡ 장점
　　　ⓐ 조사 신속 · 비용 절감
　　　ⓑ 접근 용이성 높음
　　　ⓒ 전화번호부 기반 무작위표출 용이
　　　ⓓ 면접자 외형 · 태도에 따른 응답편향 배제 가능

ⓒ 단점

　ⓐ 전화보유자 한정으로 대표성 한계

　ⓑ 짧은 질문 · 단답형 문항 위주로 구성 필요

　ⓒ 복잡 · 민감문항 부적합

　ⓓ 응답자 확인 불가, 대리응답 우려

　ⓔ 시간대 편향, 특정집단(예 주부, 노인 등) 집중

　ⓕ 시각자료 제시 불가

③ 우편질문법(우편조사, Mail Survey) 기출

　㉠ 개념 : 질문지를 우편으로 발송하고, 응답자가 작성 후 반송하도록 하여 자료를 수집하는 방법

　㉡ 장점

　　ⓐ 비용 · 노력 절감, 광범위 지역조사 가능

　　ⓑ 면접자 편견 배제, 충분한 응답시간 제공

　　ⓒ 응답자의 솔직한 답변 가능성 높음

　　ⓓ 조사 어려운 집단 접근 가능

　㉢ 단점

　　ⓐ 회수율 낮음, 응답 지연

　　ⓑ 대리응답 · 주변영향 가능성

　　ⓒ 응답자의 이해 · 응답능력에 의존

　　ⓓ 비응답 편향 추정 어려움

　　ⓔ 언어적 응답만 가능, 즉각 반응 부재

　　ⓕ 응답시점 통제 불가, 시차 발생 시 처리 곤란

④ 이메일질문법(인터넷조사, Online Survey)

　㉠ 개념 : 이메일 · 웹사이트 · 온라인 플랫폼을 통해 설문을 전송하고 응답을 수집하는 방법

　㉡ 장점

　　ⓐ 질문전달 · 응답속도 빠름

　　ⓑ 비용 절감, 면접자 편견 없음

　　ⓒ 자동 피드백 가능, 데이터 정제 용이

　　ⓓ 비동기 커뮤니케이션(시간차 응답) 가능

　㉢ 단점

　　ⓐ 보안 취약, 개인정보 유출 위험

　　ⓑ 익명성 보장 한계

　　ⓒ 인터넷 접근 가능한 집단에 한정

　　ⓓ 응답 신뢰성 · 대표성 문제 발생 가능

구분	장점	단점
면접법(대인조사)	• 심층 응답 • 상황 통제 • 높은 신뢰성	• 비용 · 시간 부담 • 접근성 한계
전화면접법(전화조사)	• 신속성 • 비용 절감 • 접근 용이	• 전화 미보유자 제외 • 짧은 문항 한정
우편질문법(우편조사)	• 광범위 조사 • 면접자 편견 없음	• 회수율 낮음 • 대리응답 우려
이메일질문법(인터넷조사)	• 빠른 전달 · 응답 • 자동화 가능	• 보안 취약 • 익명성 제한 • 접근격차

더 알아두기

- CAPI(Computer Assisted Personal Interview) : 태블릿 · 노트북을 활용한 대면조사 방식
- CAWI(Computer Assisted Web Interview) : 웹 기반 온라인조사 방식
- CATI(Computer Assisted Telephone Interview) : 전화면접 자동화시스템
- Mixed Mode 조사 : 여러 수집방법을 병행하여 응답률과 대표성을 높이는 현대적 접근
- 비표집오차 관리는 자료수집단계의 품질을 좌우하는 핵심요소

2 검수(Validation)

(1) 개념

① 수집된 자료가 조사지침에 따라 정확히 수행되었는가를 확인하는 절차
② 설문 응답의 진위와 일관성을 검토하여 불량 자료를 식별 · 제거하는 과정

(2) 주요 점검항목

구분	점검내용	목적
응답자 확인	대상자 신원 · 응답자 일치 여부	무응답 · 대리응답 방지
조사절차 준수	면접시간 · 위치 · 응답패턴 확인	현장조사 정확성 확보
응답 완결성	모든 문항 응답 여부 점검	결측치 최소화
논리 일관성	상호모순 문항(예 자동차 없음 + 자동차 브랜드) 검토	데이터 신뢰성 향상

(3) 검수방법

① 콜백(Call-back) 조사 : 전체 응답자 중 10 ~ 20%를 무작위로 다시 전화 확인

② 현장재검증 : 조사감독자가 면접원을 동행하여 직접 재점검

③ 자동검증 시스템 활용 : 전자조사(CAPI · CAWI)의 논리검사 기능 사용

(4) 조치사항

① 불량 설문은 폐기, 동일 면접원 자료 전수 재검사

② 응답 누락 · 중복 시 보완조사 실시

③ 검수결과는 반드시 검수보고서(Validation Report)로 기록 · 보관

3 편집(Editing)

(1) 개념

① 검수를 통과한 설문지를 대상으로 오류 수정, 누락 보완, 부적절 응답 삭제 등의 작업을 수행하는 절차

② 최종 데이터 파일 생성 전, 응답자료의 일관성과 완전성을 확보하는 과정

(2) 주요 편집내용

편집항목	내용	조치방식
누락응답(Missing)	응답이 없는 문항 확인	결측코드 부여(예 97=무응답)
모순응답(Inconsistency)	논리적으로 맞지 않는 응답 수정	상위 문항 기준으로 정정
분기오류(Skip Error)	해당 없음 문항 응답 등 오류	스킵 규칙 재적용
중복응답(Duplication)	동일 문항 중복 기입	1회 응답만 유지

4 코딩(Coding)

(1) 개념

① 코딩은 설문 응답 내용을 숫자 또는 기호로 부호화하는 작업

② 응답자료를 데이터 처리 가능한 형태로 전환하여 통계프로그램(SPSS, R, Python 등)에 입력할 수 있게 함

③ 특히 개방형 질문(Open-ended Question)의 경우, 응답내용을 범주화(category coding) 하여 체계적으로 정리함

(2) 코딩의 목적

① 분석 효율성 제고 : 통계처리 · 요약 · 비교를 용이하게 함
② 자료 정합성 유지 : 응답내용의 일관성과 형식을 통일
③ 데이터 오류 최소화 : 부적합 응답이나 중복 응답을 숫자화하며 검증 가능하게 함

(3) 코딩의 절차

① 응답내용 검토 : 불명확한 표현 정리
② 범주화(Category Classification) : 의미가 유사한 응답들을 묶어 코드 부여
③ 코드부여(Code Assignment) : 각 범주에 고유번호 부여
④ 코드북(Codebook) 작성 : 변수명, 코드값, 결측코드 등을 정리

5 데이터 입력(Data Entry)

(1) 개념

① 코딩된 데이터를 실제 컴퓨터 시스템에 입력하는 단계
② SPSS, Excel, Python 등 통계처리 프로그램에서 분석 가능한 구조로 전환

(2) 입력 전 점검사항

① 시험투입(Spot Check) : 일부 데이터만 시범 입력하여 오류율 확인
② 코드검증(Verification) : 입력 시 변수명 · 코드값이 코드북과 일치하는지 확인
③ 결측값 처리 : 공백 · 0 · 9999 등의 부적절 코드 사용 금지

(3) 입력 후 검증(Validation after entry)

변수 간 모순 응답, 범위초과 값, 중복 응답 여부 확인

※ 다음 지문의 내용이 맞으면 ◯, 틀리면 ✕를 체크하시오. (01~07)

01 실사는 조사 설계 단계에서 계획된 자료수집 절차를 실제 현장에서 수행하는 단계이다. (   )

02 실사 단계에서는 조사표 설계나 가설 설정 등 이론적 활동이 중심이 된다. (   )

03 면접법이란, 연구자와 응답자 서로간의 언어적인 상호작용을 통해 필요한 자료를 수집하는 방법을 말한다. (   )

04 이메일 및 온라인조사는 전통적 조사보다 속도가 느리지만, 보안성과 응답 품질이 높다는 장점이 있다.
(   )

05 편집(Editing)은 조사설계의 오류를 수정하는 과정이다. (   )

06 실사 단계에서 비표집오차(non-sampling error)는 거의 발생하지 않는다. (   )

07 실사의 궁극적 목표는 신속한 조사 수행이며, 데이터 품질은 부차적 요소이다. (   )

정답과 해설   01 ◯   02 ✕   03 ◯   04 ✕   05 ✕   06 ✕   07 ✕

02 실사는 설계 이후의 실행단계로, 실제 자료수집 · 검수 · 편집이 핵심임. 이론적 활동은 설계단계에 해당한다.

04 온라인조사는 속도가 빠르고 비용이 낮으나, 보안 취약 · 익명성 한계가 단점이다.

05 편집은 수집된 응답의 오류 · 누락 · 모순을 정비하는 과정으로, 설계 수정이 아니다.

06 실사 단계는 오히려 비표집오차가 가장 많이 발생하는 구간으로, 관리가 필수이다.

07 실사의 핵심은 데이터 품질 확보임. 속도보다 정확성 · 일관성이 우선된다.

01 실사의 목적을 가장 정확히 설명한 것은?

① 조사설계의 이론적 타당성을 검증한다.
② 표집오차의 수학적 계산을 수행한다.
③ 설계된 자료수집 절차를 현장에서 표준화해 데이터 품질을
확보한다.
④ 보고서의 시각화를 진행한다.

02 다음 중 면접법에 대한 설명으로 옳지 <u>않은</u> 것은?

① 질문지법에 비해 공정한 표본을 얻을 수 있다.
② 면접법은 절차가 복잡하면서도 불편하다.
③ 개별적인 상황에 따라 높은 신축성 및 적응성을 지닌다.
④ 환경의 통제 및 표준화가 불가능하다.

03 편집(Editing)의 주된 활동으로 옳은 것은?

① 변수의 개념정의 재작성
② 누락 · 모순 · 분기 오류 수정 및 부적절 설문 제거
③ 표집틀 재구성
④ 가설 재설정

---

01 실사는 설계된 절차를 실제 현장에서 표준화 · 검수하여 데이터 품질을 높이는 실행단계이다.

02 면접법은 환경을 통제, 표준화할 수 있다.

03 편집은 수집된 자료를 분석 가능한 형태로 정비하는 단계로 오류 정정과 결측 처리가 핵심이다.

정답   01 ③   02 ④   03 ②

04 코딩은 정성적 응답을 수치로 전환하는 작업이며, 분석의 전단계에 해당한다.

04 코딩(Coding)에 대한 설명으로 옳은 것은?

① 응답 의미를 해석하여 문장으로 정리한다.
② 응답을 분석 가능한 숫자나 기호로 부호화한다.
③ 설문결과를 시각화한다.
④ 변수 간 인과관계를 검증한다.

05 우편조사는 응답자 부담이 적고 면접자 영향이 없지만 회수율이 낮고 시간 소요가 크다.

05 우편조사의 장점으로 옳은 것은?

① 회수율이 매우 높다.
② 면접자 편견이 배제되고 익명성이 높다.
③ 조사시간 통제가 용이하다.
④ 응답 누락이 거의 없다.

06 온라인조사는 자동화된 품질검증이 가능하지만, 표본대표성 확보는 별도의 설계가 필요하다.

06 온라인조사(CAWI)의 일반적 특징으로 가장 적절한 것은?

① 비용이 높고 속도가 느리다.
② 자동검증(로직 · 범위 · 필수응답)이 가능하여 품질관리가 용이하다.
③ 표본대표성에 전혀 문제가 없다.
④ 시각자료 제시가 불가능하다.

정답 04 ② 05 ② 06 ②

07 실사의 최종 산출물로 보기 <u>어려운</u> 것은?

① 편집 · 코딩 완료된 데이터셋

② 코드북 및 편집로그

③ 응답률 · 콜백률 등 품질지표

④ 최종 경영 의사결정 보고서

08 애매모호한 부분이 없도록 각각의 항목들의 응답을 일정한 기준에 의해서 체계적으로 분류하는 과정을 무엇이라고 하는가?

① 분석

② 분류

③ 편집

④ 코딩

09 자료의 분석을 용이하게 하기 위해 관찰된 내용에 일정한 숫자를 부여하는 과정을 무엇이라고 하는가?

① 코딩

② 편집

③ 분석

④ 분류

07 실사의 산출물은 정제된 데이터와 품질관련 문서이며, 경영보고서는 이후 단계이다.

08 편집은 수집된 원 자료에 있어서 최소한의 품질 수준을 확보하기 위해 응답의 누락, 애매함, 착오 등을 찾아내는 과정이다.

09 코딩이란, 자료 분석을 쉽게 하기 위해 관찰된 내용에 대해서 일정한 숫자를 부여하는 과정 및 컴퓨터로의 입력과정이다.

정답 07 ④ 08 ③ 09 ①

제**8**장

가설검증과 통계기법의 종류

할 수 있다고 믿는 사람은 그렇게 되고,
할 수 없다고 믿는 사람도 역시 그렇게 된다.

– 샤를 드골 –

제1절 가설검증의 의미 및 절차

1 가설의 구조 `중요` `기출`

(1) 귀무가설 H_0

통계적 검증이 되는 연구가설(예 차이/효과 없음, 현상 유지)

(2) 대립가설 H_1

귀무가설과 대립되는 가설
연구자가 보통 지지되기를 원하는 가설(예 차이/효과 있음, 방향 명시 가능)

(3) 귀무가설 H_0 vs 대립가설 H_1로 가설 설정

(4) 두 가설은 동시에 참일 수 없게 진술

2 오류 구성 `중요`

(1) 1종 오류(α)

귀무가설이 참일 때, 참인 H_0를 기각하는 오류
보수적으로 더 심각한 오류로 판단됨

(2) 2종 오류(β)

귀무가설이 참이 아닐 때, 거짓인 H_0를 기각 못하는 오류

더 알아두기

검증력(statistical power)($1-\beta$)
귀무가설이 거짓일 때(대립가설이 사실일때), 귀무가설을 기각할 확률(예 실제 차이가 있을 때 올바로 검출할 확률)

통계적 결정 \ 실제상황	H_0가 사실(참)	H_0가 허위(거짓)
H_0 기각	1종 오류	옳은 결정
H_0 채택	옳은 결정	2종 오류

3 p값과 유의수준 중요 기출

p값은 보통 기각역의 면적으로 설명된다. 5% 유의 수준에서 통계학적으로 가설을 검증할 때는 기각역의 크기를 5%로 설정한다는 의미이다.

보통 H_0가 참일 때 관측치 이상 결과가 나올 확률, p≤α면 **통계적으로 유의하다고 결론을 내린다.**

4 단측/양측 검증 기출

연구목적이 '증가/감소' 등 방향 가설이면 단측검증, '다르다'면 양측검증을 의미한다.
같은 데이터라도 양측은 기각이 더 어려울 수 있다.

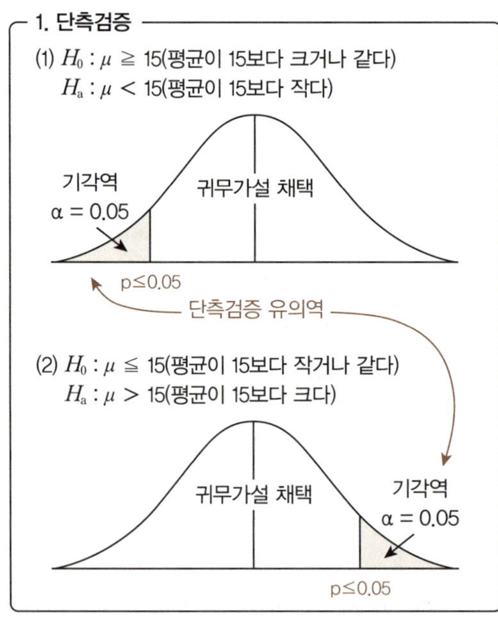

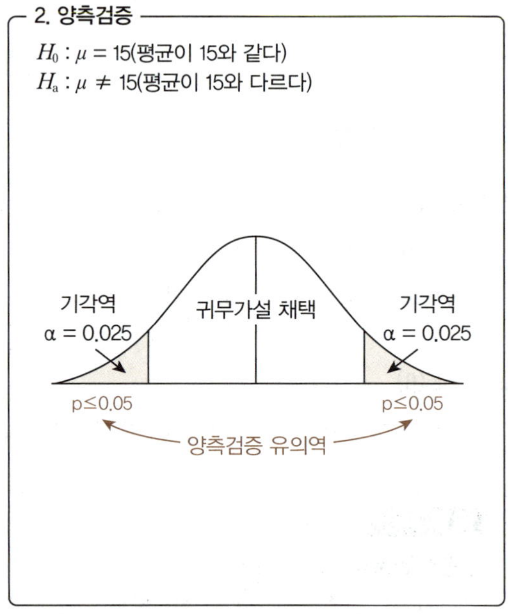

5 표본크기와 유의성 (중요)

표본크기(n)이 증가하면 작은 차이도 유의해지므로 효과크기 · 관리상 매우 중요

6 가설검증 5단계 (중요) (기출)

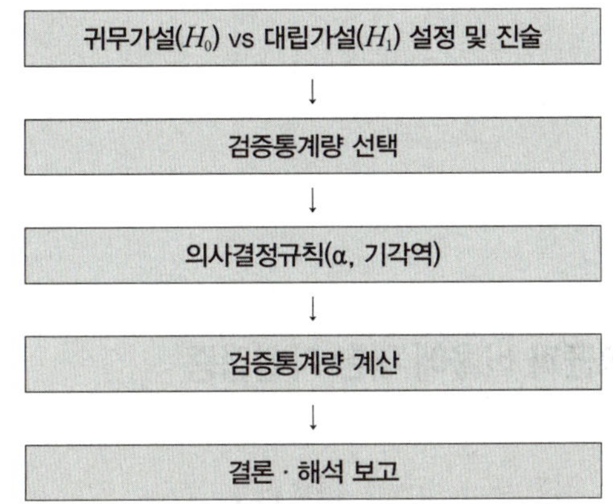

> **더 알아두기**
>
> **가설**
>
> **(1) 개념**
> ① 조사자가 자료나 판단에 근거하여 옳다고 믿는 변수들 간의 인과관계 혹은 조사대상의 특성을 나타
>   내는 진술
> ② 연구자가 어떤 현상에 대해 "…일 것이다"라고 생각하는 것을 나타낸 진술이다. 연구가설(research
>   hypothesis)이라고도 한다.
>
> **(2) 가설의 종류**
> ① 귀무가설
>   ㉠ 통계적 검증의 대상이 되는 연구가설
>   ㉡ 대립가설의 반대에 해당하는 진술
> ② 대립가설
>   ㉠ 귀무가설과 대립되는 가설
>   ㉡ 보통 마케팅 조사에서는 앞에서 언급한 연구가설(연구자가 믿는 그리고 지지하기를 원하는 가설)
>   설정된다.

(3) 가설의 검증절차

① 통계적 가설검증을 거쳐 귀무가설은 기각되거나(rejected), 기각되지 않는다(not rejected).

② 만약 귀무가설이 기각되면 연구가설(즉 대립가설)은 지지되지만(supported), 기각되지 않으면 연구가설은 지지되지 않는다(not supported).

③ 귀무가설이 기각되고 연구가설(대립가설)이 지지되는 상황을 통계적으로 유의하다고 말하며, 마케팅조사에서 연구가설이 지지되기 때문에 가장 바람직한 상황이다.

(4) 가설 설정의 예시

H_0 : 아이스크림의 평균 무게 = 60g

H_1 : 아이스크림의 평균 무게 ≠ 60g

제2절　단일모집단 평균과 비율에 대한 가설검증

1　단일모집단 평균 검증(일표본 t-test) 중요 기출

단일모집단 평균 검증은 보통 t분포를 이용한 t-test를 사용한다.

(1) 단측검증 사례

① 가설 설정

| 귀무가설(H_0) : 모집단평균(μ) ≥ 10 | vs | 대립가설(H_1) : 모집단평균(μ) < 10 |

② 모집단 평균 검증이므로 t-test를 사용

③ 검증통계량

$$t=\frac{\overline{X}-\mu_0}{s/\sqrt{n}}, df=n-1$$

주어진 자료에 따라 검증통계량 t값이 계산된다.

예를 들어 주어진 자료에서 표본평균($\overline{X}$), 모집단평균(μ_0), 표본크기(n), 표본편차(s)가 계산됨에 따라 t값이 −3.5로 계산되었다고 가정하자.

④ 단측검증이므로 다음과 같은 검증분포와 기각역이 설정된다. 유의수준 5%(α=0.05)와 자유도(degree of freedom, d.f.)에 따라 기준 t값(critical t-value)이 결정. 귀무가설이 '크거나 같다'이고 대립가설이 '작다'이므로 기각역은 왼쪽 꼬리부분에 존재한다.

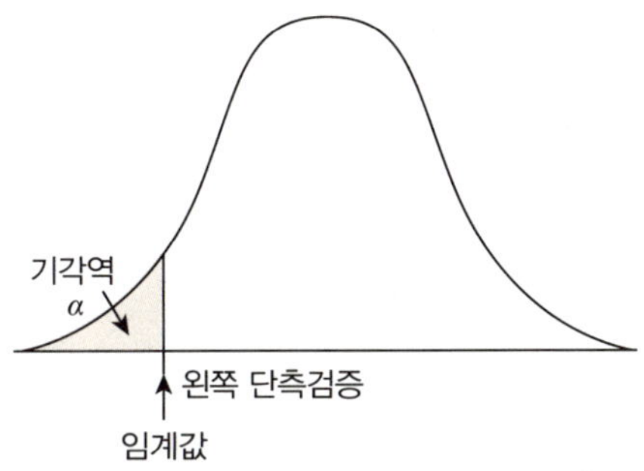

⑤ 계산된 검증통계량 t값에 의해 p값이 계산됨

　㉠ p값이 유의수준 0.05보다 작으면(p값 ≦ α), 귀무가설 기각됨(대립가설 채택됨)

　㉡ p값이 유의수준 0.05보다 크면(p값 > α), 귀무가설 기각되지 않음

⑥ 이 사례에서 귀무가설을 기각하면, 대립가설이 채택되고, 평균이 10보다 작다는 연구 결론에 도달함

⑦ 절차 요약 : H_0 vs H_1 설정 → α 설정 → 표본표준편차 s → 표준오차(SE) → t값 계산 → p값 혹은 임계값으로 결론

(2) 양측검증 사례

① 가설 설정

귀무가설(H_0) : 모집단평균(μ) = 10	vs	대립가설(H_1) : 모집단평균(μ) ≠ 10

② 모집단 평균 검증이므로 t-검증을 사용

③ 검증통계량

$$t = \frac{\overline{X} - \mu_0}{s/\sqrt{n}}, \ df = n - 1$$

④ 양측검증 사용, 귀무가설이 '같다'이고 대립가설이 '다르다'이므로 기각역은 왼쪽과 오른쪽 꼬리부분에 모두 존재

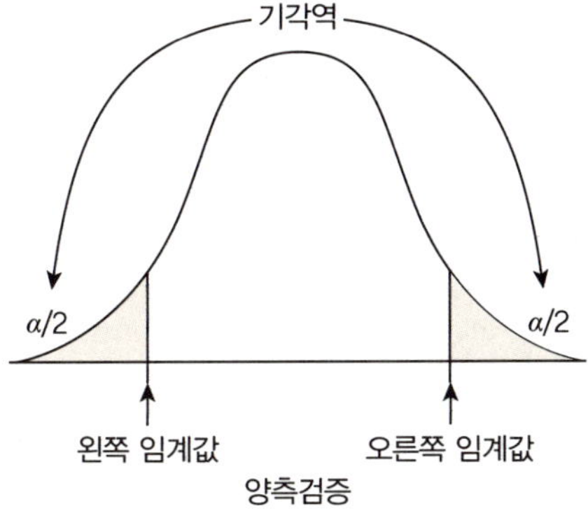

⑤ 계산된 검증통계량 t값에 의해 p값이 계산됨

　㉠ p값이 유의수준 0.05보다 작으면(p값 <= α), 귀무가설 기각됨(대립가설 채택된다)

　　(예) 사례에서 귀무가설을 기각하면 평균이 10보다 작다는 결론을 채택)

⒫ p값이 유의수준 0.05보다 크면(p값 > α), 귀무가설 기각되지 않음

⑥ 이 사례에서 귀무가설을 기각하면, 대립가설이 채택되고, "평균이 10이 아니다."라는 연구 결론에 도달함

⑦ 절차 요약 : H_0 vs H_1 설정 → α 설정 → 표본표준편차 s → 표준오차(SE) → t값 계산 → p값 혹은 임계값으로 결론

2 단일모집단 비율 검증(일표본 Z-test for p) 중요 기출

단일모집단 비율 검증은 보통 정규분포를 이용한 Z-검증을 사용한다. 다음과 같은 검증통계량이 사용된다.

$$Z = \frac{\hat{p} - p_0}{SE_{\hat{p}}} = \frac{\hat{p} - p_0}{\sqrt{\dfrac{p_0 q_0}{n}}}$$

$\hat{p}$ = 비율추정치로서 표본의 비율값
p_0 = 귀무가설로 설정된 모집단의 비율값
$q_0 = 1 - p_0$
$SE_{\hat{p}} = \hat{p}$의 표준오차

(1) 가설 설정 : 시장점유율이 20%이다.

귀무가설(H_0) : 모집단비율(p_0) = 0.2	vs	대립가설(H_1) : 모집단비율(p_0) > 0.2

(2) 모집단 비율 검증이므로 Z-검증을 사용

(3) 검증통계량

$$Z = \frac{\hat{p} - p_0}{\sqrt{p_0(1 - p_0)/n}}$$

(4) 귀무가설(H_0) : 대립가설이 '모집단비율값(p_0) > 0.2'이므로 우측검증

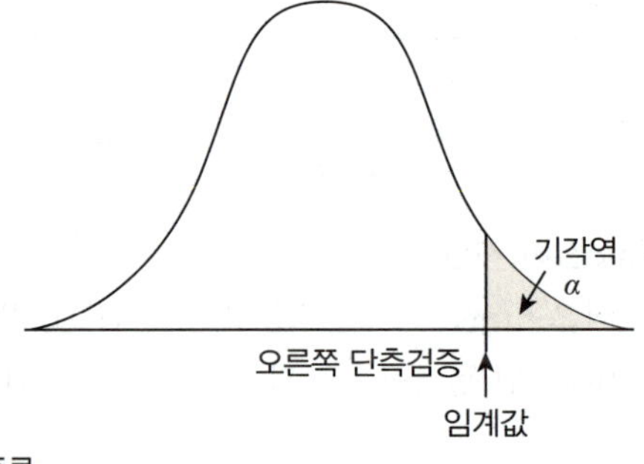

(5) 검증통계량 t값에 의해 p값이 계산됨

    ㉠ p값이 유의수준 0.05보다 작으면(p값 $\leq$ α), 귀무가설 기각됨(대립가설 채택됨)

    ㉡ p값이 유의수준 0.05보다 크면(p값 > α), 귀무가설 기각되지 않음

(6) 이 사례에서 귀무가설을 기각하면, 대립가설이 채택되고, "시장점유율은 20% 보다 크다."라는 연구 결론
에 도달함

제3절 통계기법의 종류 중요 기출

구분	주요 목적	대응 검증통계량	비고
평균 검증	모집단 평균이 특정 값과 다른지 확인	Z-검증, t-검증	일표본 평균 검증(예 하루 평균 사용시간)
비율 검증	모집단 비율이 특정 값과 다른지 확인	Z-검증	일표본 비율 검증(예 브랜드 인지도율)
평균차이검증	두 집단 평균이 차이가 있는지 확인	Z-검증, t-검증	독립표본 또는 대응표본 t-검증
비율차이검증	두 집단 비율이 차이가 있는지 확인	Z-검증	남녀 구매비율 차이 검증 등
분산분석(ANOVA)	세 집단 이상 평균이 차이가 있는지 확인	F-검증	사후검증(Post-hoc) 필요
상관분석	두 변수 간 선형관계 검증	t-검증	상관계수 유의성 검증
회귀분석	독립변수 → 종속변수 영향 확인	F-검증, t-검증	전체 모형 = F, 개별 계수 = t
χ^2 독립성검증	두 범주형 변수가 독립적인지 검증	χ^2-검증	성별×구매여부 교차표
χ^2 적합도검증	관찰빈도 vs 기대빈도 일치 여부 확인	χ^2-검증	주사위·복권 등 확률적 적합성 검증
판별분석	집단 구분 기준(판별함수) 유효성 확인	F-검증, χ^2-검증	고객 세분화, 그룹 분류

1 평균 관련 검증 중요 기출

(1) 하나의 집단 평균이 특정 값과 다른지, 또는 두 집단 평균이 서로 다른지를 검증하는 방법

(2) 검증방법

    ① 모집단 분산(σ^2)을 알고 있으면 Z-검증

    ② 모집단 분산을 모르고 표본으로 추정하면 t-검증(실무·시험에서는 거의 대부분 t-검증)

(3) 표본 구조에 따른 구분

　㉠ 독립표본 t-검증 : 서로 다른 두 집단 비교(예 남녀 평균 소비금액 비교)
　㉡ 대응표본 t-검증 : 같은 대상의 전·후 비교(예 광고 전·후 구매의도 변화)

(4) 중요

- 전·후, Before-After, 같은 사람 → 대응표본
- A집단 vs B집단 → 독립표본

2 비율 관련 검증 중요 기출

(1) 어떤 사건이 발생할 비율(%)이 기준값이나 다른 집단과 다른지를 검증

(2) 검증방법

① 단일 집단 비율 검증
② 두 집단 비율 차이 검증
→ 모두 Z-검증 사용(정규근사 가정)

(3) 대표 적용 사례

① 브랜드 인지도율
② 구매의사율
③ 클릭률(CTR), 전환율(CVR)

(4) 중요

- 평균이 아니라 비율(%)이 제시되면 Z-test
- 인지하고 있다/아니다, 구매한다/안 한다 같은 이항 변수가 핵심

3 분산분석(ANOVA : Analysis of variance) 중요 기출

(1) 3개 이상 집단의 평균 차이를 한 번에 검증하는 방법

(2) 검증방법 : 왜 t-검증을 쓰지 않는가?

① 집단이 많아질수록 t-검증 반복 → 유의수준 왜곡
② 이를 방지하기 위해 F-검증 하나로 전체 검증

(3) 분석 절차

① F-검증으로 전체 평균 차이 존재 여부 확인

② 유의할 경우 → 사후검증(Post-hoc)으로 어떤 집단 간 차이인지 구체적으로 확인(각 집단 별로 t-검증 실시)

(4) 중요

- 3개 이상 평균 비교 → 무조건 ANOVA
- F-검증은 차이가 있는지만 말해주고, 어디가 다른지는 사후검증이 알려준다.

4 상관분석 `기출`

(1) 두 변수 간 선형적 관련성의 강도와 방향을 측정

(2) 검증방법 : 지표

상관계수 r (−1 ~ +1)

(3) 유의성 검증

상관계수 r이 우연인지 아닌지 t-검증으로 검증

(4) 중요한 개념 함정

- 상관관계≠인과관계

  (같이 움직인다고 해서 원인 · 결과는 아님)

5 회귀분석 `중요` `기출`

(1) 하나 이상의 독립변수가 종속변수에 어떤 영향을 미치는지 분석

(2) 검증방법 : 두 가지 검증이 동시에 존재

① F-검증 → 모형 전체가 의미 있는가?

② t-검증 → 각 독립변수가 개별적으로 유의한가?

(3) 중요

- 회귀분석에서는 F-검증과 t-검증을 모두 사용한다.
- F-검증은 전체, t-검증은 개별 변수

6 카이제곱(χ^2) 검증

(1) 두 범주형 변수가 서로 관련이 있는지 확인

 ㉠ 예 성별×구매 여부

 ㉡ 예 지역×브랜드 선택

(2) 검증방법 : 적합도 검증

 관찰된 빈도가 이론적 기대빈도와 일치하는지 확인

(3) 활용 예시

 ㉠ 주사위의 공정성

 ㉡ 복권 번호 분포

(4) 중요

 • 교차표, 빈도 $\Rightarrow \chi^2$

 • 평균 · 비율 문제가 아님에 주의

7 판별분석 중요

(1) 여러 변수로 '집단을 가장 잘 구분하는 기준 함수(판별함수)'를 찾는 분석

(2) 활용 예시

 ㉠ 고객을 우수/일반 고객으로 분류

 ㉡ 이탈 고객 예측

(3) 유의성 검증

 판별함수의 유효성 → F 또는 카이제곱(χ^2) 검증

(4) 중요

 분류, 구분, 어느 집단에 속하는가라는 표현이 핵심

※ 다음 지문의 내용이 맞으면 ○, 틀리면 ×를 체크하시오. (01~07)

01 중심화 경향을 측정하는 경우에는 중앙값만을 활용한다. (   )

02 통계적 분석기법은 변수의 수에 따른 분류를 할 때에는 표본 분석과 모집단 분석으로 구분된다.
(   )

03 대립가설(H_1)은 연구자가 주장하는 가설이며, 귀무가설과 동시에 참일 수 있다. (   )

04 제1종 오류는 귀무가설이 참인데도 불구하고 기각하는 오류이다. (   )

05 p값이 유의수준보다 작으면 귀무가설을 기각한다. (   )

06 상관분석은 두 변수 간 인과관계를 규명하기 위한 분석이다. (   )

07 검증통계량이 기각역에 속하면 귀무가설을 채택한다. (   )

정답과 해설   01 ×   02 ×   03 ×   04 ○   05 ○   06 ×   07 ×

01 중심화 경향을 측정하는 경우에는 중앙값, 최빈값, 평균 등을 가장 널리 활용한다.
02 통계적 분석기법은 변수의 수에 따른 분류를 할 때에는 단일변수 분석과 다변량 분석으로 구분된다.
03 H_0와 H_1은 상호 배타적이며 동시에 참일 수 없다.
06 상관분석은 관계의 강도를 측정하며, 인과를 증명하지는 않는다.
07 기각역에 속하면 귀무가설을 기각한다.

01 최빈값은 주어진 값 중에서 가장 자주 나오는 값을 말한다.

01 데이터 수치들 중에서 가장 많이 나타나는 값을 무엇이라고 하는가?

① 범위값
② 중앙값
③ 평균값
④ 최빈값

02 빈도수 : 10은 3개, 25는 4개, 30은 2개, 40은 2개

02 다음 수치들 중에서 최빈값은?

> 10, 10, 10, 15, 20, 20, 25, 25, 25, 25, 30, 30, 35, 40, 40

① 10
② 25
③ 30
④ 40

03 $\dfrac{(n+1)}{2} = \dfrac{(15+1)}{2} = 8$번째이므로 중앙값은 30이다.

03 다음 수치들을 참고해서 중앙값을 구하면?

> 10, 10, 10, 15, 20, 20, 25, 30, 35, 40, 45, 50, 55, 60, 65

① 30
② 35
③ 40
④ 45

정답　01 ④　02 ②　03 ①

04 상관관계에 대한 내용 중 올바르지 <u>않은</u> 것은?

① 상관관계의 계수는 두 변수 관계의 상관성에 대한 예측의 정확도를 나타낸다.

② 상관관계의 결정계수는 상관관계의 계수를 제곱해서 나오는 값을 말한다.

③ 상관관계의 계수끼리는 가감승제($\pm$, $\times$, $\div$)가 가능하다.

④ 측정치가 아닌 하나의 지수이므로 변수 간 관계의 비율 및 백분율은 다르다.

05 가설검증에서 연구자가 주장하는 가설로, 검증을 통해 입증하려는 것은?

① 귀무가설(H_0)

② 무효가설(H_0)

③ 대립가설(H_1)

④ 영가설(H_0)

06 다음 중 귀무가설(H_0)에 대한 설명으로 옳은 것은?

① 현상 변화나 효과의 존재를 의미한다.

② 효과가 없고 차이가 없다는 전제의 가설이다.

③ 연구자가 입증하려는 가설이다.

④ 모집단의 분산을 모를 때 사용하는 가설이다.

07 단일모집단의 평균이 가정된 값과 다른지 검증하기 위한 통계량은?

① F

② χ^2

③ t

④ r

---

04 상관관계의 계수끼리는 가감승제($\pm$, $\times$, $\div$)가 불가능하다.

05 연구자는 "효과가 있다"는 대립가설을 지지하고자 한다.

06 귀무가설은 '차이 없음'을 전제로 한다.

07 평균 차이를 단일표본으로 검증할 때 t-검증을 사용한다.

정답　04 ③　05 ③　06 ②　07 ③

08 비율 검증에는 Z-검증이 사용된다.

08 단일모집단 비율 검증에서 사용하는 검증통계량은?

① F
② t
③ Z
④ χ^2

09 상관분석은 관계의 강도를 측정하나 인과성은 규명하지 않는다.

09 두 변수 간의 관련성만을 분석하며, 인과관계는 설명하지 <u>못하는</u> 기법은?

① 회귀분석
② 분산분석
③ 상관분석
④ 판별분석

10 p > 0.05이면 귀무가설을 기각하지 않는다.

10 p값이 0.10일 때, 유의수준 0.05 검증을 사용하면?

① 귀무가설 채택(기각 불가)
② 귀무가설 기각
③ 대립가설 채택
④ 단측검증 전환

11 카이제곱 검증은 범주형 변수 간의 관계 여부를 검증한다.

11 카이제곱검증의 주요 활용 목적은?

① 평균차이 검증
② 분산 동질성 검증
③ 범주형 변수 간 독립성 검증
④ 회귀계수 검증

정답 08 ③ 09 ③ 10 ① 11 ③

제**9**장

집단 간 차이 검증을 위한 분석

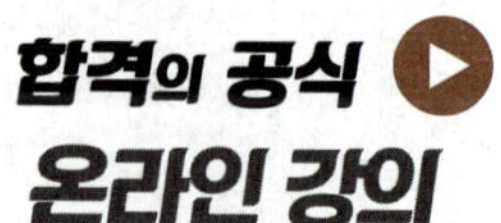

보다 깊이 있는 학습을 원하는 수험생들을 위한
시대에듀의 동영상 강의가 준비되어 있습니다.

www.sdedu.co.kr ➜ 회원가입(로그인) ➜ 강의 살펴보기

집단 간 차이 검증을 위한 분석

제1절 두 집단 간 평균차이에 대한 가설검증

1 목적

두 집단의 평균 차이가 우연인지, 통계적으로 유의한 차이인지를 검증

2 검증통계 종류 **중요**

(1) **독립표본 t-검증(Independent sample t-Test)** : 서로 다른 두 집단(**예** 남자 · 여자 만족도 평균)

(2) **대응표본 t-검증(Paired-sample t-Test)** : 동일 집단에서 시간 · 조건 전후 비교(**예** 광고 노출 이후 브랜드 호감도 변화)

3 가설 설정

귀무가설(H_0) : $\mu_1 = \mu_2$ vs 대립가설(H_1) : $\mu_1 \neq \mu_2$

4 검증통계량

(1) **독립표본**

① 표본평균과 표준오차가 같은 경우(두 집단의 표본크기는 다름)

$$t = \frac{\overline{X_1} - \overline{X_2}}{\sqrt{s^2\left(\dfrac{1}{n_1} + \dfrac{1}{n_2}\right)}}$$

- $\overline{X_1}$: 표본 1의 평균
- $\overline{X_2}$: 표본 2의 평균
- n_1 : 표본 1의 크기
- n_2 : 표본 2의 크기
- $s=$ 두 모집단을 결합했을 때의 결합표준편차(σ)의 추정치

$$= \sqrt{\dfrac{\sum\limits_{i=1}^{n_1}(x_i-\overline{x_1})^2+\sum\limits_{i=1}^{n_2}(x_i-\overline{x_2})^2}{n_1+n_2-2}}$$

- $s\sqrt{\dfrac{1}{n_1}+\dfrac{1}{n_2}}=\sqrt{s^2(\dfrac{1}{n_1}+\dfrac{1}{n_2})}=(\overline{x_1}-\overline{x_2})$의 표준오차

> **참고** X는 데이터의 행렬표현, x는 행렬 내 원소 표현을 의미한다.

② 표본평균이 같고, 표준오차가 다른 경우(두 집단의 표본크기는 다름)

$$t=\dfrac{\overline{X_1}-\overline{X_2}}{\sqrt{s^2(\dfrac{1}{n_1}+\dfrac{1}{n_2})}}$$

③ 표본평균과 표준오차가 같은 경우(두 집단의 표본크기는 다름)

$$t=\dfrac{(\overline{X_1}-\overline{X_2})-D_0}{\sqrt{s^2(\dfrac{1}{n_1}+\dfrac{1}{n_2})}}$$

- $D_0=$ 귀무가설로 설정된 (두 모집단)평균의 차이값$(\mu_1-\mu_2$: 보통 차이가 없으면 0으로 설정)

(2) 대응표본 : 차이값 D의 평균과 표준편차로 계산

$$t=\dfrac{\overline{d}-D_0}{s_d/\sqrt{n}}$$

- $\overline{d}$: 각 표본요소 값들의 차이의 평균값 $(\overline{X_1}-\overline{X_2})$
- D_0 : 귀무가설로 설정된 차이의 평균값 $(\mu_1-\mu_2)$
- $s_d=\sqrt{\dfrac{\sum\limits_{i=1}^{n}(d_i-\overline{d})^2}{n-1}}=$ 표본요소들의 차이값들의 표준편차
- $s_d/\sqrt{n}$: $\overline{d}$의 표준오차
- $d.f.=n-1$: 자유도(degree of freedom)
- n : 표본의 관측수

5 적용 사례(대응표본 t-검증) 중요

A 조사회사는 B 브랜드의 광고집행 효과를 검증하고 있다. 광고집행 후 B 브랜드의 호감도를 10명의 조사대상자에게 설문조사를 진행하였다. 설문조사를 통해 다음과 같은 자료를 수집하였다.

[설문조사 결과 자료]

조사대상	광고노출 전 브랜드 호감도(A1)	광고노출 후 브랜드 호감도(A2)
1	50	53
2	25	27
3	30	38
4	50	55
5	60	61
6	80	85
7	45	45
8	30	31
9	65	72
10	80	78

[브랜드 호감도 그래프 표현]

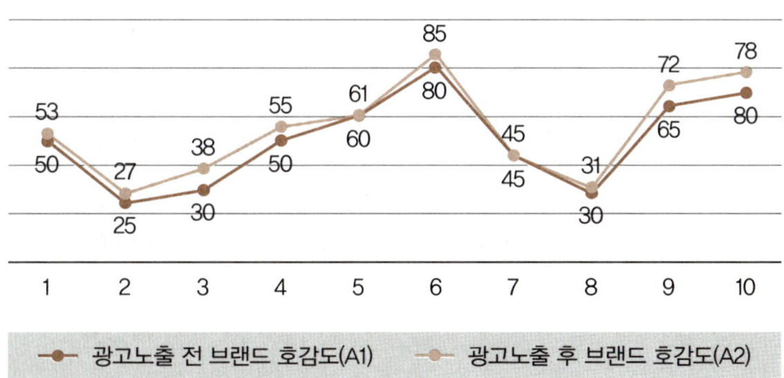

다음과 같이 대응표본 t-검증을 활용하여 광고효과를 조사할 수 있다.

(1) 가설 설정

귀무가설(H_0) : $\mu_1 = \mu_2$	vs	대립가설(H_1) : $\mu_1 \neq \mu_2$
노출 전후 호감도의 평균이 차이가 없음 → 의미 : 광고효과가 없음		노출 전후 호감도의 평균이 차이가 있음 → 의미 : 광고효과가 있음

(2) 유의수준 설정 : 5%로 유의수준 설정(기각역을 0.05로 설정)

(3) 검증을 위한 통계방법론의 선택 : 대응표본 t-검증 중 양측검증

(4) 검증통계량 계산

	노출 전	노출 후
호감도 평균	51.5	54.5
분산	394.722	389.3889
관측수	10	10
피어슨 상관 계수	0.986986	
가설 평균차	0	
자유도	9	
t통계량	−2.96721	
P(T ≦ t) 단측검증	0.007887	
t기각치 단측검증	1.833113	
P(T ≦ t) 양측검증	0.015774	
t기각치 양측검증	2.262157	

t통계량은 −2.96721이며, 이에 따른 p값은 양측검증에 해당하는 0.016이다. 계산된 p값 0.016은 통계학적 유의수준 0.05보다 작기 때문에 귀무가설은 기각된다. 귀무가설의 기각은 대립가설의 채택을 의미한다.

(5) 연구가설의 해석

귀무가설의 의미는 '광고노출 전·후의 브랜드 호감도의 차이가 없기 때문에 광고효과가 없다.'라는 의미이다. 귀무가설이 기각(통계학적으로 유의)되었기 때문에, 브랜드 호감도 차이가 광고 노출 전후로 유의미하게 있다로 해석될 수 있다. 따라서, 광고효과가 존재한다고 결론을 내릴 수 있다.

제2절　두 집단 간 비율차이에 대한 가설검증

1 개념

두 집단의 비율 차이가 통계적으로 유의한지 검증(예 남녀 제품 구매율 차이)

2 검증통계

Z-검증

3 가설 설정

귀무가설(H_0) : $p_1 = p_2$	vs	대립가설(H_1) : $p_1 \neq p_2$

4 검증통계량

$$Z = \frac{(\hat{p}_1 - \hat{p}_2)}{\sqrt{\hat{p}(1-\hat{p})(1/n_1 + 1/n_2)}}$$

- $\hat{p}_1$ = 비율추정치로서 표본 1의 비율값
- $\hat{p}_2$ = 비율추정치로서 표본 2의 비율값
- $\hat{p} = \dfrac{x_1 + x_2}{n_1 + n_2}$ (※ x_1과 x_2는 각 표본에서 특정 속성을 갖는 구성원의 수)
- n_1 = 표본 1의 크기
- n_2 = 표본 2의 크기

5 적용 사례(Z-검증)

A 조사회사는 B 브랜드의 프로모션 효과가 남자와 여자에 따라 다르다는 것을 검증한다.

남자, 여자 각 100명을 표본으로 삼아, 10% 가격할인 쿠폰을 발행하였다. 남자는 10명, 여자는 30명이 쿠폰을 사용하여 할인을 받았다. 즉 10%의 남자와 30%의 여자가 각각 가격할인에 반응하는 결과를 '두 집단 간 비율 차이'에 대한 검증을 실시할 수 있다.

제3절 분산분석

1 개요

(1) 개념 : 두 집단 이상의 평균 간 차이 검증(예 지역별 만족도 차이) t-검증을 일반화한 분석방법

(2) 분산분석은 각 집단의 분산을 분석하지만, 실제로는 각 집단의 평균이 동일하다는 가설을 검증

(3) 각각의 모집단은 정규분포를 가정하고 있고, 분산은 모두 동일한 값을 가진다고 가정하며, 귀무가설과 대립가설을 비교 검증하는 방법

(4) 원리 : 집단 간 분산(Between)과 집단 내 분산(Within)의 비율 → F-검증

(5) 주의 : 두 집단에도 분산분석이 적용될 수 있지만, 보편적으로 세 집단 이상에 많이 적용된다. 두 집단에 분산분석을 활용하면 t-검증과 동일한 결과를 얻는다. 차이점은 t-검증은 t분포에 가정한 검증방법이고, 분산분석은 F-분포에 가정한 검증방법이다.

> **더 알아두기**
>
> **분산분석의 가정** 기출
> - 모집단의 분산은 모두 같다.
> - 모집단은 정규분포를 따른다.
> - 표본은 서로 독립적이다.
> - 표본은 각 모집단에서 무작위로 추출한다.

2 분산분석의 가설과 검증통계량

(1) 귀무가설 $H_0 : \mu_1 = \mu_2 = \mu_3 = \mu_4$

(2) 대립가설 $H_1 :$ 모든 μ가 동일하지는 않다.

분산	자유도	제곱합	제곱평균	F값
집단 간	$k-1$	SST	$MST = \dfrac{SST}{k-1}$	$F = \dfrac{MST}{MSE}$
집단 내	$n-k$	SSE	$MSE = \dfrac{SSE}{n-k}$	
총계	$n-1$	$Total\ SS$	–	–

- SST(Total Sum of Squares) $= \sum_i n_j (\overline{X_j} - X)^2$: 총제곱합 – 전체 자료의 총 변동량
- SSE(Sum of Squared Errors) $= \sum_{i=1}^{n} \sum_{j=1}^{n} (X_{ij} - \overline{X_j})^2$: 오차 제곱합 – 모델이 설명하지 못하는 부분, 즉 무작위 오차에 의한 변동
- MST(Mean Square for Treatments) : 처리 평균 제곱 – (자유도를 고려한)독립 변수(처리 또는 요인)에 의해 설명되는 집단 간 변동성(변동의 크기)
- MSE(Mean Squared Error) : 평균 제곱 오차 – (자유도를 고려한)집단 내의 변동성(변동의 크기)

(3) 검증통계량 : $F = \dfrac{MST}{MSE} = \dfrac{\text{집단 간 변동성}}{\text{집단 내 변동성}}$

F-검증통계량은 '집단 간 변동성/집단 내 변동성'을 고려한 통계량이다. 집단 간 변동성이 집단 내 변동성에 비해 커질수록(F-검증통계량의 분자의 숫자가 커질수록), '각 집단의 평균이 같다'는 귀무가설을 기각된다. F-검증통계량이 커질수록 '집단이 다르다'는 결론에 도달한다.

3 분산분석의 종류

(1) 일원분산분석(One-Way ANOVA) 기출

종속변인이 1개, 독립변인이 1개일 때, 2개 이상의 독립변인 집단 간의 유의미한 차이를 검증하는 데 활용한다. 보통 2개의 독립변인 집단 간 유의미한 차이를 검증하는 데에는 t-검증을 활용한다.

> 예 가구소득에 따른 식료품소비 정도의 차이이다. 가구소득은 독립변인으로 가구소득집단의 구분을 하면, 저소득 · 중산층 · 고소득층 등으로서 2개 이상이다. 이는 독립변인의 집단이 2개 이상이므로 사후분석을 실시하게 된다.

(2) 이원분산분석(Two-Way ANOVA)

① 종속변인은 1개, 독립변인은 2개일 때, 집단 간 차이가 유의한지를 검증하는 데 활용한다.

> 예 독립변인 2개, 종속변인이 동일한 경우로 학력 및 성별에 따른 휴대폰 요금의 차이를 분석한다고 하면 학력, 성별은 독립변인이고 종속변인은 휴대폰 요금이 된다.

② 이원분산분석은 주 효과 및 상호작용 효과를 분석할 수 있다.

> 예 주 효과가 학력(A), 성별(B)이라면 상호작용 효과는 이들을 곱한 A×B이다.

(3) 다원분산분석(MANOVA)

종속변인이 1개인 단순한 분산분석을 확장해서 두 개 이상의 종속변인이 서로 관계된 상황에 적용시킨 것을 말한다. 이때, 둘 이상의 집단 간 차이 검증이 가능하다.

(4) 공분산분석(ANCOVA)

① 다원분산분석에서 특정한 독립변인에 초점을 맞추고 다른 독립변인은 통제변수로 해서 분석하는 방법을 말한다.
② 특정한 사항을 제한하여 분산분석을 하는 것이다.

더 알아두기

변수의 종류 중요

- **매개변수** : A → C처럼 보이지만 실제로는 'A → B → C'이며, A의 결과이자 C의 원인이 되는 변수를 말한다(이때 B가 바로 A와 C를 매개하는 매개변수).
- **외생변수** : 독립변수 외 종속변수의 변동을 초래하게 하는 제3의 변수를 말한다. 즉, 독립-종속이 마치 관계가 있는 것처럼 보이는 가식적 관계(허위관계)를 초래한다.
- **억제(억압)변수** : 독립변수의 영향력을 상쇄 및 억제시키는 방향으로 작용하는 제3의 변수를 말한다.
- **왜곡변수** : 독립-종속 관계의 방향을 반대로 보이게 하는 변수를 말한다.
- **조절변수** : 종속변수에 대한 독립변수의 효과를 중간에서 조절하는 변수를 말한다.

제4절 | 카이제곱 검증

1 개념

범주형(질적) 자료의 적합성 · 독립성 검증

2 종류 (중요)

(1) 적합도 검증(Goodness-of-Fit) : 관찰빈도와 기대빈도의 차이 검증(예 주사위 공정성)

(2) 독립성 검증(Test of Independence) : 두 범주형 변수 간 독립 여부 검증(예 성별과 구매여부)

3 가설(예시)

귀무가설 : 성별과 구매여부는 독립적이다(무관하다).	vs	대립가설 : 성별과 구매여부는 독립적이지 않다(성별에 따라 구매여부가 다르다).

4 검증통계량

$$\chi^2 = \sum \frac{(O-E)^2}{E}$$

- O＝관찰빈도
- E＝기대빈도

5 가설검증을 위한 카이제곱 분포

χ^2은 크기가 커질수록 유의할 가능성 ↑

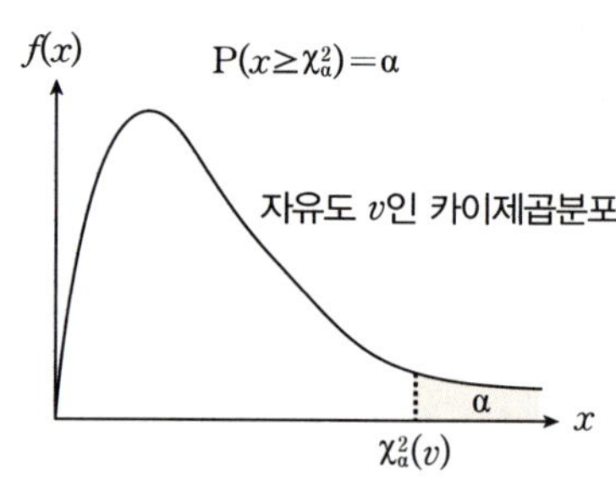

6 검증을 위한 절차

(1) 가설 설정

(2) 유의수준 설정(기각역 설정)

(3) 카이제곱(χ^2)통계량 계산

(4) p값 계산

(5) 기각 여부 판단 후 가설검증

> **더 알아두기**
> - χ^2은 크기가 커질수록 귀무가설 기각할 가능성이 높아짐
> - 카이제곱 검증은 양측검증만 존재함

※ 다음 지문의 내용이 맞으면 ○, 틀리면 ×를 체크하시오. (01~09)

01 두 독립된 집단 간 평균의 차이를 비교할 때는 독립표본 t-검증을 사용한다. (   )

02 동일한 집단의 사전·사후 평균 차이를 검증할 때는 대응표본 t-검증을 사용한다. (   )

03 두 집단의 비율을 비교할 때는 t-검증을 사용한다. (   )

04 분산분석은 두 집단 이하의 평균 간의 차이를 검증하는 것이다. (   )

05 분산분석(ANOVA)에서는 귀무가설이 집단 간 평균이 모두 같다로 설정된다. (   )

06 ANOVA에서 분산의 동질성이 깨지면 결과 해석에 큰 영향을 주지 않는다. (   )

07 ANOVA는 두 집단 비교에는 사용할 수 없다. (   )

08 카이제곱 검증(χ^2)은 주로 연속형 변수 간의 관계를 분석할 때 사용된다. (   )

09 χ^2값이 클수록 귀무가설이 기각될 가능성이 높다. (   )

정답과 해설 01 ○ 02 ○ 03 × 04 × 05 ○ 06 × 07 × 08 × 09 ○

03 비율 비교에는 Z-검증을 사용한다.
04 분산분석은 두 집단 이상의 평균 간의 차이를 검증하는 것이다.
06 분산의 동질성은 ANOVA의 핵심 가정이다.
07 두 집단에도 사용 가능하며, 결과는 t-검증과 동일하다.
08 χ^2검증은 범주형(질적) 변수 간 관계 분석에 사용된다.

01 두 집단의 평균을 비교할 때 독립표본 t–검증을 사용한다.

01 서로 <u>다른</u> 두 집단의 평균 차이를 비교하기 위한 검증방법은?

① 대응표본 t–검증
② 분산분석(ANOVA)
③ 독립표본 t–검증
④ 카이제곱 검증

02 동일한 대상의 전후 비교이므로 대응표본 t–검증이 적합하다.

02 같은 집단의 광고 전후 인지도 차이를 비교할 때 사용하는 검증은?

① 대응표본 t–검증
② 독립표본 t–검증
③ 분산분석
④ Z–검증

03 비율은 모집단 분산을 알고 있다고 가정하므로 Z–검증으로 수행한다.

03 두 집단의 비율 차이를 검증할 때 사용하는 통계량은?

① t
② Z
③ F
④ χ^2

04 분산분석은 집단 간 분산비를 이용하므로 F–검증을 사용한다.

04 ANOVA에서 사용하는 검증통계량은?

① Z
② t
③ F
④ χ^2

정답 01 ③　02 ①　03 ②　04 ③

05 세 집단 이상의 평균 차이를 검증할 때 사용되는 방법은?

① 분산분석(ANOVA)
② 상관분석
③ 회귀분석
④ 카이제곱 검증

06 ANOVA의 귀무가설로 가장 적절한 것은?

① 모든 집단 평균은 다르다.
② 모든 집단 평균은 같다.
③ 일부 집단만 다르다.
④ 분산이 다르다.

07 F값이 커질수록 의미하는 바는?

① 집단 간 차이가 커진다.
② 집단 내 변동이 커진다.
③ 유의확률이 커진다.
④ 귀무가설이 채택된다.

08 다음 중 μ_1, μ_2, μ_3가 각각 세 집단의 어떤 값의 평균일 때, 다음 가설을 분석하는 데 활용되는 분석법은 무엇인가?

> $H_0 : \mu_1 = \mu_2 = \mu_3$
> $H_1 : \mu_1, \mu_2, \mu_3$ 중 적어도 하나는 서로가 다르다.

① 분산분석
② 판별분석
③ 요인분석
④ 군집분석

05 세 집단 이상 평균 비교는 ANOVA로 분석한다.

06 $H_0 : \mu_1 = \mu_2 = \mu_3 \cdots$ (평균이 모두 같다.)

07 F = 집단간분산 / 집단내분산
⇒ 값이 클수록 차이가 큼을 의미한다.

08 분산분석은 집단 간의 평균을 비교하는 분석방법이다.

정답   05 ① 06 ② 07 ① 08 ①

09 카이제곱 검증은 범주형 변수의 독립성·적합성을 확인한다.

09 카이제곱 검증의 주요 목적은?

① 평균 비교
② 분산 비교
③ 범주형 변수 간 관계 검증
④ 회귀선 적합성

10 x^2은 범주형 자료의 관찰빈도(O)와 기대빈도(E)의 차이 제곱합을 이용한다.

10 다음 중 카이제곱 검증에 대한 설명으로 옳은 것은?

① 연속형 자료에 적용된다.
② 기대빈도와 관찰빈도의 차이를 이용한다.
③ 평균 차이를 비교한다.
④ 단측검증이다.

11 안정된 결과를 위해 기대빈도는 5 이상이 필요하다.

11 카이제곱 검증에서 기대빈도가 너무 작을 경우 적절한 대응은?

① 표본 수를 줄인다.
② 범주를 통합하거나 표본 수를 늘린다.
③ 유의수준을 높인다.
④ Z-검증으로 대체한다.

12 동일 집단 내 전후 비교는 대응표본 t-검증이다.

12 대응표본 t-검증의 예로 가장 적절한 것은?

① 남녀 간 만족도 비교
② 광고 전후 브랜드 호감도 비교
③ 지역 간 소득 차이 비교
④ 제품군 간 인지도 차이

정답 09 ③ 10 ② 11 ② 12 ②

13 독립표본 t–검증의 가정으로 옳지 <u>않은</u> 것은?

① 두 집단의 독립성

② 정규분포

③ 분산의 동질성 불필요

④ 연속형 변수

14 대응표본 t–검증과 독립표본 t–검증의 차이로 옳은 것은?

① 표본 간 독립성 여부

② 분산의 동질성 유무

③ 표본의 수

④ 검증통계량의 분포

15 분산분석의 F통계량이 1에 가까울수록 의미하는 것은?

① 집단 간 평균 차이가 거의 없다.

② 집단 간 차이가 크다.

③ 귀무가설이 기각된다.

④ 분산의 동질성이 깨졌다.

13 독립표본 t–검증은 분산 동질성(등분산성)을 가정한다.

14 대응표본은 동일 대상의 반복, 독립표본은 다른 두 집단이다.

15 $F \approx 1 \rightarrow$ 집단 간 변동 $\approx$ 집단 내 변동 $\rightarrow$ 차이 없음

정답 13 ③ 14 ① 15 ①

제 10 장

변수 간 종속관계의 검증을 위한 통계분석

당신이 저지를 수 있는 가장 큰 실수는 실수를 할까 두려워하는 것이다.

– 앨버트 하버드 –

제 10 장 변수 간 종속관계의 검증을 위한 통계분석

제1절 상관관계

1 정의 기출

상관관계(Correlation)는 두 변수(X, Y)가 서로 얼마나 함께 변하는가를 보여주는 지표를 말한다. 즉, 두 계량형 변수 간 선형적 연관 정도와 방향을 수치로 요약하는 지표이다.

보통 상관계수는 피어슨(Pearson) 상관계수를 의미한다. 피어슨 상관은 등간·비율척도 변수에 적용하며, 모집단의 상관계수는 ρ(rho)로, 표본의 상관계수는 r로 나타낸다.

> **표본상관계수**
> $$r = \frac{\sum (X_i - \overline{X})(Y_i - \overline{Y})}{\sqrt{\sum (X_i - \overline{X})^2 \times (Y_i - \overline{Y})^2}}$$

2 상관계수(r, Pearson) 중요 기출

- 범위 : $-1 \leq r \leq +1$
- $r > 0$: 한쪽이 증가하면 다른 쪽도 증가(긍정적 상관)
- $r < 0$: 한쪽이 증가하면 다른 쪽은 감소(부정적 상관)
- $r = 0$: 선형적 관계 없음
- $|r|$이 1에 가까울수록 강한 선형관계, 0에 가까울수록 약한 관계

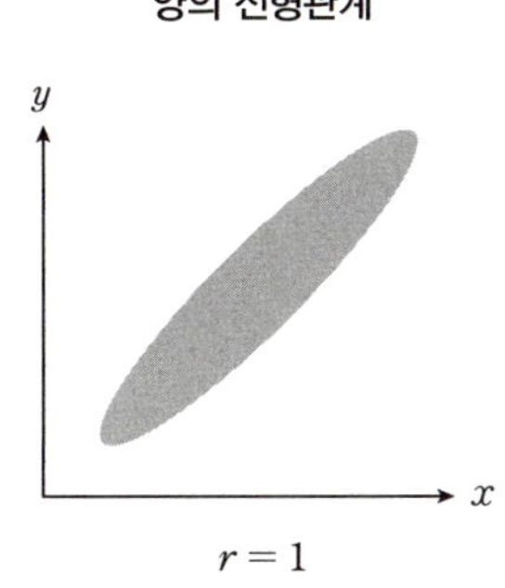

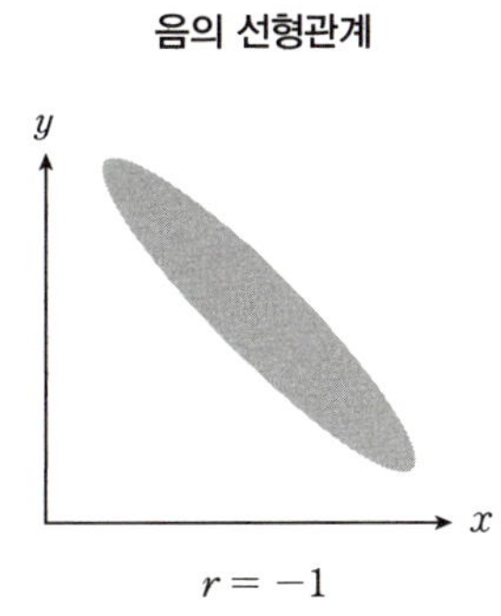

아무 관계 없음

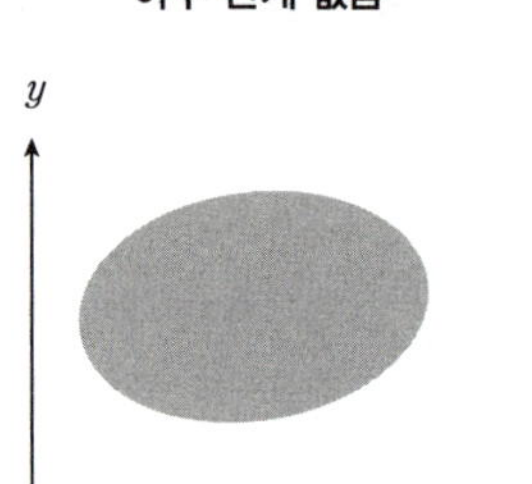

비선형관계 2차함수

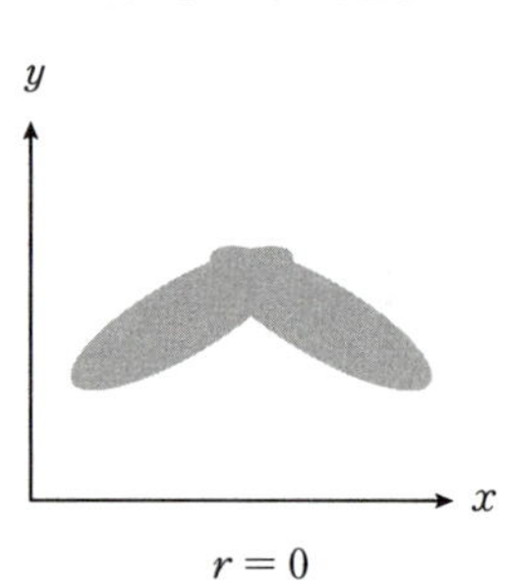

3 해석 (중요)

상관관계는 인과관계 아님 [기출]

> [예] 아이스크림 판매량과 익사 사고 건수는 $r > 0$일 수 있으나, 이는 여름 기온이라는 제3의 요인 때문(가성상관, spurious correlation)

4 유의성 검증

t–검증 실시, 유의확률(p)로 판단하여 상관성을 검증

(1) 상관계수가 통계적으로 유의한지 여부는 t–검증으로 판단

(2) 귀무가설

$H_0 : \rho = 0$(모집단 상관$=0$)

(3) 대립가설

$H_1 : \rho \neq 0$

(4) 결과 보고 예시

> $r = 0.42$, $p < 0.01$ → 유의한 상관 존재

5 활용사례

마케팅 조사에서는 광고비와 매출, 고객 만족도와 충성도 같은 연속형 변수 간 관계를 탐색할 때 활용

더 알아두기

"광고비와 매출액 간에는 상관관계가 있다."라는 가설을 검증

1. 가설 설정

귀무가설(H_0) : $\rho = 0$ (상관관계 없음) vs 대립가설(H_1) : $\rho \neq 0$ (상관관계 있음)

2. 검증통계량

$$t = \frac{r\sqrt{n-2}}{\sqrt{1-r^2}}$$

- n : 관측값의 수
- 자유도 : $df = n-2$
- 이 통계량은 자유도 $n-2$인 t-분포를 따른다.

3. p값 계산 및 해설

- 계산된 t값에 대해 p값을 구하고, 유의수준 α(예 0.05)와 비교한다.
- p값<α → 귀무가설 기각(상관관계 있음)
- p값≧α → 귀무가설 채택(상관관계 없음)

더 알아두기

상관계수의 특징 중요 기출

- 변수 간 관계의 정도와 방향을 하나의 수치로 요약해 주는 지수이다.
- 상관계수는 −1.00에서 +1.00 사이의 값을 가진다.
- 변수와의 방향은 (−)와 (+)로 표현한다. 양의 상관관계일 경우에는 (+)값이 나타나고, 음의 상관관계의 경우에는 (−)값이 나타난다. 양의 상관관계는 한 변수가 증가함에 따라 타 변수도 증가하는 경우를 의미하고, 음의 상관관계는 한 변수가 증가함에 따라 다른 변수는 감소하는 경우를 의미한다.

Pearson의 상관관계(적률 상관관계) 중요

- 두 변수가 등간척도 이상이어야 한다.
- 두 변수가 직선의 관계가 있어야 한다.
- 각 행과 열의 분산이 비슷해야 한다.
- 최소한 하나의 변수가 정상분포를 이루어야 한다.
- 사례수가 적을수록 신뢰도가 떨어진다.
- 상관계수는 r로 표현한다.

제2절　회귀분석

1　개념 `기출`

회귀분석은 독립변수(X)가 종속변수(Y)에 어떤 영향을 미치는지를 분석하고, 그 결과를 통해 예측까지 수행하는 기법이다. 마케팅 조사에서는 광고비가 매출에 주는 영향, 가격이 수요에 미치는 효과 등을 정량적으로 설명할 수 있다.

> **더 알아두기**
>
> **회귀분석의 기본 가정**
> - 독립변인 및 종속변인 간 관계가 직선적이어야 한다(등간, 비율척도가 적합하다).
> - 종속변수 및 오차(예측값과 실제값의 차이)의 분포가 정상분포를 이루어야 한다.
> - 오차항이 독립변인들의 값과 독립적이어야 한다.
> - 오차들의 분산이 일정해야 한다(오차항의 등분산성).
> - 모든 개체들의 오차가 서로 자기 상관이 없어야 한다.

2　목적 `중요` `기출`

(1) 독립변수와 종속변수 간의 상관관계, 즉 상호 관련성의 여부를 알려준다.

(2) 상관관계가 있다면 이러한 관계는 어느 정도나 되는가를 알려준다.

(3) 독립변수와 종속변수 간 관계의 성격을 알려준다.

3 회귀분석 모델 중요 기출

회귀분석식에 있어 i는 독립적 정규분포로 평균은 0, 분산은 σ^2이라는 가정을 둔다.

$$Y_i = \beta_0 + \beta_1 X_i + \epsilon_i$$

- β_0 : 회귀계수(절편)
- β_1 : 회귀계수(기울기)
- X_i : 자료
- ϵ : 잔차항(※ 독립적인 정규분포로서 평균은 0, 분산은 σ^2을 가진다.)

4 회귀방정식의 추정

(1) 최소제곱법(최소자승법)을 통한 회귀식의 추정

최소제곱법(Least Square Method)은 실제 관측값과 회귀모형이 예측한 값 사이의 차이를 최소화하는 방법이다. 구체적으로는 각 관측값에서 발생하는 오차를 제곱하여 모두 더한 값이 가장 작아지도록 하는 직선을 회귀선으로 설정한다.

$$SSE = \sum_{i=1}^{n}(y - \hat{y_1})^2$$

이러한 SSE를 최소로 만드는 직선을 회귀직선으로 선택하게 되면 회귀함수는 다음과 같다.

$$Y = b_0 + b_1 X$$

- b_0 : 회귀직선이 Y축과 만나는 절편이다.
- b_1 : 회귀선의 기울기로 독립변수가 종속변수에 미치는 영향력의 크기를 나타낸다.

> **더 알아두기**
>
> **단순회귀분석에서의 계산방법**
>
> n개의 표본에 대한 독립변수와 종속변수의 자료 값이 주어졌을 시에 이를 대표하는 직선을 찾는 것은 절편과 기울기를 나타내는 회귀계수 a와 β를 추정하는 문제로 생각할 수 있다. 이러한 직선은 여러 가지로 그려질 수 있는데, 그중에서도 자료를 가장 잘 대표하는 직선을 찾는 방법이 최소제곱(자승)법이다. 최소제곱(자승)법이란, 회귀계수 a와 β를 추정할 때 오차제곱합을 최소로 하는 a와 β의 추정치를 구하는 방법이며, a와 b를 a와 β의 최소제곱추정치라고 할 때 단순회귀분석에서 a와 b는 다음과 같이 계산 된다.
>
> ① b(기울기) 계산공식
>
> $$b = \frac{\sum(x-\overline{x})(y-\overline{y})}{\sum(x-\overline{x})^2}$$
>
> - x : 독립변수 자료 값
> - y : 종속변수 자료 값
> - $\overline{x}$: 독립변수 자료 값의 평균
> - $\overline{y}$: 종속변수 자료 값의 평균
>
> ② a(절편) 계산공식
>
> $$a = \overline{y} - b\overline{x}$$
>
> - $\overline{x}$: 독립변수 자료 값 평균
> - $\overline{y}$: 종속변수 자료 값의 평균
> - a : 절편

(2) 회귀모형의 특성

회귀선의 성질을 파악함에 있어 중요한 개념은 잔차의 개념이다.

① 잔차의 합은 0이다.

② 회귀모형에서 우연적 오차에 대한 추정량은 잔차 $e_i = Y_i - \hat{Y_i}$가 된다.

③ 정규방정식에 의한 관측치의 합은 회귀방정식에 의해 추정된 값의 합과 동일하다.

④ i번째의 잔차 e_i를 독립변수의 i번째 값과 가중해서 합을 내면 0이 된다.

⑤ i번째의 잔차 e_i를 Y_i로 서로 가중해서 합을 내면 0이 된다.

⑥ 회귀선은 언제나 $(\overline{X},\ \overline{Y})$를 지난다.

5 분산분해와 결정계수(R^2)

- 총변동(Total Sum of Squares, SST) = 설명된 변동(Regression Sum of Squares, SSR) + 오차변동 (Error Sum of Squares, SSE)
- 결정계수 R^2 = SSR / SST ⇒ Y 변동 중 X로 설명되는 비율
- R^2=0.60 ⇒ X가 Y 변동의 60%를 설명, 나머지는 다른 요인이나 오차 때문

6 회귀분석 모형 검증방법

- 전체 모형 : F-검증으로 유의성 판단(H_0 : 모든 계수=0 → 모델의 설명력 없음)
- 개별 계수 : t-검증으로 β_1이 유의한지 확인(H_0 : β_1=0)
- 결과 해석 : 계수 → t값→ p값 → 결정계수 R^2 → F값의 순서대로 검증한다.

7 회귀모형의 평가

(1) 잔차(Residual)

① 개념

측정값과 추정값과의 차를 말한다. 잔차의 경우 '측정값-추정값' 또는 '추정값-측정값'이라고도 하는데, 이는 나중에 잔차를 제곱시켜서 양의 값으로 바꾸기 때문에 순서에 있어서의 차이는 없다.

$$e_i = y_i - \hat{y}_i$$

② 잔차의 성질 [기출]

㉠ 잔차의 평균은 0이다.

$$\overline{e} = \frac{1}{n} \sum_{i=1}^{n} e_i = 0$$

㉡ 잔차의 분산은 MSE이다.

$$\frac{\sum_{i=1}^{n}(e_i - \overline{e})^2}{n-2} = \frac{\sum_{i=1}^{n} e_i^2}{n-2} = \frac{SSE}{n-2} = MSE$$

(e_i안의 $\hat{y}$가 b_0, b_1을 지니므로 자유도는 $n-2$), $E(MSE) = \sigma^2$

ⓒ 스튜던트 잔차(Studentized Residuals)는 표준화된 잔차를 의미한다. 오차항에 대한 가정이 성립한다고 가정했을 때, 표준화된 잔차는 $d=\dfrac{e_i-\overline{e}}{\sqrt{MSE}}=\dfrac{e_i}{\sqrt{MSE}}$이며, 스튜던트 잔차는 평균이 0이며, 분산은 근사적으로 1이 된다.

ⓔ $\sum\limits_{i=1}^{n}e_i=0$이고, e_i를 계산하기 위해서는 $\overline{y_i}$ 안의 b_0, b_1 관련된 자유도는 $(n-2)$이므로 잔차는 독립은 아니지만, n이 추정하려 하는 모수 β_i의 수와 관련해서 상대적으로 크게 되면, e_i의 비독립성은 무시할 수 있다.

③ 특징

n개의 잔차 합과 그 평균은 0이 된다. 그래서 잔차가 $E(e_1)=0$인지에 대해서는 명확한 정보의 제공을 하지 못한다. 또한 잔차는 전체 i에 대해 e_i가 서로 독립적일 수는 없는 중요한 조건($\sum e_i=0$ 또는 $\sum X_i e=0$)이 있기 때문에 독립적 확률변수가 아니다.

④ 잔차의 분석에 있어 조사 가능한 사항

ⓐ 우연적 오차들은 정규분포를 지닌다.

ⓑ 회귀방정식은 직선이다.

ⓒ 우연적 오차들의 분산은 일정하다.

ⓓ 회귀모형에 상당히 중요한 변수들이 포함되지 않는다.

ⓔ 우연적 오차들은 서로가 독립적인 관계가 아니다.

ⓕ 회귀모형은 대부분 관측치와 맞는 편이지만, 몇몇의 예외적 관측치가 있다.

(2) 잔차의 분석

① 균등분산 가정의 확인

회귀모형의 중요한 가정 중 하나는 오차의 분산이 일정해야 한다는 것이다. 즉, 모든 관측치에서 오차는 평균이 0이고, 같은 크기의 분산을 가진다고 가정한다. 잔차항은 정규분포를 지닌다.

② 선형모델 가정의 확인

선형 회귀모형이 적절하다면, 잔차는 0을 중심으로 고르게 분포해야 한다.

③ 오차의 상호 독립성에 대한 가정의 확인

특히 시계열 자료를 분석할 경우, 모형에 시간 변수가 포함되지 않았더라도 잔차가 시간에 따라 일정한 패턴이나 상관관계를 가지는지를 확인할 필요가 있다.

④ 예외적 관측치의 구별

분석 과정에서 다른 관측치와 현저히 다른 값이 발견되면, 먼저 측정 오류나 입력 오류가 있었는지를 확인해야 한다.

7 회귀모형의 활용

회귀분석은 마케팅뿐만 아니라 비즈니스 분야에서 다양하게 활용된다. 특히, 비율 척도를 사용하는 모든 상황에서 활용될 수 있어, 마케팅 조사뿐 아니라, 머신러닝 분야에서도 다양하게 문제 해결에 필수적으로 사용하고 있다. 마케팅뿐만 아니라 비즈니스 분야에서 활용되는 회귀분석의 예시는 다음과 같다.

(1) 금융 관련 예측(주택 가격 또는 주가)

① 다중회귀분석을 활용하여 NYSE, NASDAQ지수, S&P 500지수를 예측하기도 하고, 개별주식의 가격을 예측할 수도 있다.

② ○○앱은 회귀분석을 활용하여 서울/부산 지역 아파트 실거래가를 예측하는 모델을 개발하였다.

(2) 판매 및 프로모션 예측

① ○○미디어는 광고효과를 분석하기 위해, 각 매체별 광고비용과 실제 매출액을 활용하여 회귀분석을 한다. 회귀분석을 활용하면 매체별 광고효과를 비교할 수 있다.

② ○○마켓은 회귀분석을 활용하여 할인쿠폰이 매출액에 미치는 영향력을 분석하였다.

(3) 시계열 예측

① ○○회사는 월별 매출액 증가의 원인을 분석하기 위해 회귀분석을 활용하였다.

② ○○정부는 관광산업 활성화를 목표로 월별 입국자수의 증가를 예측하기 위해 회귀분석을 활용하였다.

> **더 알아두기**
>
> 광고비가 매출에 주는 영향을 위해 회귀분석을 실시하였다. 추정 결과, 다음과 같은 회귀결과를 얻었다.
>
> $$Y = 33.42 + 2.3x_i$$
>
> - 회귀분석 결과 광고비(β_1)의 회귀계수는 2.3이고 p값은 0.0001이다.
> - 광고비($\beta_1=2.3$, $p<.01$)는 매출 증가에 유의한 정(+)의 영향을 미친다.
> - 광고비가 1단위 증가할 때 매출은 평균 2.3 단위 증가한다.
> - 모형은 유의하며($F=15.2$, $p<.01$), $R^2=0.45$로 약 45% 설명한다.

제3절　판별분석

1　정의 중요 기출

① 판별분석은 사전에 집단이 정의된 경우(예 구매고객 vs 비구매고객), 여러 독립변수를 사용해 집단을 가장 잘 구분하는 판별함수를 도출하는 기법
② 새로운 사례가 어느 집단에 속하는지 분류하는 데 사용
③ 판별분석에서는 독립변수 및 종속변수가 존재(독립변수는 비율척도 또는 등간척도, 종속변수는 명목척도)

> 예 하루 평균 커피를 6잔 이상 마시는 집단과 1잔 미만으로 마시는 집단으로 구분했을 때, 이 두 집단 간에 어떤 특성에서 차이가 나타나는지를 판별하기 위한 것이다. 즉, 커피 섭취량의 차이가 성별, 소득, 직업, 라이프스타일 등의 변수에 따라 어떻게 달라지는지를 분석하여 그 차이의 원인을 파악하고자 하는 방법이다.

더 알아두기

판별분석의 특징

- 판별분석은 독립변수들에 대한 계량적 측정치의 선형결합이 단 하나의 종속변수를 묘사하거나 예측하기 위해 활용된다는 점에서는 (다중)회귀분석과 비슷하다. 단지 회귀분석에서의 종속변수가 계량적인데 반하여 판별분석에서의 종속변수는 범주적(비계량적)이라는 차이가 있다.
- 판별분석은 분산분석과도 비교될 수 있는데, 판별분석에서 단 하나의 종속변수가 범주적이고 독립변수들이 계량적인데 반하여 분산분석에서는 종속변수가 계량적이고 독립변수가 범주적이다.

정준판별함수

주어진 대상자를 분류할 때 활용하는 함수

피셔의 선형판별함수

새로운 대상자를 분류할 때 활용하는 함수

2　수행목적

(1) 사전에 정의된 집단들을 가장 잘 판별할 수 있도록 2개 이상 독립변수들의 선형결합(판별함수)을 도출한다.

(2) 미리 정의된 집단들에 대해 집단별 평균점 사이에 유의적인 차이가 있는지의 여부를 검토한다.

(3) 독립변수들의 구체적인 값을 근거로 해서 대상들을 2개 이상의 집단소속으로 분류하기 위한 모델을 마련한다.

(4) 집단들을 판별하는 데 있어서 독립변수들의 상대적인 기여도를 평가한다.

3 판별분석 모형

각 집단의 **집단중심점**(centroid)과 비교하여 사례를 분류

$$판별함수 : Z = a + w_1 X_1 + w_2 X_2 + \cdots + w_n X_n$$

- Z : 판별점수
- w_1 : 판별계수(독립변수 기여도)

4 주요 가정

- 독립변수는 계량형, 종속변수는 명목형
- 각 집단 내 분포는 정규성 · 등분산성 만족해야 함
- 집단 크기가 너무 불균형하면 판별력 왜곡 가능

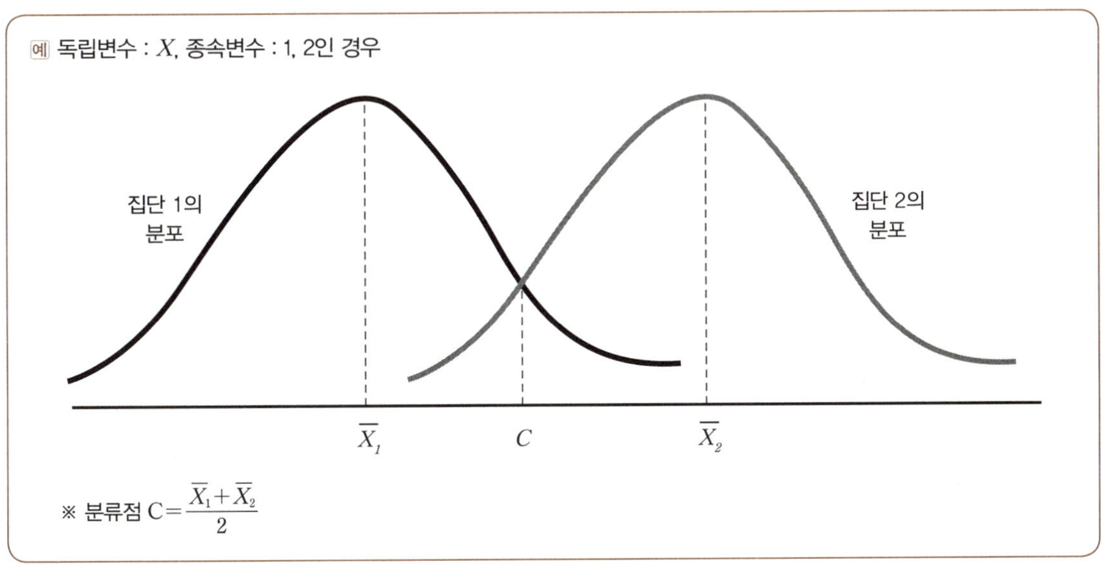

5 적합도 평가

(1) 윌크스 람다[Wilks' Lambda(λ)] : 값이 작을수록 판별력이 큼

(2) 카이제곱(χ^2) 검증으로 유의성 확인(p<.05 → 유의)

(3) 정분류율(Hit Ratio) : 실제 집단과 판별결과가 일치한 비율

(4) 구조행렬(판별적재값) : 집단 구분에 가장 기여하는 변수가 무엇인지 확인(±.40 이상 기준)

더 알아두기

판별함수의 추정 및 적합도 검증

- 판별함수 추정 계산방법 : 단계입력방법 및 동시입력방법(대체로 단계입력방법을 활용)
- 판별함수의 판별력 : 윌크스 람다를 계산해서 카이제곱 검증 실시
- 판별함수의 적합도 : 바르게 판별한 비율(Hit Ratio)

t-검증 기출

- t-검증이란 두 모집단의 평균의 차이유무를 판단하는 통계적 검증방법으로, "두 모집단의 평균 간의 차이는 없다."라는 귀무가설과 "두 모집단의 평균 간에 차이가 있다."라는 대립가설 중에 하나를 선택하는 통계적 검증방법을 말한다.
- 모든 통계적 검증방법과 마찬가지로, t-검증은 귀무가설이 옳다는 가정 하에 두 모집단에서 추출된 표본들로부터 계산된 검증통계량에 근거해서 귀무가설을 부정할 수 있는 상당한 근거를 보이면 귀무가설을 기각하고, 그렇지 않은 경우에는 귀무가설을 받아들이게 된다.

---

6 판별분석의 활용

정준판별함수식을 이용하여 소비자를 2개의 세그먼트(상위실적집단, 하위실적집단)에 판별하는 과정을 살펴보자. 소비자는 구매이력과 가격민감도라는 속성에 의해 분류된다.

(1) 선형판별함수식

① 비표준화된 정준판별함수를 다음과 같이 추정하였다.

$$Z = 5 + 3 \times \text{"구매이력"} - 2 \times \text{"가격민감도"}$$

② 선형판별함수식은 회귀분석방정식과 비슷하다.

(2) 두 집단의 집단중심점

① 하위실적집단(그룹 1)의 실적분포에서 표본평균은 5이고, 상위실적집단(그룹2)의 실적분포에서 표본 평균은 10이다.

② 분류점(C)은 7.5[= (5 + 10) / 2]이다.

(3) 소비자 A의 특성

① 소비자 A는 구매이력 3, 가격민감도 2의 속성을 가지고 있다.

② 소비자 A의 판별점수는 10(= 5 + 3 × 3 − 2 × 2)이다. 이 판별점수는 7.5보다 크다. 따라서, 상위 실적집단(그룹 2)으로 판별된다.

(4) 소비자 B의 특성

① 소비자 B는 구매이력 2, 가격민감도 3의 속성을 가지고 있다.

② 소비자 B의 판별점수는 5(= 5 + 3 × 2 − 2 × 3)이다. 이 판별점수는 7.5보다 작다. 따라서, 하위실적집단(그룹1)으로 판별된다.

※ **다음 지문의 내용이 맞으면 ○, 틀리면 ✕를 체크하시오. (01~07)**

01 상관계수는 세 변수의 상관성을 나타내는 척도이다. (   )

02 상관계수는 항상 −1과 1 사이에 존재한다. (   )

03 단순회귀분석은 두 변수의 상관관계분석과 서로 다른 결과를 가져온다. (   )

04 회귀방정식은 경제행위의 인과관계를 미래의 통계를 기반으로 추정한 방정식을 말한다. (   )

05 가우스−마코프 정리는 라플라스가 가우스의 이론을 한층 더 발전시켜서 선형결합을 갖는 것 중에서 가장 작은 분산을 갖는 최소분산 선형 불편 추정량을 가진다는 정리이다. (   )

06 결정계수는 회귀식의 적합도를 재는 척도이다. (   )

07 판별분석은 종속변수가 계량형(등간 · 비율척도)일 때, 여러 독립변수(범주형)를 활용하여 집단을 구분하는 분석기법이다. (   )

정답과 해설   01 ✕   02 ○   03 ✕   04 ✕   05 ○   06 ○   07 ✕

01 상관계수는 두 변수의 상관성을 나타내는 척도이다.
03 단순회귀분석은 두 변수의 상관관계분석과 동일한 결과를 가져온다.
04 회귀방정식은 경제행위의 인과관계를 과거의 통계를 기반으로 추정한 방정식을 말한다.
07 판별분석(Discriminant Analysis)은 종속변수가 범주형(명목척도, 집단 구분)일 때 적용하는 기법이다.

01 다음 중 상관계수에 대한 설명으로 옳지 <u>않은</u> 것은?

① 항상 0과 1 사이에 존재한다.
② 점들이 직선에 얼마나 모여 있는지를 나타낸다.
③ 두 변수의 상관성을 나타내는 척도이다.
④ 이상점이 있을 경우에 이에 대한 영향을 받는다.

02 다음 중 피어슨(Pearson) 상관관계에 대한 내용으로 옳지 <u>않은</u> 것은?

① 사례수가 많을수록 신뢰도가 떨어진다.
② 각 행 및 열의 분산이 비슷해야 한다.
③ 두 변수가 등간척도 이상이어야 한다.
④ 두 변수가 직선의 관계이어야 한다.

03 타 변수에 의해 영향을 받는 변수를 무엇이라고 하는가?

① 독립변수
② 중립변수
③ 종속변수
④ 상호의존변수

04 다음은 회귀분석의 기본가정이다. 이 중 옳지 <u>않은</u> 것은?

① 종속변수 및 오차의 분포가 정상분포를 이루어야 한다.
② 오차항이 종속변인들의 값과 독립적이어야 한다.
③ 독립변인과 종속변인 간 관계가 직선적이어야 한다.
④ 모든 개체들의 오차가 서로 자기 상관이 없어야 한다.

---

01 상관계수는 항상 −1과 1 사이에 존재한다.

02 Pearson 상관관계는 사례수가 적을수록 신뢰도가 떨어진다.

03 종속변수란 타 변수로부터 영향을 받는 변수를 의미한다.

04 오차항이 독립변인들의 값과 독립적이어야 한다.

정답　01 ①　02 ①　03 ③　04 ②

05 잔차의 합은 0이다

05 다음 중 회귀선에 대한 설명으로 바르지 <u>않은</u> 것은?

① 회귀선은 항상 $(\overline{X},\ \overline{Y})$를 지난다.

② 회귀모형에서 우연적 오차에 대한 추정량은 잔차 $e_i = Y_i - \hat{Y_i}$가 된다.

③ 잔차의 합은 1이다.

④ i번째의 잔차 e_i를 독립변수의 i번째 값과 가중해서 합을 내면 0이 된다.

06 회귀분석(Regression Analysis)은 특정 종속변수(Y)를 여러 독립변수(X)로 설명·예측하는 기법으로, 전형적인 의존관계 분석이다. 나머지 분석은 모두 상호관계 분석기법에 속한다.

06 다음 중 의존관계 분석(analysis of dependence)기법에 해당하는 것은 무엇인가?

① 상관분석(Correlation analysis)

② 회귀분석(Regression analysis)

③ 다차원척도법(Multidimensional scaling)

④ 군집분석(Cluster analysis)

07 Y와 X는 변수(variable)이고, α(절편)와 β(회귀계수)가 추정해야 할 모수(parameter)이다.

07 다음의 모형을 고려하였을 때, 옳지 <u>않은</u> 것은?

$$Y = \alpha + \beta X + e$$

① 이 모형은 하나의 종속변수와 하나의 독립변수를 포함한다.

② 이 모형의 모수(parameter)는 Y와 X이다.

③ 이 모형의 계수(coefficient)는 β이다.

④ e는 모형의 오차를 의미한다.

정답 05 ③ 06 ② 07 ②

08 다음 회귀모형을 고려하였을 때, 옳지 <u>않은</u> 진술은 무엇인가?

> $\hat{Y} = 50 + 25X$
> 여기서 Y = 추정된 판매 수준, X = 광고비

① X=2일 때 추정된 판매 수준은 100이다.
② X=3일 때 추정된 판매 수준은 125이다.
③ X=3일 때 추정된 판매 수준은 175이다.
④ α=50, β=25이다.

08 X = 3일 때 추정된 판매 수준은 175이다.

09 다음 중 판별분석에 대한 설명으로 거리가 먼 것은?

① 판별분석에는 독립변수 및 종속변수가 존재하지 않는다.
② 두 집단의 분류에 중요한 역할을 하는 변수를 찾아낸다.
③ 판별분석은 연구대상이 두 집단 중 어디에 속하는지를 판단하는 분석기법이라 할 수 있다.
④ 판별분석은 새로운 소비자가 나타났을 경우, 판별함수에 의해 이 사람이 어느 집단에 속할 것이라는 예측도 가능하게 해준다.

09 판별분석에는 독립변수 및 종속변수가 존재한다.

10 다음 중 판별함수를 얻기 위해 활용한 대상자 외의 새로운 대상자가 어느 집단에 소속하는지를 판별해내기 위해 활용하는 방식은 무엇인가?

① 판별력계수
② 윌크스 람다
③ 정준판별함수
④ 피셔의 선형판별함수

10 새로운 대상자를 분류할 시에 활용하는 함수를 피셔의 선형판별함수라고 한다.

정답 08 ③ 09 ① 10 ④

정답

11 월크스 람다는 판별함수의 판별력, 다시 말해 두 개의 집단이 구분되는 정도를 나타낸다. 이는 값이 0에 가까워질수록 확연하게 구분이 되며, 1에 가까울수록 겹쳐져서 구분이 잘 되지 않음을 뜻한다.

11 **다음 중 월크스 람다의 용도로 옳은 것은?**

① 조사대상자가 어느 집단에 속하는지를 알려준다.
② 두 개의 집단이 구분이 되는 정도를 나타낸다.
③ 두 개 집단의 중심점을 인지시켜준다.
④ 어떠한 변수가 판별력에 크게 영향을 미치는지를 알려준다.

정답 11 ②

제11장

유사성이 높은 변수나 응답자들을 묶기 위한 통계분석

나는 내가 더 노력할수록 운이 더 좋아진다는 걸 발견했다.

– 토마스 제퍼슨 –

유사성이 높은 변수나 응답자들을 묶기 위한 통계분석

제1절 요인분석

1 개념 기출

(1) 요인분석(Factor Analysis)은 다수의 변수들이 서로 상관되어 있을 때, 이들을 소수의 공통된 요인 (factor)으로 묶어 차원을 축소하는 기법을 말한다.

(2) 변수 간 공통된 변동성을 찾아내어 데이터 구조를 단순화하고, 의미 있는 잠재 차원을 규명

(3) 요인분석에 있어 기본적인 접근방법은 높은 상관관계를 지니는 변수들이 하나의 공통적인 개념에 도달한 다는 논리를 기반으로 하며, 이러한 요인분석은 상관관계를 갖는 변수들을 새로운 합성변수(요인)들로 결합 기출

(4) 독립변수 및 종속변수의 개념이 없고, 모집단의 특성에 대한 추정을 하지 않는다. 따라서, 통계량, 모수, 가설검증 등의 개념이 적용되지 않음

(5) 마케팅에서 브랜드 이미지 차원(예 신뢰성, 혁신성, 친근감)이나 고객만족 요인(예 품질, 서비스, 가격)을 찾는 데 자주 사용함

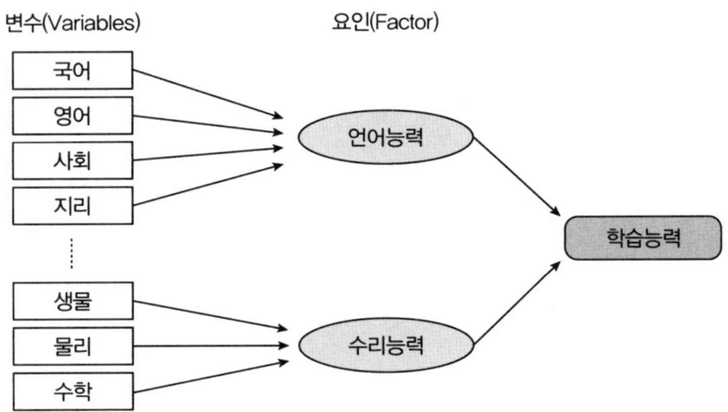

2 목적 (중요)

요인분석은 많은 변수를 몇 개의 공통 요인으로 묶어 자료를 단순화하고, 숨은 구조를 밝혀내는 통계기법이다.

(1) 자료 요약(Data Reduction)

① 수많은 변수를 몇 개의 공통 요인으로 묶어 자료의 복잡성 축소
② 소수의 요인을 통해 전체 자료를 요약하고 해석 가능

(2) 변수 구조 파악(Structure Detection)

① 변수들을 동질적인 그룹(요인)으로 묶어 서로 독립적인 특성을 밝혀냄
② 변수들 간의 잠재적 관계를 이해하는 데 도움

(3) 불필요한 변수 제거(Elimination of Irrelevant Variables)

① 어떤 요인에도 속하지 않는 변수는 중요도가 낮은 변수로 판단
② 이를 제거함으로써 분석의 효율성과 타당성 향상

(4) 측정도구의 타당성 검증(Validity of Measurement Tools)

① 동일한 개념을 측정하는 변수들은 서로 상관관계가 높아야 함
② 실제 분석에서 동일 개념의 변수들이 동일 요인에 묶이는지 확인 ⇒ 측정도구의 타당성 검증 가능

> **더 알아두기**
>
> **요인분석의 특징**
> - 종속변수 및 독립변수의 개념이 없다.
> - 모집단 특성에 대한 추정을 하지 않는다.
> - 추출된 요인과 요인 내 변수를 파악해서 추후의 분석에 활용한다.
> - 모수, 통계량, 가설검증 등의 개념이 활용되지 않는다.

3 가정 중요

(1) 각 변수는 정규분포를 이루어야 한다.

(2) 각 변수의 관찰치는 상호 독립적이어야 한다.

(3) 각 변수의 분산은 같다는 동분산성의 가정이다.

(4) 요인분석의 대상이 되는 모든 변수는 등간척도 이상인 정량적 자료이어야 한다.

(5) 변수의 분산은 요인공통분산, 변수고유분산, 잔차 분산으로 세분할 수 있어야 한다.

(6) 통상적으로 요인분석을 활용하기 위해서는 적어도 각 변수마다 자료의 수는 50개 이상이 되어야 하고, 이러한 자료의 수가 최소한 변수 개수의 두 배는 되어야 한다.

(7) 이미 모집단에서 변수들 간에 확정된 관계가 존재한다는 가정이다.

4 적용단계

	단계	주요 내용	체크 포인트	예시 / 비고
1	적합성 검토	요인분석이 가능한 자료인지 확인	• KMO ≥ 0.6 (표본 적합) (Kaiser–Meyer–Olkin) • Bartlett 검증 p < 0.05 (상관 충분)	자료 준비 단계
2	요인 추출	공통된 요인을 뽑아내는 과정	• 주성분분석(Principal Component Analysis, PCA) 가장 많이 사용 • 다른 방법 : 공통요인분석, 최대우도법	기본적으로 PCA 선택
3	요인 수 결정	몇 개의 요인을 쓸지 선택	• 고유값 ≥ 1 • 스크리도표에서 꺾이는 지점 • 누적 설명력 ≥ 60%	요인의 개수 결정
4	요인 회전	해석이 쉽도록 요인 위치 조정	• Varimax : 요인 독립 가정 • Promax : 요인 간 상관 허용	Varimax가 기본
5	해석과 명명	요인 의미 부여	• 요인적재값 ≥ 0.4~0.5 • 비슷한 변수들이 묶이면 이름 부여	예 '가격 · 할인 · 가성비' → 가격 요인

5 결과 해석

(1) 요인적재값 : 변수와 요인 간 상관관계 정도

(2) 공통성(communality) : 각 변수가 요인들에 의해 설명되는 비율

(3) 요인점수 : 각 개인이 도출된 요인에서 차지하는 위치

(4) 설명분산율 : 추출된 요인이 전체 분산 중 얼마를 설명하는지를 나타내는 개념

6 분산목적에 따른 분류 중요

(1) 탐색적 요인분석(Exploratory Factor Analysis, EFA) : 구조 모를 때 요인 수와 관계 탐색

(2) 확인적 요인분석(Confirmatory Factor Analysis, CFA) : 이미 설정된 요인구조의 타당성 검증(구조방정식 모형과 연결)

(3) 요인분석은 독립변수 · 종속변수 구분이 없는 탐색적 기법

7 분석방법에 따른 분류 `중요`

(1) 공통요인분석(Factor Analysis)

① 분석의 대상이 되는 변수들의 기저를 이루는 구조를 정의하기 위한 분석방법이다.

② 공통요인이 입력변수($X1$, $X2$, … , $X4$)를 설명하는 설명변수(독립변수) 역할을 한다. 잔차항($e1$, $e2$, …, $e4$)도 반영된다.

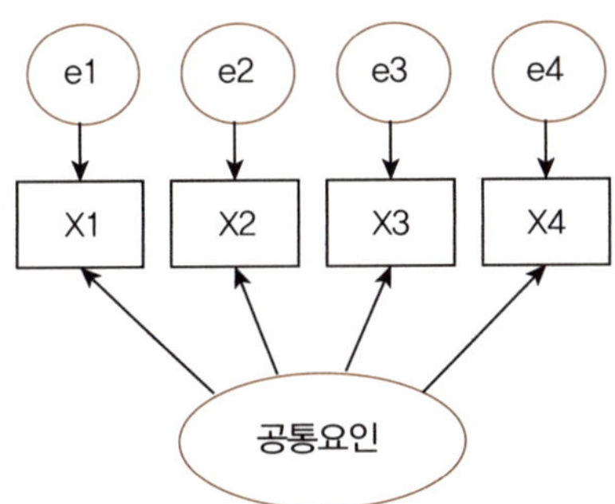

(2) 주성분분석(Principal Component Analysis, PCA)

① 주어진 자료를 이용하여 다수의 변수들을 소수의 요인으로 축약하기 위한 분석방법이다.

② 입력변수($X1$, $X2$, …, $X4$)가 결합하여 주성분을 생성한다. 즉, 입력변수가 설명변수(독립변수) 역할을 하고 주성분이 종속변수 역할을 한다.

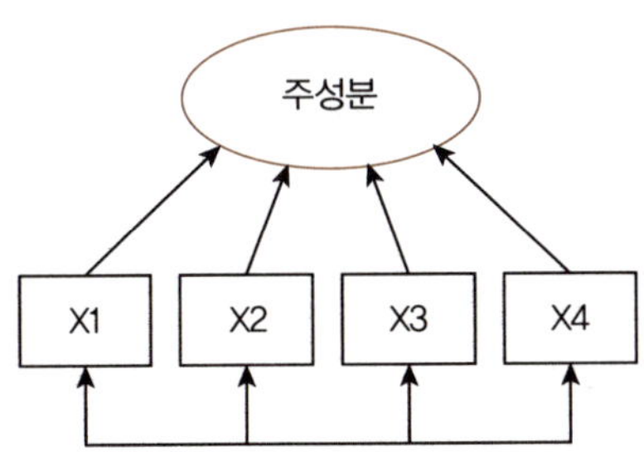

8 요인분석의 한계점 및 주의사항

(1) 변수의 측정 방법 결정

(2) 분석에 포함될 변수의 개수에 대한 결정

(3) 표본의 크기

(4) 사용될 상관계수의 유형

(5) 공통분산치의 추정 방법

(6) 최초요인의 추출 방법

(7) 모형에 포함될 요인의 수의 결정

(8) 요인회전의 방법

더 알아두기

요인분석 관련 용어 기출

- **고유치(Eigenvalue)** : 특정 잠재요인이 데이터의 분산을 얼마나 설명하는지를 나타내는 값이다. 먼저 추출된 요인의 고유치는 항상 다음 고유치의 값보다 크다.
- **공통분산량(Communality)** : 특정 변수가 추출된 요인들에 의해 설명되는 분산의 비율을 의미하며, 0과 1 사이의 값을 갖는다. 즉, 공통요인에 의해 설명되는 분산의 양을 말한다.
- **공통요인추출법(Common Variance Extraction Method)** : 체계적 분산 중 공통요인분산만을 대상으로 요인을 추출하는 방법으로 주대각성분 요인추출법을 제외한 대부분의 방법이 이에 속한다.
- **그룹요인(Group Factor)** : 모든 변수에 공통으로 존재하는 요인은 일반요인이라 하고 두 개 이상의 변수에 공존하는 요인은 그룹요인이라 한다.
- **다변량 정규분포(Multivariate Normal Distribution)** : 이변량 정규분포의 연장으로 P개의 변수가 이루는 결합확률분포가 정규분포를 이루는 분포이다.
- **단순구조(Simple Structure)** : 각 요인별로 보았을 때 몇 개의 변수는 아주 높은 요인 부하량을 갖고 나머지 변수들은 아주 낮은 부하량을 가지게 되며 또한 각 변수별로 보았을 때, 한 요인에의 부하량은 아주 높고 다른 요인에의 부하량은 아주 낮은 요인행렬의 구조를 일컫는다.
- **단위행렬(Identity Matrix)** : 대각선상의 값들은 1이고 그 외의 값은 모두 0인 행렬이다.
- **변수고유분산(Unique Variance)** : 한 변수의 체계적 분산 중 다른 변수들과 공유하지 않고 그 변수만이 갖고 있는 분산을 말한다.

- 비직각요인회전(Nonorthogonal Factor Rotation) : 요인들 간의 관계가 서로 독립을 유지하지 않아도 되는 요인회전의 방법이다.
- 비체계적 분산(Nonsystematic Variance) : 변수의 분산 중 체계적으로 추적할 수 없는 무작위적으로 발생하는 잔차분산이다.
- 스크리도표(Scree Chart) : 고유치의 값을 요인의 수에 대해 산포도로 표시한 것으로, 이로부터 요인분석의 적합성을 점검할 수 있고 요인의 수를 정하기 위해 활용된다.
- 요인결정계수(Factor Determination) : 공통분산치의 합을 변수의 수로 나눈 값으로, 하나의 요인이 평균적으로 설명할 수 있는 변수들의 분산의 비율을 나타낸다.
- 요인득점(Factor Scores) : 각 표본의 변수별 응답 요인들의 선형조합에 대입해서 계산된 값을 말한다.
- 요인형태행렬(Factor Pattern Matrix) : 변수와 요인 간의 단순상관계수를 담고 있는 행렬이다.
- 요인공통분산(Common Variance) : 변수의 분산 중 여러 요인들의 공통으로 공유하는 분산의 양을 말한다.
- 요인적재값(량) 혹은 부하량(Factor Loading) : 요인형태행렬의 변수와 요인 간의 단순상관계수로서 어떤 요인들이 어떤 변수와 밀접한 관계를 갖고 있는지를 알려준다.
- 요인행렬(Factor Matrix) : 요인과 변수와의 상관관계를 보여 주는 행렬이다.
- 일반요인(General Factor) : 공통요인은 일반요인과 그룹요인으로 구분할 수 있는데, 일반요인은 모든 변수에 공통으로 존재하는 요인을 말한다.
- 잔영상관행렬(Anti–Image Correlation Matrix) : 각 변수 간의 요인공통분산을 각 변수들로부터 제거한 뒤 변수고유분산과 잔차분산만을 대상으로 계산된 상관계수행렬로서 요인분석의 적합성을 점검할 수 있다.
- 잔차분산(Error Variance) : 변수의 분산 중 체계적으로 설명할 수 없는 분산이다.
- 주대각성분 요인추출법(Principal Component Extraction Method) : 변수의 분산을 체계적 분산과 비체계적 분산으로 구분하여 체계적 분산인 요인공통분산과 변수고유분산 전체를 대상으로 최초요인을 추출하는 방법이다.
- 직각요인회전(Orthogonal Factor Rotation) : 요인들 간의 관계가 서로 독립성이 유지되도록 회전하는 방법이다.
- 체계적 분산(Systematic Variance) : 변수의 분산 중 체계적으로 추적할 수 있는 분산으로 요인공통분산과 변수고유분산을 말한다.

제2절 군집분석

1 개념 [기출]

(1) 군집분석(Cluster Analysis)은 유사성이 높은 응답자나 사례를 같은 집단(클러스터)으로 묶고, 상이한 집단은 구분하는 기법을 말함

(2) 시장세분화(segmentation), 고객 프로파일링, 경쟁자 그룹 도출 등에 필수적

(3) 판별분석과 달리, 집단이 사전에 정의되지 않고 분석 결과로 형성됨

2 방법론 [기출]

(1) 계층적 군집분석(Hierarchical)

① 모든 사례를 각각 1개 군집으로 시작해, 유사한 것끼리 단계적으로 병합
② 유사도 측정 : 거리(distance) 기준(유클리드 거리 많이 사용)
③ 군집 연결방식 : 단일연결(single link), 완전연결(complete), 평균연결(average)
④ 결과는 '덴드로그램(dendrogram)'으로 시각화 ⇒ 어디서 절단하느냐에 따라 군집 수 결정

> [예] 완전결합법, 평균결합법, 와드(Ward)법

(2) 비계층적 군집분석(Non-hierarchical, K-means)

① 연구자가 군집 수(k)를 미리 지정
② 각 사례를 가장 가까운 중심점(centroid)에 배정하고 반복 갱신
③ 대규모 데이터, 실무 분석에서 활용 많음

> [예] k-평균법

3 군집분석 과정 중요

단계		주요 내용	체크포인트	예시/비고
1	변수 선택	개체를 구분할 수 있는 특성 선택	어떤 변수를 기준으로 묶을지 결정	고객 : 연령, 소득, 소비 성향
2	유사성 계산	개체들 간의 거리 또는 유사성 계산	값이 가까울수록 비슷하고, 멀수록 다름	거리행렬(distance matrix) 작성
3	군집화	비슷한 개체들끼리 묶기	군집화 방법 : 최단연결법, 최장연결법, 평균연결법	고객 그룹 A, B, C 등
4	군집 해석	군집의 특징과 관계 파악	각 군집이 어떤 속성을 가지는지 해석	• A군집 = 젊고 소비多, • B군집 = 중년 · 고소득

4 결과 해석

(1) 각 군집별 평균값(집단 프로파일)을 비교하여 집단 특성 규명

(2) 군집 수 결정 : 덴드로그램 해석, 군집 내 제곱합(Sum of Squared Within, SSW)의 급격한 감소 지점(엘보우 방법)

(3) 군집 결과를 통해 시장을 세분화하고, 마케팅 전략(표적시장 선정, 포지셔닝)에 활용

5 군집분석에 관련된 중요사항

(1) 군집분석은 설명보다는 분류 목적의 기법

(2) 결과 해석 전, 변수들은 반드시 표준화(Z점수 변환) ⇒ 크기 단위 차이 보정

(3) 판별분석과의 차이

    ① 판별분석 = 연구자가 집단을 미리 정의 ⇒ 판별함수로 분류
    ② 군집분석 = 연구자가 집단을 미리 정의하지 않음 ⇒ 군집분석으로 집단 형성

더 알아두기

군집 수의 결정

- 고드름표 : 군집 수에 따라 케이스들이 어떠한 형태로 군집되는지를 보여준다. 통상적으로 군집의 수가 3, 4일 때 군집에 속하는 케이스의 수는 각각 3개, 4개가 적절하다고 판단된다.

군집의 수	14		15		13		12		11		10		9		8		7		6		5		4		2		3		1
																													케이스
1	×	×	×	×	×	×	×	×	×	×	×	×	×	×	×	×	×	×	×	×	×	×	×	×	×	×	×	×	×
2	×	×	×	×	×	×	×	×	×	×	×	×	×	×	×	×	×	×	×	×	×		×	×	×	×	×	×	×
3	×	×	×	×	×	×	×		×	×	×	×	×	×	×	×	×	×	×	×	×		×	×	×	×	×	×	×
4	×	×	×	×	×	×	×		×	×	×	×	×	×	×	×	×	×	×		×		×	×	×	×	×	×	×
5	×	×	×	×	×		×		×	×	×	×	×	×	×	×	×	×	×		×		×	×	×	×	×	×	×
6	×	×	×	×	×		×		×	×	×	×	×	×	×	×	×	×	×		×		×	×	×		×	×	×
7	×	×	×	×	×		×		×		×	×	×	×	×	×	×	×	×		×		×	×	×		×	×	×
8	×	×	×	×	×		×		×		×	×	×	×	×	×	×	×	×		×		×	×	×		×		×
9	×	×	×	×	×		×		×		×		×	×	×	×	×	×	×		×		×	×	×		×		×
10	×	×	×	×	×		×		×		×		×		×	×	×	×	×		×		×	×	×		×		×
11	×	×	×	×	×		×		×		×		×		×		×	×	×		×		×	×	×		×		×
12	×		×	×	×		×		×		×		×		×		×	×	×		×		×	×	×		×		×
13	×		×	×	×		×		×		×		×		×		×		×		×		×	×	×		×		×
14	×		×		×		×		×		×		×		×		×		×		×		×	×	×		×		×

- 덴드로그램 : 군집과 군집 간 거리를 알 수 있다. 통상적으로 묶인 형태로 볼 때는 3개가 적절하다고 판단된다.

Rescaled Distance Cluster Combine

CASE
Label Num

0	5	10	15	20	25

```
11  ─┐
14  ─┤
 5  ─┼─┐
 9  ─┤ │
10  ─┤ ├─────────────────────┐
15  ─┘ │                      │
12  ─┐ │                      │
13  ─┼─┤                      │
 2  ─┤ │                      │
 6  ─┤                        │
 8  ─┘                        │
 4  ─┐                        │
 7  ─┤                        │
 3  ─┴────────────────────────┘
 1  ─┘
```

※ 다음 지문의 내용이 맞으면 ○, 틀리면 ×를 체크하시오. (01~07)

01 요인분석을 통해 요인에 포함되지 않거나 포함이 되더라도 중요도가 낮은 변수들은 제거되지 않는다.
( )

02 요인분석에서는 독립변수 및 종속변수의 구분이 없다. ( )

03 요인적재값(Factor loading)은 요인과 원래 변수 간의 상관관계를 의미한다. ( )

04 요인회전(Factor Rotation)의 목적은 요인 간의 상관관계를 바꾸는 데 있으며, 따라서 회전을 하면 요인적재값의 구조가 달라지고 해석도 쉬워진다. ( )

05 군집분석(Cluster analysis)은 시장세분화에서 자주 활용되는 방법 중 하나이다. ( )

06 군집분석의 기본 목적은 인과관계를 설명하는 것이 아니라, 비슷한 객체들을 하나의 집단으로 묶어내는 것이다. ( )

07 군집분석은 항상 종속변수와 독립변수를 구분하여 분석한다. ( )

정답과 해설 01 × 02 ○ 03 ○ 04 × 05 ○ 06 ○ 07 ×

01 요인분석을 통해 요인에 포함되지 않거나 또는 포함이 되더라도 중요도가 낮은 변수들은 제거된다.

04 요인회전은 요인 간의 상관관계 자체를 바꾸는 것이 아니라, 요인적재값의 분포를 단순화하여 해석을 쉽게 하는 데 목적이 있다. 즉, 요인 간 상관은 유지되지만 변수 – 요인 간 관계가 더 명확하게 드러난다.

07 군집분석은 종속 – 독립 관계를 전제로 하지 않고, 모든 변수를 동등하게 다루면서 유사성을 기준으로 그룹을 형성한다.

01 다음 중 서로 관련을 지닌 다변량의 자료를 요약하거나 분류하는 등의 통계적 기법은?

① 다변량 분석법
② 판별분석법
③ 요인분석법
④ 군집분석법

01 다변량 분석법은 연구자의 연구대상으로부터 측정된 두 개 이상의 변수들의 관계를 동시에 분석할 수 있는 모든 통계적인 기법을 말한다.

02 다음 그림이 의미하는 것과 연관성이 높은 것은?

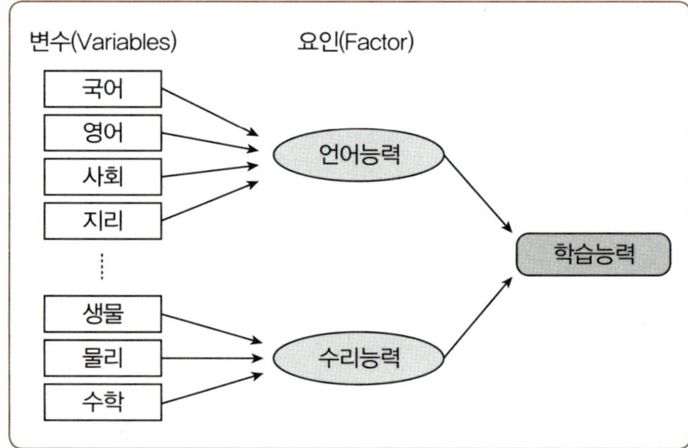

① 판별분석의 전형적인 사례이다.
② 군집분석의 개념을 설명한 것이다.
③ 요인분석의 전형적인 사례라 할 수 있다.
④ 컨조인트분석의 개념을 설명한 것이다.

02 제시된 그림은 요인분석의 개념을 표현한 것이다. 요인분석(Factor Analysis)은 알지 못하는 특성을 규명하기 위해 문항 또는 변인들 간 상호 관계를 분석해서 상관이 높은 문항 및 변인들을 묶어 몇 개의 요인으로 규명하고 해당 요인의 의미를 부여하는 통계방법을 말한다.

정답 01 ① 02 ③

03 다음은 요인분석의 가정에 대한 설명이다. 이 중 올바르지 <u>않은</u> 것은?

① 각 변수의 분산은 같다는 동분산성의 가정이다.
② 각 변수는 이항분포를 이루어야 한다.
③ 각 변수의 관찰치는 상호 독립적이어야 한다.
④ 요인분석의 대상이 되는 모든 변수는 등간척도 이상인 정량적 자료이어야 한다.

04 다음 중 다량의 변수들을 적은 수의 변수 또는 차원 등으로 축소시키는 기법은?

① 컨조인트분석
② 군집분석
③ 판별분석
④ 요인분석

05 다음 중 고유값(아이겐 값)에 대해 바르게 설명한 것은?

① 공통요인을 해석하는 데 활용된다.
② 고유요인을 발견하는 데 활용된다.
③ 중요 공통요인을 찾는 데 활용된다.
④ 고유요인의 분산을 변형한 값을 말한다.

06 군집분석의 기본 목적은 무엇인가?

① 종속변수와 독립변수 간 인과관계 분석
② 여러 변수를 요인으로 줄여 자료 단순화
③ 비슷한 특성을 가진 개체들을 하나의 그룹으로 묶기
④ 요인의 수를 결정하고 회전하여 해석하기

---

03 각 변수는 정규분포를 이루어야 한다.

04 요인분석은 변수들 간의 상호 연관성을 분석하며, 공통적으로 작용하는 내재적 요인을 추출해서 모든 자료의 설명이 가능하도록 변수의 수를 줄이는 분석방법이다.

05 고유값(아이겐 값)은 공통요인의 분산을 변형한 값으로 공통요인이 측정변수를 설명해주는 정도를 표현한다. 더불어 값이 큰 공통요인은 측정변수를 잘 설명해주므로 중요 공통요인이라고 할 수 있다.

06 군집분석은 인과관계 규명이 아닌, 자연스러운 그룹(세분시장 등) 발견에 초점을 맞춘다.

정답 03 ② 04 ④ 05 ③ 06 ③

07 원인 규명은 회귀분석·분산분석의 역할이고, 군집분석은 단순히 묶는 데 초점이 있다.

07 다음 중 군집분석에 해당하지 <u>않는</u> 설명은 무엇인가?

① 비슷한 사람이나 사물을 하나의 집단으로 만든다.
② 집단 간의 차이를 설명하는 원인을 규명한다.
③ 시장세분화(Market Segmentation)에 활용될 수 있다.
④ 고객 특성을 파악하는 데 자주 활용된다.

08 K-means는 군집 수를 정해두고, 개체들을 반복적으로 재배치하면서 최적의 군집을 찾는다.

08 비계층적 군집분석(Non-hierarchical clustering)의 대표적인 방법은 무엇인가?

① K-means 방법
② Varimax 회전
③ 주성분분석(PCA)
④ 회귀분석

09 군집분석은 시장세분화, 고객 타깃 마케팅에 자주 활용된다.

09 다음 중 군집분석의 활용 예로 가장 적절한 것은?

① 소비자 만족도를 측정
② 고객을 여러 그룹으로 나누어 맞춤형 마케팅
③ 변수들의 공통된 요인을 찾아낼
④ 제품 속성의 효용을 추정

10 계층적 군집분석은 단계적으로 합치거나 나누는 방식이므로, 한 번 내려진 결정은 이후 단계에서 수정하기 어렵다. 따라서 초기 단계 오류가 최종 결과에 영향을 줄 수 있다.

10 다음 중 계층적 군집분석(Hierarchical clustering)의 특징으로 옳지 <u>않은</u> 것은 무엇인가?

① 덴드로그램(Dendrogram)으로 결과를 시각화할 수 있다.
② 한 번 결합되거나 분리된 개체는 이후 단계에서 다시 변경하기 어렵다.
③ 초기 단계에서 잘못된 군집화가 발생해도 이후에 쉽게 수정 가능하다.
④ 군집의 위계적 구조를 파악하는 데 유용하다.

정답 (07 ② 08 ① 09 ② 10 ③)

제 12 장

소비자지각을 기반으로 한 통계분석

무언가를 시작하는 방법은 말하는 것을 멈추고 행동을 하는 것이다.

– 월트 디즈니 –

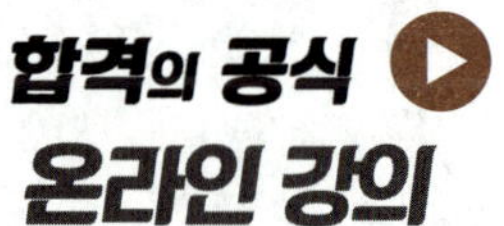

보다 깊이 있는 학습을 원하는 수험생들을 위한
시대에듀의 동영상 강의가 준비되어 있습니다.

www.sdedu.co.kr → 회원가입(로그인) → 강의 살펴보기

제 12 장 소비자지각을 기반으로 한 통계분석

제1절 컨조인트분석

1 개념 기출

(1) 제품 · 서비스를 구성하는 여러 속성(attribute)과 수준(level)을 조합해 소비자의 선호도 · 효용(utility)을 추정하는 기법

(2) 신제품 개발, 가격 정책, 속성별 중요도 측정에 활용

(3) 종속변수가 서열척도인 경우에 적합

2 목적 중요

(1) 소비자가 의사결정을 할 때 어떤 속성을 더 중요시하는지 파악

(2) 최적 속성 조합(product profile)을 찾아 시장 반응 예측

3 절차

(1) 속성과 수준 정의 : 예 가격(고/중/저), 브랜드(A/B/C), 디자인(전통/현대)

(2) 자극물(stimuli) 설계 : 속성 수준의 조합으로 제품 프로파일 작성(전체요인설계 or 부분요인설계)

(3) 자료수집 : 응답자에게 프로파일을 평가(순위, 선호도 점수, 선택)

(4) 효용치 추정 : 회귀분석 기법을 이용해 각 수준별 부분효용(part-worth) 계산

(5) 시장예측 : 효용합을 이용해 가장 선호될 조합 · 시장점유율 예측

4 모형추정

응답자 개개인에 대해 개별적인 추정이 가능하며, 경우에 따라서는 응답자 집단의 선호도 평균을 구해서 집단에 대한 분석을 실시. 컨조인트 모형의 계수를 추정하는 방법으로는 다음과 같은 두 가지 방식이 있음

(1) **계량적인 접근방법** : 응답자가 선호도에 따라 각 프로파일에 점수를 부여한 경우에 적합한 방식이며, 대표적인 방법은 회귀분석이 있음

(2) **비계량적인 접근방법** : 응답자가 선호도에 따라 각 프로파일에 순위를 부여한 경우에 적합한 방식이며, 대표적인 방법으로는 MONANOVA(Monotone Analysis of Variance) 등이 있음

5 결과 해석

(1) **부분효용치(part-worth utility)** : 각 수준의 기여도

(2) **속성 중요도** : 속성별 부분효용 범위 합산해 상대적 중요도 계산

(3) 예 소비자에게는 브랜드(45%) > 가격(35%) > 디자인(20%) 순으로 중요

6 컨조인트분석법의 효과 중요 기출

(1) 시장세분화

(2) 제품의 최적 속성을 결정

(3) 매출액 및 시장점유율의 추정

(4) 광고 및 커뮤니케이션의 효율화

(5) 연구대상 제품에 대한 수익성 및 사업성의 분석

7 컨조인트분석법의 활용조건 중요

조건	의미	예시
중요 속성의 사전 인지 필요성	소비자가 중요하다고 인식하는 속성을 사전에 파악하여 조사 변수로 포함해야 함. 소비자에게 의미 없는 속성은 분석 결과를 왜곡시킬 수 있음	스마트폰 조사 시 '디자인', '가격', '배터리 시간' 등 실제 구매 시 고려되는 속성을 중심으로 구성함
개인적 특성의 영향 최소화	응답자의 개인적 취향이나 일시적 감정이 결과에 과도하게 반영되지 않도록 설계해야 함	설문 순서를 무작위로 제시하거나, 브랜드명을 가리지 않고 제시하여 개인적 선호의 영향을 줄임
속성과 수준의 명확한 전달 및 이해 용이성 확보	속성과 속성 수준이 응답자에게 명확히 전달되고 쉽게 이해되어야 함. 그래야 응답자가 속성 간 차이를 명확히 인식할 수 있음	'가격(1만 원 / 2만 원 / 3만 원)'처럼 구체적인 수치를 제시하여 응답자가 직관적으로 비교할 수 있게 함
평가의 일관성과 안정성 확보	전체 변수 수준에 대한 응답자의 평가가 일관되고 안정적으로 유지되어야 함	속성 조합이 너무 많을 경우 부분요인설계(orthogonal design)를 활용하여 응답 피로도를 줄임

8 컨조인트분석 활용사례 : 카펫청소기 선택 연구[하버드 비즈니스 리뷰(HBR), 2014]

(1) 연구 목적 : 소비자가 카펫청소기를 선택할 때 중요하게 고려하는 속성(attribute)과 각 속성 수준(level)의 선호도(utility)를 파악하기 위함

(2) 주요 속성 및 수준

속성	수준(Level)
가격	$40 / $70 / $100
브랜드	Hoover / Eureka / General Electric
무게	6.5lb / 8lb / 10lb
흡입력(성능)	약 / 중 / 강

(3) 연구 설계 및 분석방법

① 총 3×3×3×3 = 81가지 조합 중 일부를 실험계획법(orthogonal design)으로 선택하여 제시

② 응답자들은 각 제품 조합의 선호도(rank)를 평가

③ 각 속성과 수준의 영향을 추정하기 위해 회귀분석(regression analysis)을 수행

　㉠ 종속변수(Y) : 응답자의 선호도 점수

　㉡ 독립변수(X) : 각 속성 수준(더미변수 처리)

(4) 추정 결과(부분효용 추정식 예시, 각 수준을 하나의 변수로 간주할 경우)

속성	부분효용치(β)	상대적 중요도(%)
흡입력(성능)	+0.42	43.8%
가격	−0.35	36.5%
브랜드	+0.18	13.7%
무게	−0.10	6.0%

(5) 분석 결과 해석

① 소비자들은 흡입력(성능)을 가장 중요하게 평가함(상대적 중요도가 43.8%로 가장 큼)

② 가격 역시 주요 결정 요인으로(상대적 중요도가 36.5%로 두번째로 큼), 높은 가격일수록 선호도가 낮아짐(부분효용치가 −0.35)

③ 무게는 상대적으로 영향이 작고(상대적 중요도 6.0%), 너무 무거운 모델은 선호도가 감소함(부분효용치가 −0.10)

(6) 마케팅 시사점

① **제품 개발** : "흡입력 강화형"으로 포지셔닝 하면 시장 선호도가 높을 것(부분효용치가 +0.42로, 흡입력이 높을수록 선호도가 높음)

② **가격정책** : 소비자는 낮은 가격을 선호함(제품의 성능이 향상될 경우, 일정 수준의 가격 인상이 수용 가능한지에 대한 추가적인 연구 필요)

③ **시장세분화** : 컨조인트 결과를 기반으로 성능 중시형 소비자 혹은 가격 민감형 소비자 세그먼트를 도출 가능

9 컨조인트분석법의 한계

(1) 분석 가능한 속성 수의 제한성 존재

(2) 스타일 · 내구성 등 비정량적 속성의 수준 구분 어려움

(3) 주요 속성 수가 적을 경우 활용 제한 발생

(4) 면접방법의 제약성(1:1 개별면접 중심 활용)

(5) 의사결정 리스크가 낮은 상황에서의 경제성 저하

제2절 | 다차원척도법

1 개념 중요

(1) 소비자가 인지하는 브랜드·제품 간 유사성/비유사성 자료를 기초로, 이를 2차원 또는 다차원 공간에 시각화하는 기법

(2) 흔히 지각도(perceptual map)를 작성하는 데 사용

2 목적 중요

(1) 소비자가 브랜드들을 어떻게 인식·위치시키는지 파악

(2) 경쟁 브랜드 간 상대적 위치와 시장 내 포지셔닝 전략 도출

3 절차

(1) **유사성 자료수집** : 소비자에게 브랜드 간 유사성 평가(등간척도, 순위)

(2) **거리행렬(distance matrix) 산출** : 유사성을 수학적 거리로 변환

(3) **차원 축소** : 2~3차원 공간에 브랜드 좌표 배치

(4) **해석** : 각 축(차원)에 의미 부여(예 고급-저가, 전통-현대)

4 종류 기출

(1) 비속성자료를 활용한 방식

① 소비자가 제품이나 서비스를 볼 때, 개별 속성을 따로 평가하기보다 전체적으로 인식한다는 가정에 기반한 방식임

② 명목척도(예 브랜드명)나 서열척도(예 선호순위)를 이용하여 측정하는 경향이 있음

③ 속성을 직접 제시하기 어려운 경우나, 응답자가 복잡한 속성 평가에 익숙하지 않은 경우에도 사용이 가능함(예 '이 브랜드가 더 좋다.'와 같은 전반적 인식만을 묻는 경우)

④ 필요한 차원의 수가 적고, 추출된 차원을 해석할 때 연구자의 주관이 개입될 수 있음(즉, 결과 해석이 다소 어렵거나 명확하지 않은 경우가 생김)

(2) 속성자료를 활용한 방식

① 대상을 평가하고 인식할 때, 그에 관련된 속성을 명확히 정의하고 이를 기준으로 분석하여 대상을 공간상에 배열하는 방식임

② 속성자료 활용 시, 속성별 평가를 통해 진단적 정보 제공이 가능함

③ 주된 속성이 누락될 경우, 결과의 불완전성 발생 가능성 존재함

5 다차원척도법의 활용

(1) 지각도

① 여러 대상(브랜드, 기업 등)에 대한 소비자의 지각을 시각적으로 표현한 도표로, 포지셔닝 맵(Positioning Map)이라고도 함

② 지각도에는 대상 간 유사성(similarity)만을 나타내는 지각도와, 유사성과 함께 소비자의 이상점(ideal point)을 함께 표시하는 지각도가 존재함

③ 다차원척도법(Multi-Dimensional Scaling, MDS)을 활용하여 지각도를 작성할 수 있음

(2) 지각도의 활용

※ 출처 : 안광호 외, 『마케팅원론』, 학현사, 2023

① 지각도 상에서 대상들 간의 거리가 유사성 정도를 나타냄, 거리가 가까울수록 소비자에게 더 유사하게 인식됨
② 보해와 금복주가 소비자에게 유사하게 인지됨 ⇒ 소비자의 인식 속에서 경쟁관계 형성됨
③ 진로소주와 진로골드가 매우 유사하게 인지됨, 이에 따라 자기시장잠식(cannibalization) 가능성 존재함

6 결과 해석

(1) 지각도(perceptual map)

① 브랜드들의 상대적 위치
② 가까울수록 유사하게 인식
③ 멀수록 차별적 인식

(2) 적합도 지표

① Stress 값(S-stress)이 낮을수록 적합
② R^2가 높을수록 설명력이 높아짐

7 기타

(1) 비계량적(순위) 자료로도 다차원척도법(MDS)을 활용하여 지각도를 표현할 수 있음 중요

(2) 축의 해석은 연구자 재량 ⇒ 객관적 차원명 부여가 중요

(3) 마케팅 전략에 직접 연결 : 틈새시장(niche market) 발견, 브랜드 포지셔닝 기회 탐색

※ 다음 지문의 내용이 맞으면 ○, 틀리면 ×를 체크하시오. (01~06)

01 컨조인트분석은 소비자가 제품을 선택할 때 각 속성(attribute)에 대해 어떻게 가치를 부여하는지를 정량적으로 분석하는 기법이다. (   )

02 컨조인트분석은 소비자가 제품을 전체적으로 인식한다는 전제하에, 개별 속성보다는 전반적 인상 중심으로 분석한다. (   )

03 결정계수는 회귀식의 적합도를 재는 척도이다. (   )

04 컨조인트분석을 활용하면 제품 콘셉트나 가격전략, 시장세분화 등 마케팅 의사결정 전반에 실질적 시사점을 도출할 수 있다. (   )

05 지각도(perceptual map)에서 두 브랜드의 거리가 멀수록 소비자는 두 브랜드를 비슷하게 인식한다.
(   )

06 다차원척도법(MDS)을 활용하면 소비자의 이상점(ideal point)을 함께 표시하여, 브랜드의 목표 포지셔닝을 설정할 수 있다. (   )

정답과 해설　01 O　02 ×　03 O　04 O　05 ×　06 O

02　이는 비속성자료를 활용한 다차원척도법의 전제이며, 컨조인트분석은 속성별 효용을 분석하는 속성기반(attribute-based) 기법이다.

05　거리가 가까울수록 더 비슷하게 인식하고, 멀수록 차별적으로 인식한다.

01 다음 중 비속성자료를 활용한 방식에 대한 내용으로 올바르지 <u>않은</u> 것은?

① 소비자들이 대상의 속성을 총합적으로 인지한다는 가정 하에 만들어진 방식이다.

② 주로 등간척도나 비율척도로 측정되는 경향을 보인다.

③ 소비자들에 대한 전반적인 인식을 측정해서 속성을 찾기 어렵거나 어려운 질문인 경우에도 활용이 가능하다는 특징이 있다.

④ 비속성자료는 추출된 차원에 대한 해석이 주관적인 경향을 지니고 있어 판단이 힘든 경우가 생길 수 있다.

01 비속성자료를 사용하는 방식은 주로 명목척도나 서열척도로 측정되는 경향을 보인다.

02 컨조인트분석에 대한 내용으로 올바르지 <u>않은</u> 것은?

① 제품 속성의 중요도를 파악하는 데 있어 상당히 유용한 기법으로 활용되고 있다.

② 신제품 개발 또는 기존 제품의 특정 부위에 대한 개선 등에 유용하게 활용된다.

③ 컨조인트 모형의 계수를 추정하는 방법 중 계량적인 접근방법의 대표적인 것으로 MONANOVA가 있다.

④ 종속변수가 서열척도인 경우에 적합한 분석방법이라 할 수 있다.

02 컨조인트 모형의 계수를 추정하는 방법 중 계량적인 접근방법의 대표적인 것으로는 회귀분석이 있다.

정답   01 ②   02 ③

03 컨조인트분석은 분석 가능한 속성의 수에 대한 한계가 있다.

03 다음 컨조인트분석에 대한 설명 중 옳지 않은 것은?

① 분석 가능한 속성의 수에 대한 한계가 없다.
② 주요 속성이 1~2개 정도밖에 없는 경우에는 활용에 제한이 따른다.
③ 면접방법이 1:1 개별면접법 등 제한된 방법밖에는 사용이 불가능하다.
④ 의사결정의 오류로 인해 발생하는 리스크가 적은 경우에는 소요되는 비용에 비해 경제성이 적다.

04 컨조인트분석은 소비자의 선호 구조를 정량화하여 제품 설계 및 시장 전략에 활용하는 기법으로, 소비자의 반응을 고려하지 않는 내부 판단 중심의 분석과는 다르다.

04 다음 중 컨조인트분석의 주요 활용 목적에 해당하지 않는 것은?

① 소비자 선호에 영향을 미치는 속성의 상대적 중요도를 파악하기 위함이다.
② 소비자의 실제 구매행동을 예측하기 위한 분석에 활용된다.
③ 소비자의 반응을 고려하지 않고 기업 내부 판단만으로 제품 속성을 설계하기 위함이다.
④ 신제품 개발 및 시장세분화 전략 수립에 활용된다.

05 컨조인트분석 절차는 '속성 선정 → 조합 설계 → 응답 수집 → 효용치 추정 → 결과 해석' 순으로 진행된다. 요인회전은 요인분석 단계에서 수행되는 절차로, 컨조인트분석의 절차와는 다르다.

05 다음 중 컨조인트분석의 절차에 해당하지 않는 것은?

① 제품 속성과 속성 수준의 선정
② 속성 수준 조합(프로파일)의 제시
③ 소비자의 평가(선호도) 수집
④ 표본의 정규성 검증 및 요인회전 실시

정답 03 ① 04 ③ 05 ④

06 다음 중 다차원척도법(MDS)의 기본 개념으로 가장 옳은 것은?

① 제품이나 브랜드 간의 유사성(similarity) 정도를 수치로만 비교하는 기법이다.
② 소비자가 인식하는 대상들 간의 유사성과 차이를 시각적으로 표현하는 기법이다.
③ 제품 속성의 효용치를 계산하여 상대적 중요도를 파악하는 기법이다.
④ 브랜드 간 인식 차이를 요인 간 상관으로 추정하는 통계기법이다.

06 다차원척도법은 소비자가 여러 브랜드를 인식할 때 유사성과 차이를 공간상에 시각적으로 표현하는 기법이다. 이를 통해 소비자의 인식 구조를 파악할 수 있다.

07 다음 중 다차원척도법(MDS)과 관련된 설명으로 옳지 <u>않은</u> 것은?

① 소비자가 인식하는 제품 간의 유사성 정보를 이용한다.
② 다차원 공간에 각 브랜드나 제품을 위치시켜 소비자 인식 구조를 시각화한다.
③ 속성(attribute)을 미리 규정하고 그 효용치를 추정하는 방식이다.
④ 소비자 인식의 이상점(ideal point)을 표시할 수 있다.

07 속성을 미리 정하고 효용을 추정하는 방식은 컨조인트분석의 절차이다. 다차원척도법은 비속성자료(유사성·서열)를 기반으로 소비자의 인식 구조를 시각화한다.

08 다음 중 다차원척도법(MDS)의 특징에 대한 설명으로 옳은 것은?

① 주로 등간척도나 비율척도의 속성자료를 이용한다.
② 명목척도나 서열척도의 비속성자료를 주로 이용한다.
③ 추출된 요인 간 상관관계를 파악하여 분산을 최대화한다.
④ 제품 선택 시 효용값을 추정하여 중요도를 계산한다.

08 다차원척도법(MDS)은 소비자 인식의 유사성 자료(similarity data), 즉 명목척도나 서열척도 수준의 비속성자료를 이용한다. 이 점에서 속성자료를 활용하는 컨조인트분석과 구분된다.

정답 06 ② 07 ③ 08 ②

09 지각도 상의 거리는 소비자가 느끼는 심리적 유사성 정도를 의미하며, 거리가 가까울수록 두 브랜드를 유사하게 인식한다.

09 다음 중 다차원척도법으로 작성된 아래의 지각도(perceptual map)의 해석으로 가장 올바른 것은?

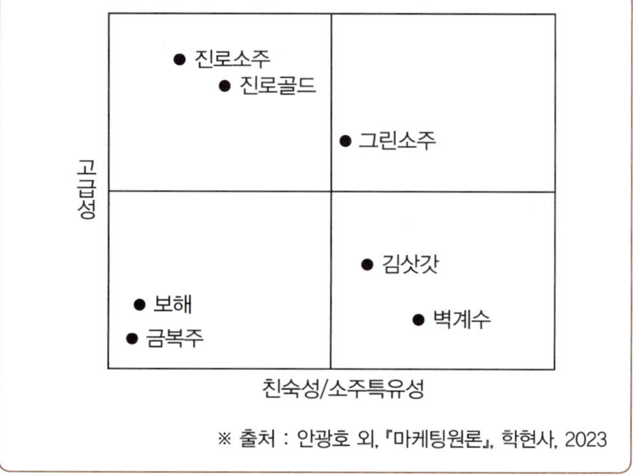

※ 출처 : 안광호 외, 『마케팅원론』, 학현사, 2023

① 소비자는 인접한 두 브랜드(김삿갓, 벽계수)를 다르게 인식한다.
② 소비자는 거리가 먼 두 브랜드(금복주, 그린소주)를 유사하게 인식한다.
③ 소비자는 거리가 가까운 두 브랜드(보해, 금복주)를 비슷하게 인식한다.
④ 브랜드 간 거리가 먼 두 브랜드(진로골드, 보해)가 경쟁관계가 강하다고 판단된다.

정답 09 ③

제**13**장

보고서의 작성 및 마케팅 조사의 윤리적 측면

미래가 어떻게 전개될지는 모르지만, 누가 그 미래를 결정하는지는 안다.

– 오프라 윈프리 –

제 13 장. 보고서의 작성 및 마케팅 조사의 윤리적 측면

제1절 보고서의 역할

1 보고서의 정의와 목적

(1) 조사보고서란 마케팅 조사의 전 과정을 통해 획득한 결과를 의사결정자가 이해하고 활용할 수 있도록 체계화한 문서체계를 말함

(2) 조사설계, 실사, 분석, 해석의 내용을 요약하여 경영 의사결정, 조직 내 커뮤니케이션, 외부 공시 및 예산·성과의 정당화에 활용되는 공식 기록물로 기능함

(3) 특히 정보의 신뢰성과 명확성 확보는 의사결정 오류를 방지하는 핵심 요건임

2 좋은 보고서의 조건

(1) **정확성** : 수치·용어·표현의 오류 없이 동일 자료로 재현 가능한 상태 유지

(2) **명확성** : 핵심 요지가 분명하게 드러나며 불필요한 통계나 도표의 남발을 피함

(3) **적합성** : 조사 목적과 의사결정 과제를 직접적으로 연결

(4) **간결성** : 복잡한 문장이나 전문용어 대신 평이한 언어 사용

(5) **시의성** : 최신 자료를 반영하고 의사결정 일정에 맞추어 제출

3 조사 보고서의 표준 목차 _{기출}

구성요소	주요 내용
표지(Title Page)	보고서 제목, 수행기관, 의뢰기관, 제출일자
요약(Executive Summary)	조사목적, 방법, 주요결과, 결론 및 제안의 요약
서론(Introduction)	조사배경, 목적, 가설, 범위, 기간, 참여자 등
조사 설계 및 자료 수집(Methodology)	설계 개요, 표본추출방법, 수집도구(설문 · 면접 등), 표본특성
분석 및 결과(Result & Findings)	주요 분석결과, 그래프 · 표를 통한 요약, 통계적 검증
결론 및 시사점(Conclusion & Implication)	핵심결과의 경영적 의미, 정책 및 마케팅 제안
한계 및 향후과제(Limitation)	표본의 제약, 외삽 한계, 후속연구 제안
부록(Appendix)	설문지, 코드북, 참고문헌, 추가표, 시각화 자료 등

제2절　결과의 구두 발표

1 구두 발표의 개념과 목적

(1) 조사보고서의 결과를 의사결정자 · 경영층 · 실무담당자에게 직접 설명하고 설득하는 과정을 말함

(2) 보고서가 문서로 정보를 전달하는 수동적 수단이라면, 구두 발표는 청중의 이해와 수용을 극대화하는 능동적 전달 수단임

(3) 주요 목적은 결과를 명확히 설명하고, 핵심 인사이트를 바탕으로 실행 가능한 의사결정으로 연결시키는 데 있음

2 구두 발표의 구성 및 단계

단계		주요 내용	핵심 포인트
1	사전준비	발표 목적 · 청중 분석 · 시간 계획	청중 수준(전문가/비전문가)에 따른 용어 · 자료 수준 조정
2	자료정리	보고서 내용을 시각 중심으로 요약	한 슬라이드 = 한 핵심 메시지 원칙 준수
3	발표전달	'핵심결과 → 시사점 → 제언' 순서로 설명	그래프 · 도표를 활용하되 수치보다는 의미 중심 설명
4	질의응답	예상 질문 목록 작성 및 대응논리 준비	비판적 질문에는 객관적 자료 근거로 대응
5	피드백 정리	질의내용 및 반응을 메모 · 정리	후속조사나 보완분석 계획 반영

3 발표자의 태도 및 전달기술

(1) 발표 내용에 대한 충분한 숙지와 일관된 논리 흐름 유지

(2) 발표 시 시선 교환, 속도 조절, 핵심어 강조를 통한 전달력 강화

(3) **시간배분** : 도입(10%) – 핵심결과(60%) – 시사점 및 제안(20%) – 질의응답(10%)

(4) 청중 반응에 따라 설명 깊이 조정 및 질문에 대한 명확한 피드백 제공

(5) 전문용어나 약어는 첫 사용 시 설명 병기, 발표 후 질의응답용 요약 슬라이드 별도 준비

제3절 마케팅 조사의 윤리적 측면

1 마케팅 조사에서의 윤리의 개념

(1) 마케팅 조사윤리란 조사 수행 과정에서 연구자 · 조사기관 · 의뢰자 · 응답자 간의 권리와 책임을 공정하게 지키는 원칙을 말함

(2) 조사는 객관적 사실의 탐색을 목적으로 하지만, 부적절한 정보의 수집 · 조작 · 누설은 기업의 평판과 사회적 신뢰를 훼손할 수 있음

2 주요 윤리원칙

구분	내용	유의사항
정직성(Integrity)	조사결과의 조작 · 은폐 · 왜곡 금지	통계적 유의성 과장, 선택적 보고 금지
응답자 보호(Privacy Protection)	개인정보의 익명화 · 비밀보장	동의 없는 개인정보 수집 금지
공정성(Fairness)	조사참여의 자발성 보장, 보상 투명화	강요 · 유도 · 편향 질문 금지
객관성(Objectivity)	의뢰자의 이해관계로부터 독립	조사결과에 대한 중립적 해석 유지
투명성(Transparency)	조사목적 · 방법 · 활용계획 공개	숨은 광고성 조사(Sugging) 금지
사회적 책임(Social Responsibility)	조사가 사회에 미치는 영향 고려	차별 · 편견 조장 자료의 사용 금지

3 조사자의 윤리적 책임 중요

(1) 연구자(조사자)의 책임

① 조사결과를 임의로 수정하거나 특정 이해관계에 맞게 해석하지 않을 의무
② 표본추출, 질문 설계, 분석 등의 과정에서 객관성과 재현성 유지
③ 조사 참여자의 사전동의(informed consent) 확보 및 개인식별정보의 보호

(2) 의뢰자의 책임

① 조사목적을 명확히 밝히고, 자료를 본래의 목적 이외에 사용하지 않을 의무
② 연구비용, 일정, 표본설계 등에 대해 조사자에게 부당한 압력을 행사하지 않을 것

(3) 응답자의 권리

① 조사참여의 자발성(Voluntariness) 보장
② 익명성과 비밀보장(Confidentiality)의 원칙 준수
③ 언제든 조사 참여를 거부하거나 중단할 권리 인정

※ 다음 지문의 내용이 맞으면 ○, 틀리면 ×를 체크하시오. (01~06)

01 좋은 보고서는 정확성 · 명확성 · 적합성 · 간결성 · 시의성을 갖춰야 한다. (   )

02 보고서의 결론 부분에는 조사 한계나 향후 과제를 포함하지 않아야 한다. (   )

03 서론(Introduction)에는 조사 배경, 문제정의, 가설, 조사범위가 포함된다. (   )

04 구두 발표에서는 시각 자료를 최소화하고 통계표 중심으로 설명해야 한다. (   )

05 조사결과 발표 시에는 결과 → 시사점 → 제언의 순서로 설명하는 것이 효과적이다. (   )

06 의뢰자는 조사목적을 명확히 제시해야 하며, 자료를 임의로 수정하거나 왜곡해서는 안 된다. (   )

정답과 해설   01 ○   02 ×   03 ○   04 ×   05 ○   06 ○

02 결론에는 한계와 향후 과제를 포함해 신뢰성과 실용성을 높인다.

04 구두 발표는 시각 자료 중심으로 핵심결과를 간결히 전달해야 한다.

01　복잡성은 좋은 보고서의 조건이 아니며, 오히려 간결성이 중요하다.

01　다음 중 좋은 조사보고서의 조건으로 옳지 <u>않은</u> 것은?

① 정확성
② 명확성
③ 시의성
④ 복잡성

02　선택적 공개는 연구윤리에 위배된다.

02　다음 중 조사자의 윤리적 책임으로 볼 수 <u>없는</u> 것은?

① 결과의 객관적 보고
② 자료의 선별적 공개
③ 응답자의 비밀보장
④ 조작 금지

03　참고문헌은 부록에 포함된다.

03　조사보고서의 요약(Summary)에 포함되지 <u>않는</u> 내용은?

① 조사목적
② 조사방법
③ 조사결과 요약
④ 참고문헌 목록

정답　01 ④　02 ②　03 ④

04 조사결과를 발표할 때 청중 설득력 향상을 위한 전략으로 가장 적절한 것은?

① 시각자료를 중심으로 핵심결과와 시사점을 강조한다.

② 통계자료를 모두 원문 그대로 제시한다.

③ 발표시간보다 질의응답을 줄인다.

④ 조사자의 주관적 견해를 중심으로 말한다.

05 다음 중 조사의뢰자의 윤리적 책임으로 적절한 것은?

① 조사목적의 명확화와 자료오용 금지

② 조사결과의 조작

③ 응답자 개인정보 공유

④ 통계결과 삭제

04 시각자료와 핵심 메시지를 중심으로 해야 전달력과 설득력이 높아진다.

05 의뢰자는 조사목적 명시 및 자료의 부당한 활용을 금해야 한다.

정답 04 ① 05 ①

최종모의고사

마케팅조사

당신이 할 수 있다고 생각하든, 할 수 없다고 생각하든 그렇게 될 것이다.

– 헨리 포드 –

제한시간 : 50분 | 시작 ＿＿＿시 ＿＿분 – 종료 ＿＿＿시 ＿＿분

🔁 정답 및 해설 255p

---

01 다음은 설문지를 바탕으로 하는 마케팅 조사의 단계이다. 괄호 안에 들어갈 말로 가장 적절한 것은?

> 문제 정의 → 조사 설계 → 자료수집방법 결정 → (　　　) → 시행 → 분석 및 활용

① 정보 수집
② 표본 설계
③ 자료의 코딩
④ 자료의 분석

02 다음 설명에 해당하는 자료의 유형으로 옳은 것은?

> 한 조사기관이 동일한 형식의 데이터를 지속적으로 수집 · 가공하여, 여러 기업이 일정 비용을 지불하고 공동으로 이용할 수 있도록 제공하는 형태의 자료를 말한다. 이는 특정 기업의 개별 목적이 아닌, 산업 전반의 표준화된 마케팅 정보를 제공하는 특징이 있다.

① 신디케이트(Syndicate) 자료
② 옴니버스(Omnibus) 자료
③ 아웃소싱(Outsourcing) 자료
④ 애드혹(Ad-hoc) 자료

03 다음 중 탐색조사의 목적으로 적절한 것은?

① 의사결정의 목적을 이루기 위해 시행하는 조사방법이라 할 수 있다.
② 관련된 상황에 대한 예측을 하기 위한 조사방법이라 할 수 있다.
③ 특정 문제가 잘 알려져 있지 않은 경우에 적절한 조사방법이라 할 수 있다.
④ 의사결정을 하기 위한 대안의 선택, 평가 및 확정 등에 대한 문제 해결을 하기 위한 조사방법이라 할 수 있다.

04 다음 중 기술조사에 대한 설명으로 옳지 <u>않은</u> 것은?

① 현재 상황에서 나타나 있는 마케팅 현상을 보다 더 명확하게 이해하기 위해 수행되는 조사기법이다.
② 문제의 규명이 목적인 조사방법이다.
③ 어떠한 집단의 특성을 기술할 때, 또는 예측하고자 할 때 사용한다.
④ 기술조사의 목적은 현 상태를 있는 그대로 정확하게 묘사하는 데 있다.

05 다음 중 탐색조사에 대한 설명으로 거리가 먼 것은?

① 계량적인 방법보다는 질적인 방법을 주로 활용한다.
② 문제에 대한 규명이 목적이다.
③ 무엇이 문제인가를 알기 위해서 시행하는 조사방법이다.
④ 탐색조사에 활용되는 것으로는 기술조사, 횡단조사, 종단조사 등이 있다.

06 다음 중 마케팅 조사 절차에 대한 설명으로 옳지 <u>않은</u> 것은?

① 조사 설계 단계에서는 가설검증을 위한 조사유형을 결정한다.
② 실사 단계에서는 자료의 수집뿐 아니라 편집과 코딩까지 완료된다.
③ 문제 정의가 부정확할 경우, 이후 모든 단계의 타당성이 저하된다.
④ 분석 단계에서는 자료의 정리보다는 통계적 검증이 중심이 된다.

07 다음 중 표적 집단면접법(FGI)의 특징으로 거리가 먼 것은?

① 취득한 결과에 대한 일반화가 용이하다.
② 전문적인 정보의 획득이 가능하다.
③ 행위에 따른 내면의 이유 파악이 가능하다.
④ 참신한 아이디어의 개발이 가능하다.

08 다음 중 1차 자료에 대한 설명으로 옳지 <u>않은</u> 것은?

① 대표적인 유형으로는 대인면접법, 우편 이용법 등이 있다.
② 자료의 신뢰성이 떨어진다.
③ 직면한 상황에 대해 조사자가 직접 수집한 자료를 의미한다.
④ 자료수집에 있어 2차 자료에 비해 시간, 비용 및 인력이 많이 든다.

09 다음 중 관찰법에 대한 내용으로 옳지 <u>않은</u> 것은?

① 관찰자는 피관찰자의 느낌이나 태도, 동기 등과 같은 심리적 현상 관찰이 가능하다.
② 조사대상의 행동 및 상황 등에 대해서 직접적 또는 기계장치를 통해서 관찰해서 자료를 수집한다.
③ 일반적으로 객관적이고 정확성이 높다.
④ 설문지법에 비해 비용이 많이 든다.

10 다음 중 '측정의 타당도(validity)'에 대한 설명으로 가장 적절한 것은?

① 타당도는 동일한 측정도구를 반복 사용했을 때 결과가 일관되게 나타나는 정도를 의미한다.
② 타당도는 측정이 의도한 개념을 정확히 반영하는 정도를 의미한다.
③ 신뢰도가 낮으면 타당도도 반드시 낮아진다.
④ 타당도는 측정자의 주관적 판단에 따라 달라지므로 객관적 검증이 불가능하다.

11 다음 중 파일럿조사(Pilot Survey)에 대한 설명으로 가장 적절한 것은?

① 본 조사를 대신하여 최종 데이터를 수집하는 조사이다.
② 본격적인 설문 설계 전에 조사목적·변수·문항 아이디어를 탐색하기 위해 실시된다.
③ 이미 완성된 설문지를 대상으로 응답자의 이해도와 문항 흐름을 점검하는 조사이다.
④ 파일럿조사는 표본의 대표성을 확보하기 위한 확률표본추출 단계에 해당한다.

12 은희는 다음과 같은 척도를 만들어 통계를 내고자 한다. 이때 아래의 척도와 관련된 내용으로 거리가 먼 것은?

> 꼬꼬면의 판매량은 상당히 높다.
>
> 〈전혀 동의   〈매우
> 하지 않음〉   동의함〉
>   1   2   3   4   5

① 응답자들이 주어진 문장을 보고 동의하는 정도를 답하도록 하는 척도이다.
② 위 척도의 측정값은 서열척도로 간주된다.
③ 응답자들이 스스로가 이해하며 답하는 경우에 널리 활용되는 방식이다.
④ 응답자들이 쉽게 이해하고, 척도 설계가 쉬우며 관리하기가 용이하다는 특징이 있다.

13 다음 중 질문지 작성에 있어 지켜야 할 내용으로 거리가 먼 것은?

① 한 번에 두 가지 이상의 질문은 하지 말아야 한다.
② 응답자가 민감하게 반응할 수 있는 질문 또는 중요한 질문 등은 질문서 중간에 배치한다.
③ 애매모호한 표현에는 상당히 주의해야 한다.
④ 질문 내용은 우회적으로 표현하도록 한다.

14 다음 중 모집단과 표본의 관계에 대한 설명으로 가장 적절한 것은?

① 표본은 모집단의 특성을 그대로 대표할 필요가 없다.
② 모집단은 조사목적에 따라 표본으로부터 추론되는 한정된 대상이다.
③ 표본은 모집단 전체를 대신하여 조사를 수행하는 일부 대상이다.
④ 모집단은 항상 무한한 수의 개체로만 구성된다.

15 다음 중 비확률 표본추출법에 속하는 것은?

① 단순무작위 추출법(Simple Random Sampling)
② 계층별무작위 추출법(Stratified Sampling)
③ 군집 표본추출법(Cluster Sampling)
④ 편의 표본추출법(Convenience Sampling)

16 다음 중 군집 표본추출법에 대한 설명으로 옳지 <u>않은</u> 것은?

① 내부적으로는 동질적, 외부적으로는 이질적이라는 조건이 만족되어야 한다.
② 집락 표본추출법이라고도 한다.
③ 모집단이 여러 개의 동질적인 소규모 집단으로 구성되어 있다.
④ 비용 및 시간이 절약된다.

17 표본추출오차와 비표본추출오차에 대한 설명으로 옳은 것은?

① 표본추출오차는 조사자가 설문 응답을 잘못 기입하여 발생하는 오차이다.
② 비표본추출오차는 표본이 모집단을 정확히 대표하지 못할 때 발생하는 오차이다.
③ 표본추출오차는 확률표본추출 시에도 완전히 제거할 수 있다.
④ 비표본추출오차에는 응답자의 태도, 면접자의 편향 등이 포함된다.

18 애매모호한 부분이 없도록 각각의 항목의 응답을 일정한 기준에 의해서 체계적으로 분류하는 과정을 무엇이라고 하는가?

① 분석
② 기호화
③ 편집
④ 분류

19 다음 값 중에서 최빈값은?

> 10, 15, 20, 20, 20, 40, 45, 50, 55, 60, 60, 70, 75, 75, 80, 90, 95

① 90
② 70
③ 55
④ 20

20 다음 값 중에서 중앙값은?

> 10, 15, 20, 20, 20, 40, 45, 50, 55, 60, 60, 70, 75, 75, 80, 90, 95

① 45
② 55
③ 60
④ 70

21 다음은 회귀분석과 상관관계의 차이에 대한 설명이다. 이 중 옳지 <u>않은</u> 것은?

① 회귀분석에서는 정규성, 등간성, 선형성 등의 조건이 필요하다.
② 상관관계는 등간척도 이상이 아닌 서열척도만으로도 분석이 가능하다.
③ 상관관계는 두 변수의 관계를 예측할 수 있을 뿐만 아니라, 정확한 예측치까지도 제시한다.
④ 회귀분석의 경우에는 변수 간의 인과관계가 성립되어야 한다.

22 다음 중 상관계수에 대한 설명으로 거리가 <u>먼</u> 것은?

① 언제나 항상 0과 1 사이에 존재한다.
② 두 변수의 상관성을 나타내는 척도이다.
③ 점들이 직선에 얼마나 모여 있는지를 나타낸다.
④ 이상점이 있을 경우에, 이에 대한 영향을 받는다.

23 다음 중 가설검증의 기본 절차로 올바른 순서는?

① 가설 설정 → 검증통계량 계산 → 유의수준 설정 → 결론 도출
② 가설 설정 → 유의수준 설정 → 검증통계량 계산 → 결론 도출
③ 유의수준 설정 → 가설 설정 → 결론 도출 → 검증통계량 계산
④ 데이터 수집 → 결론 도출 → 가설 설정 → 유의수준 설정

24 다음 중 분산분석의 가정으로 거리가 <u>먼</u> 것은?

① 모집단은 정규분포를 따른다.
② 표본은 서로 독립적이다.
③ 표본은 각 모집단에서 무작위로 추출한다.
④ 모집단의 분산은 모두 다르다.

25 다음 중 요인분석의 특징으로 거리가 <u>먼</u> 것은?

① 모집단 특성에 대한 추정을 하지 않는다.
② 모수, 통계량, 가설검증 등의 개념이 활용된다.
③ 추출된 요인과 요인 내 변수를 파악해서 추후의 분석에 활용한다.
④ 종속변수와 독립변수의 개념이 없다.

26 다음 중 판별분석에 대한 설명으로 거리가 <u>먼</u> 것은?

① 판별분석에서는 독립변수와 종속변수가 존재하지 않는다.
② 두 집단의 분류에 중요한 역할을 하는 변수를 찾아낸다.
③ 미리 정의된 둘 또는 그 이상의 군집이 어떠한 측면에서 서로가 구분되는지 그 이유를 찾기 위해 활용되는 방법이다.
④ 연구대상이 두 집단 중 어디에 속하는지를 판단하는 분석기법이다.

27 두 모집단 평균의 차이유무를 판단하는 통계적 검증방법을 무엇이라고 하는가?

① 코딩
② 분산
③ t-검증
④ 비율

28 다음 중 탐색조사에 해당하지 <u>않는</u> 것은?

① 문헌조사
② 패널조사
③ 사례조사
④ 전문가 의견조사

29 다음 중 일원분산분석(One-way ANOVA)에 대한 설명으로 가장 옳은 것은?

① 두 집단 간 평균 차이를 비교할 때 사용된다.
② 세 집단 이상 간 평균 차이를 동시에 검증할 수 있다.
③ 집단 내 변동이 클수록 집단 간 차이가 유의할 가능성이 커진다.
④ 분산분석은 비율척도 자료에는 적용할 수 없다.

30 회귀분석(Regression Analysis)에 대한 설명으로 옳지 <u>않은</u> 것은?

① 회귀분석은 독립변수가 종속변수에 미치는 영향을 파악하는 분석이다.
② 단순회귀분석은 하나의 독립변수와 하나의 종속변수를 이용한다.
③ 다중회귀분석은 독립변수 간 상관관계를 완전히 제거한 후 수행해야 한다.
④ 회귀계수의 부호는 변수 간 관계의 방향을 의미한다.

31 다음 중 마케팅 조사보고서 작성 시 유의해야 할 사항으로 옳지 <u>않은</u> 것은?

① 핵심 결론을 요약한 Executive Summary를 포함해야 한다.
② 조사결과의 한계나 제약요인을 명시할 필요는 없다.
③ 분석결과는 시각적으로 명확히 제시해야 한다.
④ 조사 목적과 주요 결과 간의 연계성을 명확히 설명해야 한다.

32 다음 중 마케팅 조사에서 윤리적 문제로 볼 수 있는 행위는?

① 조사결과의 불확실성을 명확히 보고한다.
② 조사참여자의 응답을 비밀로 유지한다.
③ 의뢰기업의 이익을 위해 조사결과를 의도적으로 왜곡한다.
④ 응답자의 자발적 참여 동의를 얻는다.

33 기술조사에 대한 설명으로 옳은 것은?

① 무엇이 문제인가를 알기 위해서 시행하는 조사이다.
② 특정 문제가 잘 알려져 있지 않은 경우에 적합한 조사방법이다.
③ 어떤 집단의 특성을 기술하려 할 때, 또는 예측하고자 할 때 사용한다.
④ 자료가 구조화되어 있지 않다.

34 척도에 관한 설명으로 옳지 <u>않은</u> 것은?

① 홀수 척도점의 경우 태도를 명확하게 밝히지 않고 중립으로 답하게 되는 중간화 현상이 나타난다.
② 척도점의 수가 많아질수록 가능한 답을 할 가능성이 높아진다.
③ 4점 또는 6점 척도가 많이 활용된다.
④ 균형 척도는 긍정적인 의미와 부정적인 의미가 동일한 척도를 말한다.

35 질문서 작성 시의 주의사항으로 옳지 <u>않은</u> 것은?

① 애매모호한 표현을 피해야 한다.
② 응답할 수 없는 질문이라도 포함시켜야 한다.
③ 설문 하나에 두 개 이상의 질문을 하면 안 된다.
④ 가능한 한 모든 응답을 표시해야 한다.

36 판별분석에 관한 설명으로 옳지 <u>않은</u> 것은?

① 연구대상이 두 집단 중 어디에 속하는지를 판단하는 분석기법이다.
② 독립변수만이 존재한다.
③ 영향을 미치는 변수 중에 어느 변수가 더 영향을 미치고 있는지 알 수 있다.
④ 두 집단의 분류에 중요한 역할을 하는 변수를 찾아낸다.

37 상관관계분석과 회귀분석의 근본적 차이는 무엇인가?

① 사용하는 통계량의 차이
② 인과관계를 밝힐 수 있는지의 여부
③ 변수의 많고 적음
④ 독립변수와 종속변수의 유무

38 다음 중 회귀분석 사용 시 고려사항이 <u>아닌</u> 것은?

① 이산분석
② 다중공선성
③ 연속상관
④ 점추정

39 편집에 대한 설명으로 옳지 <u>않은</u> 것은?

① 첫 번째 단계의 편집은 예비적 편집이라고 할 수 있다.
② 두 번째 단계의 편집은 주로 현장에서 수행된다.
③ 편집은 주로 자료의 정정, 보완, 삭제 등으로 이루어진다.
④ 애매한 응답에 대한 판독가능성을 개선해 준다.

40 다음 중 다차원척도법(MDS: Multidimensional Scaling)에 대한 설명으로 옳은 것은?

① 소비자의 선호도에 따라 제품을 순위화하고, 각 제품 간의 상관계수를 분석하는 기법이다.

② 변수 간 인과관계를 검증하기 위해 독립변수와 종속변수를 설정하는 분석이다.

③ 응답자가 지각하는 대상 간의 유사성 또는 거리감을 시각적으로 표현하는 분석이다.

④ 변수 간 상관관계가 높은 항목을 묶어 공통요인을 도출하는 분석이다.

제한시간 : 50분 │ 시작 ____시 ____분 – 종료 ____시 ____분

⊐ 정답 및 해설 259p

01 다음 중 마케팅 조사 절차를 올바르게 나열한 것은?

① 문제정의 → 조사 설계 → 자료수집방법 결정 → 표본설계 → 시행 → 분석 및 활용
② 문제정의 → 자료수집방법 결정 → 조사 설계 → 표본설계 → 시행 → 분석 및 활용
③ 문제정의 → 표본설계 → 조사 설계 → 자료수집방법 결정 → 시행 → 분석 및 활용
④ 문제정의 → 조사 설계 → 표본설계 → 자료수집방법 결정 → 시행 → 분석 및 활용

02 다음 중 마케팅 문제의 원천 유형에 대한 설명 중 조직 내적 요소에 속하는 것은?

① 기술적 변화
② 공급 및 수요상황
③ 마케팅 담당 인적자원의 구성
④ 경제적 상황

03 동일한 표본을 대상으로 일정한 간격으로 반복적 조사를 통해 마케팅 변수의 변화추이를 보는 조사를 무엇이라고 하는가?

① 횡단조사
② 탐색조사
③ 인과조사
④ 종단조사

04 다음 중 심층면접법에 대한 설명으로 거리가 먼 것은?

① 조사대상자의 부담을 없애고 그들의 깊이 있는 내용을 이야기할 수 있도록 분위기를 조성해야 한다.
② 면접진행자의 경우에는 많은 숙련을 필요로 하지 않는다.
③ 면접진행자의 영향이 조사대상자의 응답에 대해 영향을 미칠 수 있으므로 해당 연구 결과에 대한 신뢰성에 있어 문제의 소지가 될 수 있다.
④ 심층면접법의 경우 취득한 자료의 해석이 쉽지 않다.

05 다음 중 인과관계의 조건으로 옳지 않은 것은?

① 내생변수의 통제
② 발생의 시간적 순서
③ 외생변수의 통제
④ 동반발생

06 다음 중 탐색조사(Exploratory Research)에 대한 설명으로 옳지 <u>않은</u> 것은?

① 문제를 명확히 규정하고 가설을 설정하기 위한 예비조사이다.
② 사례조사 · 문헌조사 · 전문가 의견조사 등이 활용된다.
③ 탐색조사는 통계적 검증을 통해 인과관계를 규명한다.
④ 기술조사와 인과조사의 사전단계 역할을 수행한다.

07 다음 중 서베이법에 관한 설명으로 거리가 <u>먼</u> 것은?

① 조사를 진행할 때 많은 시간이 소요된다.
② 소규모의 표본으로 조사 결과에 대한 일반화가 불가능하다.
③ 설문지에 대한 개발이 쉽지 않다.
④ 깊이가 있으면서 복잡한 질문은 하기가 어렵다.

08 다음 중 측정에 대한 내용으로 옳지 <u>않은</u> 것은?

① 조사대상의 속성에 대해 숫자를 부여하는 일종의 체계적인 과정이다.
② 시간의 흐름에 의해 변화하거나 측정의 대상에 의해 변하게 되면 이로 인해 엄격한 측정이 이루어질 수가 없다.
③ 측정규칙의 경우에는 1 : N의 관계이어야 한다.
④ 조사자가 연구하는 것에 대한 조사 대상의 성질 및 특성 등에 대해서 이를 잘 표현해 줄 수 있도록 정해진 원칙에 따라 기호를 할당해주는 것이다.

09 다음 중 조작적 정의에 대한 설명으로 옳은 것은?

① 추상적인 개념을 측정 가능한 구체적인 현상과 연결시키는 과정이라 할 수 있다.
② 측정의 대상이 되는 어떠한 개념의 의미를 사전적으로 정의를 내린 것이라 할 수 있다.
③ 정해진 원칙에 따라 기호를 할당해주는 것을 말한다.
④ 어떠한 가설에 기준으로 본래의 질적인 내용을 지닌 여러 가지 속성을 수량적인 변수로 바꾸어 놓은 것을 말한다.

10 다음 중 서열척도에 내용으로 옳지 <u>않은</u> 것은?

① 대상을 어떤 변수에 대해 서열적으로 배열할 경우에 쓰이는 척도를 말한다.
② 순서(크기)는 의미는 없는 반면에, 수치 간격이 얼마나 큰지(차이)에 대한 의미는 있다.
③ 간격척도나 비율척도처럼 연산수행이 이루어지지 않는다.
④ 측정 대상들의 특성을 서열로 나타낸 것이라 할 수 있다.

11 다음은 등간척도에 대한 설명이다. 이 중 옳지 <u>않은</u> 것은?

① 간격이 일정한 척도이다.
② 측정된 값들은 동일한 간격을 가지고 있다.
③ 서열, 범주, 거리에 대한 정보를 지니고 있다.
④ '+', '−'는 불가능하지만, '×', '÷'는 가능하다.

12 다음 중 명목척도에 대한 설명으로 거리가 <u>먼</u> 것은?

① 연구하고자 하는 대상을 분류시킬 목적으로 임의로 숫자를 부여하는 척도이다.

② 상호 배반적이어야 한다.

③ 상하관계는 없고 일종의 구분만 존재하는 척도이다.

④ 간격이 일정한 척도를 말한다.

13 다음 중 비율척도에 대한 설명으로 옳지 <u>않은</u> 것은?

① 절대 '0'이 존재하지 않는 척도이다.

② '×', '÷'가 가능한 척도이다.

③ 척도상 위치를 모든 사람이 동일하게 인지하고 해석한다는 특징이 있다.

④ 서열, 비율, 범주, 거리 등에 관한 정보를 지닌다.

14 다음 중 쌍대비교 척도법에 대한 설명으로 옳지 <u>않은</u> 것은?

① 특정 기준에 의해서 두 연구대상 중 하나를 선택하게 하는 방법이다.

② 브랜드 수가 무제한적일 때 활용하는 것이 상당히 유용하다.

③ 대부분 평가해야 할 자극의 대상이 제품인 경우에 많이 활용된다.

④ 쌍대비교 척도법으로 밝혀진 선호는 상대적인 선호일 뿐이며, 실제적으로는 그 의미가 없을 수 있다.

15 다음 중 순서서열 척도법과 관련한 내용으로 거리가 <u>먼</u> 것은?

① 비교적 현실에 가까운 선택 방법이라 할 수 있다.

② 선호에 있어서 상대적 의미만 존재한다.

③ 선택 대안의 수가 줄어들수록 비교하기가 상당히 어려워진다.

④ 시간 및 노력이 절감되며, 이해하기가 용이하다.

16 정원이는 회사에서 마케팅 부서의 팀장이다. 소비자들에게 자사의 이미지를 조사하기 위해 다음과 같은 척도를 활용하고자 한다. 이 때 정원이가 활용한 아래의 척도에 대한 설명으로 옳지 <u>않은</u> 것은?

> 마케팅 코리아의 향후 브랜드 이미지에 대한 여러분의 솔직한 느낌을 체크해주세요.
> 〈밝다〉 □□□□□□□ 〈어둡다〉

① 대가 되는 형용사적 표현을 설계하기가 상당히 쉽다는 특징이 있다.

② 응답자들이 이해하기가 쉽다.

③ 서로 상반되는 형용사적 표현을 양끝에 표시하고 적절한 위치에 응답자가 응답하게 하는 척도이다.

④ 서열척도적인 성격이 강한 편이지만 간격 등이 같다고 가정하며, 등간척도로 간주한다.

17 다음 중 표본조사(Sample Survey)에 대한 설명으로 옳은 것은?

① 모집단 전체를 대상으로 하며, 표본오차가 발생하지 않는다.
② 시간과 비용이 많이 들지만 전수조사보다 정확도가 높다.
③ 모집단의 특성을 추정하기 위해 일부를 선택해 조사한다.
④ 표본조사는 항상 비확률추출 방식으로 수행된다.

18 다음 중 이론적으로 얻고자 하는 참값과 실제 계산이나 측량 등으로 구한 값의 차이를 무엇이라고 하는가?

① 타당성
② 신뢰성
③ 오차
④ 편차

19 모집단 내에서 특정한 변수가 지니고 있는 특성을 요약하고 묘사한 것을 무엇이라고 하는가?

① 추정량
② 모집단
③ 표본
④ 모수

20 다음 중 비확률 표본추출법에 해당하지 <u>않는</u> 것은?

① 체계적 표본추출법(Systematic Sampling)
② 눈덩이 표본추출법(Snowball Sampling)
③ 판단 표본추출법(Judgement Sampling)
④ 할당 표본추출법(Quota Sampling)

21 다음 중 신뢰도(Reliability)에 대한 설명으로 가장 적절한 것은?

① 측정도구가 한 번만 사용되어도 결과의 정확성을 보장하는 정도를 의미한다.
② 동일한 대상에게 반복 측정했을 때 일관된 결과가 나타나는 정도를 말한다.
③ 신뢰도는 타당도보다 항상 더 중요하게 평가된다.
④ 신뢰도가 높으면 반드시 타당도도 높다고 볼 수 있다.

22 다음 중 2개 이상인 종속변수의 분석기법에 속하는 것은?

① 교차분석
② 다변량분산분석
③ 상관관계분석
④ 도수분포분석

23 다음의 자료를 참고해서 범위를 구하면?

> 40, 45, 50, 55, 60, 65, 70, 75, 80, 85, 90, 95, 100

① 55
② 60
③ 65
④ 70

24 다음 중 낮은 양의 상관관계를 표현한 것은?

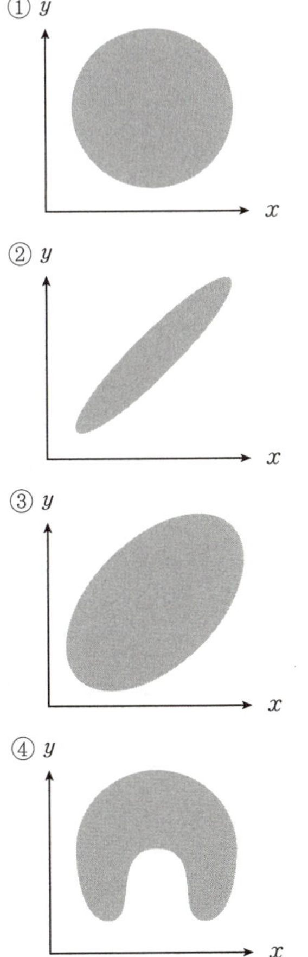

25 다음 중 잔차의 분석에 있어 조사 가능한 사항으로 옳지 <u>않은</u> 것은?

① 회귀모형은 대부분 관측치와 맞는 편이지만, 몇몇의 예외적 관측치가 존재하고 있다.
② 우연적 오차들의 분산은 일정하다.
③ 우연적 오차들은 정규분포를 지닌다.
④ 회귀방정식은 곡선이다.

26 가설을 구성할 때 고려사항으로 적절하지 <u>않은</u> 것은?

① 경험적인 검증이 가능해야 한다.
② 가능한 한 2개의 독립변수와 종속변수 간의 관계로 기술하는 것이 좋다.
③ 간단명료해야 한다.
④ 주어진 연구문제를 해결해 줄 수 있어야 한다.

27 다음 중 횡단조사에 대한 설명으로 옳은 것은?

① 일정 기간을 두고 한 번 이상 조사를 한다.
② 최근의 구매에 대한 정보로 만족해야 한다는 한계가 있다.
③ 패널조사라고도 한다.
④ 변화에 따른 마케팅 변수에 대한 소비자의 반응측정이 가능하다.

28 표본추출에 대한 설명으로 옳은 것은?

① 비확률표본추출은 표본이 모집단을 대표할 확률이 동일하게 설정된다.

② 확률표본추출은 연구자의 판단에 따라 임의로 표본을 선정한다.

③ 확률표본추출은 표본오차를 통계적으로 추정할 수 있다.

④ 비확률표본추출은 항상 모집단의 모든 구성원을 포함해야 한다.

29 가설검증의 기본 개념에 대한 설명으로 가장 옳은 것은?

① 귀무가설(H_0)은 일반적으로 연구자가 증명하고자 하는 주장이다.

② 대립가설(H_1)은 귀무가설이 옳다고 가정할 때 채택된다.

③ 유의수준(α)은 제1종 오류가 발생할 확률을 의미한다.

④ 검증통계량이 임계값보다 작을 경우 귀무가설을 기각한다.

30 두 집단 간 비율차이에 대한 가설검증에 관한 설명으로 옳은 것은?

① 두 집단의 비율차이 검증에서는 모집단의 분산이 반드시 동일해야 한다.

② 두 집단의 비율이 같다고 가정할 때, 표본비율의 차이를 통해 검증통계량을 산출한다.

③ 두 집단의 비율차이 검증은 항상 t−분포를 이용하여 검증한다.

④ 표본의 크기가 작을수록 표준오차는 작아진다.

31 카이제곱(x^2) 검증에 대한 설명으로 옳은 것은?

① 두 변수 간의 선형 관계를 분석할 때 사용된다.

② 명목척도나 서열척도의 자료를 이용해 두 변수 간의 독립성을 검증할 수 있다.

③ 두 집단 간 평균의 차이를 비교할 때 사용된다.

④ 표본의 크기가 작을수록 검증의 신뢰도가 높아진다.

32 다음 중 심층면접법의 특징을 모두 고른 것은?

> ㄱ. 응답자를 8 ~ 12명 정도의 집단으로 한다.
> ㄴ. 취득한 자료를 해석하기가 용이하지 않다.
> ㄷ. 많은 사람들 간의 상호작용으로 인해 특별한 아이디어 등이 나타나는 경우가 많다.
> ㄹ. 면접진행자의 경우 많은 숙련을 필요로 한다.

① ㄱ, ㄴ

② ㄴ, ㄷ

③ ㄴ, ㄹ

④ ㄷ, ㄹ

33 다음이 설명하는 외생변수의 통제방법은 무엇인가?

> 외생변수로 작용할 수 있는 요인이 실험 상황 등에 개입되지 않도록 하는 방법

① 균형화
② 제거
③ 상쇄
④ 무작위화

34 다음과 같은 특징을 갖는 조사방법은 무엇인가?

> - 응답자에 대한 익명성이 보장된다.
> - 면접 진행자에 의한 오류가 없다.
> - 자료에 대한 분석 및 수집이 자동으로 이루어진다.

① 전자 인터뷰법
② 우편 조사법
③ 전화 인터뷰법
④ 대인 인터뷰법

35 서열척도에 대한 설명으로 옳지 않은 것은?

① 연산수행이 이루어지지 않는다.
② 같은 수를 부여 받을 수 없다.
③ 평균 및 표준편차에 대한 의미는 없다.
④ 수치 간격이 얼마나 큰지에 대한 의미는 없다.

36 다음 중 표본의 크기가 커야 하는 경우가 아닌 상황은 무엇인가?

① 변수의 수가 많을 경우
② 간단한 통계분석을 활용할 경우
③ 조사 연구대상을 소그룹으로 세분화시키는 경우
④ 중요한 조사일 경우

37 다음 중 표본오차에 대한 설명을 모두 고른 것은?

> ㄱ. 모집단 전체를 조사하지 않고, 일부 표본만 조사함으로써 발생되는 오차이다.
> ㄴ. 자료수집의 과정에서 발생되는 오차이다.
> ㄷ. 표본이 모집단을 확실하게 대표하지 못하기 때문에 발생한다.
> ㄹ. 조사자의 실수, 태만, 잘못된 질문, 자료처리에 있어서의 오류 등으로 발생한다.

① ㄱ, ㄴ
② ㄱ, ㄷ
③ ㄴ, ㄷ
④ ㄷ, ㄹ

38 기호화 체제에 대한 구성 지침으로 옳지 <u>않은</u> 것은?

① 응답들이 대체로 각 범주가 나타내는 간격 상에서 중앙값이 되도록 하는 것이 좋다.

② 특별한 기호나 문자보다는 수치를 사용하는 편이 좋다.

③ 모든 응답을 포괄할 필요는 없다.

④ 특정한 변수가 사용될 용도가 불확실한 경우, 응답들을 가능한 통합하지 않은 형태로 상세히 분류해야 한다.

39 다음 중 마케팅 조사 보고서 작성 시 가장 <u>부적절한</u> 것은?

① 조사목적과 방법을 명확히 제시한다.

② 주요 결과를 표나 그림을 활용하여 시각적으로 표현한다.

③ 조사결과를 의뢰기업의 요구에 맞게 일부 수정하여 제시한다.

④ 한계점과 주의사항을 명시하여 해석의 범위를 제시한다.

40 다음 중 마케팅 조사 수행 시 윤리적 문제로 가장 적절하지 <u>않은</u> 것은?

① 응답자의 개인정보를 보호하고 비밀을 유지해야 한다.

② 응답자에게 조사목적과 활용범위를 사전에 고지해야 한다.

③ 조사 결과를 왜곡하지 않고 사실에 근거하여 보고해야 한다.

④ 의뢰기업의 이익 극대화를 위해 응답자 정보를 상업적으로 활용할 수 있다.

정답 및 해설 | 마케팅조사

01	02	03	04	05	06	07	08	09	10	11	12	13	14	15	16	17	18	19	20
②	①	③	②	④	②	①	②	①	②	②	②	④	③	④	①	④	③	④	②

21	22	23	24	25	26	27	28	29	30	31	32	33	34	35	36	37	38	39	40
③	①	②	④	②	①	③	②	②	③	②	③	③	③	②	②	②	④	②	③

01 정답 ②

마케팅 조사 절차
문제 정의 → 조사 설계 → 자료수집방법의 결정
→ 표본 설계 → 시행 → 분석 및 활용

02 정답 ①

신디케이트 자료(Syndicated data)는 한 조사기
관이 표준화된 방식으로 정기·지속 수집하여 여
러 고객사에 공동 판매/구독 형태로 제공하는 2
차 자료임. 가능성·시계열 일관성이 강점임

03 정답 ③

탐색조사는 문제의 규명이 목적인 조사방법이다.

04 정답 ②

문제의 규명이 목적인 조사방법은 탐색조사이다.

05 정답 ④

탐색조사에 활용되는 것으로는 사례조사·문헌
조사·전문가 의견조사 등이 있다.

06 정답 ②

실사 단계는 자료의 수집이 중심이며, 편집과 코
딩은 자료 처리 단계에서 수행된다. 단계 구분을
정확히 이해해야 한다.

07 정답 ①

표적 집단면접법은 취득한 결과에 대해 일반화하
기가 어렵다는 문제점이 있다.

08 정답 ②

2차 자료는 조사목적에 도움을 줄 수 있는 기존의
모든 자료이므로, 1차 자료에 비해 자료의 수집이
용이하다.

09 정답 ①

관찰법에서 관찰자는 피관찰자의 느낌이나 태도,
동기 등과 같은 심리적 현상은 관찰할 수 없다.

10 정답 ②

타당도(validity)는 측정도구가 '측정하려는 개념'
을 얼마나 정확히 반영하느냐를 의미함

11 정답 ②

파일럿조사(Pilot Survey)는 탐색적 조사
(exploratory research)의 성격을 가지며, 본격
적인 조사 설계에 앞서 조사목적, 주요 변수, 문
항 아이디어를 검토하고 보완하기 위한 사전조사
이다.

12 정답 ②

문제에서 말하는 척도는 리커트 척도(Likert Scale)로 그 측정값은 등간척도로 간주된다.

13 정답 ④

질문서의 작성에 있어 질문 내용은 쉽게 표현하도록 한다.

14 정답 ③

모집단(population)은 연구나 조사의 관심 대상이 되는 전체 집단을 의미한다. 표본(sample)은 모집단으로부터 일부를 선택하여 조사하는 대상으로, 모집단의 특성을 대표해야 한다.

15 정답 ④

단순무작위 추출법(Simple Random Sampling), 계층별무작위 추출법(Stratified Sampling), 군집 표본추출법(Cluster Sampling)은 확률 표본추출법에 속한다. ④의 편의 표본추출법(Convenience Sampling)은 비확률 표본추출법에 속한다.

16 정답 ①

군집 표본추출법은 내부적으로는 이질적, 외부적으로는 동질적이라는 조건이 만족되어야 한다.

17 정답 ④

표본추출오차(sampling error)는 표본이 모집단을 완벽하게 대표하지 못해 생기는 통계적 변동의 한 형태이다. 비표본추출오차(nonsampling error)는 자료수집 과정에서 생기는 응답자의 거짓 응답, 면접자의 편향, 자료 입력 오류 등을 포함한다.

18 정답 ③

편집은 수집된 원 자료에서 최소한의 품질수준을 확보하기 위해 응답의 누락, 애매함, 착오 등을 찾아내는 과정이다.

19 정답 ④

최빈값(Mode)은 주어진 값 중에서 가장 자주 나오는 값을 말한다.

20 정답 ②

주어진 자료가 오름차순으로 정렬되어 있으며, n이 홀수이므로 홀수 개를 구하는 공식을 적용하면, $\frac{(n+1)}{2} = 9$번째 값이므로 중앙값은 55이다.

21 정답 ③

상관관계는 두 변수의 관계를 예측할 수 있는 정도일 뿐이고, 정확한 예측치를 제시하지 못한다.

22 정답 ①

상관계수는 항상 −1과 1 사이에 존재한다.

23 정답 ②

가설검증의 표준 절차는 다음과 같다.
가설 설정(귀무가설·대립가설 설정) → 유의수준(α) 설정(통상 0.05 또는 0.01) → 검증통계량 계산 및 기각역 결정 → 판정 및 결론 도출

24 정답 ④

모집단의 분산은 모두 같다.

25 정답 ②

요인분석에서는 모수, 통계량, 가설검증 등의 개념이 활용되지 않는다.

26 정답 ①

판별분석에서는 독립변수와 종속변수가 존재한다.

27 정답 ③

t-검증은 귀무가설이 옳다는 가정 하에, 두 모집단에서 추출된 표본들로부터 계산된 검증통계량에 근거해서 귀무가설을 부정할 수 있는 상당한 근거를 보이면 귀무가설을 기각하고, 그렇지 않은 경우에는 귀무가설을 받아들이게 된다.

28 정답 ②

탐색조사는 기업의 마케팅 문제와 현재의 상황을 보다 더 잘 이해하기 위해서, 조사목적을 명확히 정의하기 위해서, 필요한 정보를 분명히 파악하기 위해서 시행하는 예비조사이다. 탐색조사에 활용되는 것으로는 사례조사·문헌조사·전문가의견조사 등이 있다.

29 정답 ②

일원분산분석(One-way ANOVA)은 세 개 이상의 집단 평균 차이를 동시에 검증하기 위한 통계기법이다. 두 집단만 비교할 때는 t-검증을 사용하며, ANOVA는 집단 간 변동과 집단 내 변동의 비율(F-통계량)을 이용해 가설을 검증한다.

30 정답 ③

다중회귀분석은 여러 독립변수가 종속변수에 미치는 영향을 동시에 분석하지만, 독립변수 간의 상관관계(다중공선성)는 완전 제거가 아닌 진단 및 관리 대상이다.

31 정답 ②

조사보고서에는 조사의 한계, 표본특성, 데이터 제약사항을 반드시 명시해야 한다.

32 정답 ③

조사결과를 의도적으로 왜곡하는 ③은 조사자의 중립성과 윤리성을 훼손하는 명백한 위반 사례이다.

33 정답 ③

기술조사는 현재 나타나고 있는 마케팅 현상을 보다 정확하게 이해하기 위해서 수행되는 조사이다. ①·②·④는 탐색조사에 대한 설명이다.

34 정답 ③

척도는 어떠한 가설에 의거해서 본래의 질적인 내용을 지닌 여러 가지 속성을 수량적인 변수로 바꾸어 놓는 것을 말한다. 5점 또는 7점 척도가 가장 많이 활용된다.

35 정답 ②

질문서를 잘못 작성하게 되면 조사하고자 하는 내용 전체가 무효가 될 수 있다. 그러므로 질문서 작성에 있어서는 여러 가지 기본지침을 따라야 한다. 질문서 작성 시 응답할 수 없는 질문은 하지 않는 것이 좋다.

36 정답 ②

판별분석은 미리 정의된 둘 또는 그 이상의 군집이 어떠한 측면에서 서로가 구분되는지 그 이유를 찾기 위해 활용되는 방법이다. 판별분석에서는 독립변수 및 종속변수가 존재한다.

37 정답 ②

회귀분석은 독립변수가 종속변수에 미치는 영향을 보는 것이고, 인과관계를 밝히는 것은 아니다.

38 정답 ④

점추정이란 알고자 하는 모수의 값을 표본에서 계산하여 단일의 값을 구하는 것을 의미하며, 모평균, 모비율, 모분산 등의 모수에 대한 점추정 통계량으로서 표본의 평균, 표본비율, 표본분산을 사용한다.

39 정답 ②

두 번째 단계의 편집은 주로 애매하거나 누락된 응답을 어떠한 방식으로 처리할 것인지를 판단하는 일과 관련해서 사무실에서 수행된다. 이 단계에서는 이미 면접으로부터 많은 시간이 경과하였으므로 응답자에게 정확한 응답을 촉구하는 일이 거의 불가능하지만 역시나 부정확하고 불완전한 응답이 관심의 대상이 된다.

40 정답 ③

다차원척도법(MDS)은 응답자들이 인식하는 여러 대상(브랜드, 제품 등) 간의 심리적 거리나 유사성을 2차원 또는 3차원 공간상에 시각적으로 표시하는 분석기법이다.

01	02	03	04	05	06	07	08	09	10	11	12	13	14	15	16	17	18	19	20
①	③	④	②	①	③	②	③	①	②	④	④	①	②	③	①	③	③	④	①

21	22	23	24	25	26	27	28	29	30	31	32	33	34	35	36	37	38	39	40
②	②	②	③	④	②	②	③	③	②	②	③	②	①	②	②	②	③	③	④

01 정답 ①

마케팅 조사 절차
문제정의 → 조사 설계 → 자료수집방법 결정 →
표본설계 → 시행 → 분석 및 활용

02 정답 ③

①·②·④는 조직 외적 요소에 속하는 내용이다.

03 정답 ④

종단조사는 일정기간을 두고 한 번 이상 조사를
하므로, 변화에 따른 마케팅 변수에 대한 소비자
의 반응 측정이 가능하다.

04 정답 ②

면접진행자의 경우 많은 숙련을 필요로 한다.

05 정답 ①

인과관계의 조건 : 동반발생, 발생의 시간적 순
서, 외생변수의 통제

06 정답 ③

탐색조사는 정성적 조사로서 문제의 방향과 가설
의 초안을 설정하는 단계이다. 통계적 검증(인과
분석)은 인과조사 단계에서 수행된다.

07 정답 ②

서베이법은 대규모의 표본으로 조사 결과에 대한
일반화가 가능하다.

08 정답 ③

측정규칙의 경우에는 1:1 대응관계를 지녀야 한다.

09 정답 ①

조작적 정의는 어떠한 개념에 대해 응답자가 구
체적인 수치를 부여할 수 있는 형태로서 상세하
게 정의를 내린 것이다.

10 정답 ②

서열척도는 순서(크기)는 의미는 있는 반면에, 수
치 간격이 얼마나 큰지(차이)에 대한 의미는 없다.

11 정답 ④

등간척도는 '+', '−'는 가능하지만, '×', '÷'는 불
가능하다.

12 정답 ④

간격이 일정한 척도는 등간척도이다.

13 정답 ①

비율척도는 절대 '0'이 존재하는 척도이다.

14 정답 ②

쌍대비교 척도법은 브랜드 수가 제한적일 때 활용하는 것이 유용하다.

15 정답 ③

순서서열 척도법은 선택 대안의 수가 늘어나면 비교하기가 상당히 어려워진다.

16 정답 ①

제시된 척도는 의미차별화 척도이며, 대가 되는 형용사적 표현을 설계하기가 상당히 어렵다는 문제점이 있다.

17 정답 ③

표본조사는 모집단 전체가 아닌 일부(표본)를 선정하여 조사하고, 이를 통해 모집단의 특성(평균, 비율 등)을 추정하는 방법이다. 전수조사보다 비용과 시간이 적게 들고, 표본 설계가 적절하면 충분히 높은 정확도를 확보할 수 있다.

18 정답 ③

오차는 이론적으로 구하고자 하는 참값과 실제 계산이나 측량 등으로 구한 값의 차이를 말한다.

19 정답 ④

모수는 모집단 내 어떤 변수의 값인데 주로 통계치에 의해 추론된다.

20 정답 ①

눈덩이 표본추출법(Snowball Sampling), 판단 표본추출법(Judgement Sampling), 할당 표본추출법(Quota Sampling)은 비확률 표본추출법에 속하며, ①의 체계적 표본추출법(Systematic Sampling)은 확률 표본추출법에 해당한다.

21 정답 ②

신뢰도(Reliability)는 측정값이 일관되게 반복되는 정도, 즉 측정의 안정성과 일관성을 의미한다. 같은 도구로 같은 대상을 여러 번 측정했을 때 결과가 유사하게 나올수록 신뢰도가 높다고 본다. 반면, 타당도(Validity) 는 측정이 '정확히 올바른 개념'을 재고 있는지를 평가하는 개념이다. 신뢰도가 높더라도, 측정이 잘못된 개념을 다루면 타당도는 낮을 수 있다.

22 정답 ②

① · ③ · ④는 종속변수에 대한 개념이 없는 통계분석기법에 속하는 내용이다

23 정답 ②

범위는 가장 큰 값과 가장 작은 값의 차이 $(R = X_{max} - X_{min})$ 를 말한다. 문제에서 $R = X_{max} - X_{min}$를 활용하면 $R = 100 - 40$이므로 범위는 60이 된다.

24 정답 ③

①은 상관관계가 없다는 것을 의미하고, ②는 높은 양의 상관관계를 나타내며, ④는 곡선 상관관계를 의미한다.

25 정답 ④

회귀방정식은 직선이다.

26 정답 ②

가능한 한 1개의 독립변수와 종속변수 간의 관계로 기술하는 것이 좋다.

27 정답 ②

횡단조사는 모집단으로부터 추출된 표본에서 단 1회의 조사를 통해 마케팅 정보를 수집하는 방법이다. 소비자로부터 구매한 상표들의 정보를 얻을 수는 있으나, 소비자들의 기억능력의 한계로 인해 최근의 구매에 대한 정보로 만족해야 한다는 문제점이 존재한다.

28 정답 ③

확률표본추출(Probability Sampling)은 모집단의 각 요소가 표본으로 선택될 확률이 알려져 있고, 모집단을 통계적으로 대표할 수 있는 표본을 구성하는 방법이다. 이 방식에서는 표본오차(sampling error)를 계산할 수 있으므로, 추정치의 신뢰구간과 오차 범위를 정량적으로 판단할 수 있다. 반면, 비확률표본추출(Non-probability Sampling)은 연구자의 판단, 편의, 목적에 따라 표본을 선택하기 때문에 대표성 확보나 오차 추정이 어렵다.

29 정답 ③

대립가설(H_1)이 일반적으로 연구자가 증명하고자 하는 주장이다. 대립가설(H_1)은 귀무가설이 기각될 때 채택된다. t-검증통계량이 임계값이 작을 경우에는 귀무가설이 기각되지 않는다.

30 정답 ②

두 집단 간 비율차이 검증(two-sample proportion test)은 모집단의 비율이 동일하다는 귀무가설($H_0:p_1=p_2$)을 세우고, 표본비율의 차이($\hat{p}_1-\hat{p}_2$)를 이용해 검증통계량(Z값)을 계산한다.

31 정답 ②

카이제곱(χ^2) 검증은 명목척도(nominal scale) 또는 서열척도(ordinal scale)로 측정된 범주형 변수 간의 관계를 분석하는 데 사용된다. 특히 두 변수 간의 독립성(independence) 혹은 적합도(goodness of fit)를 평가할 때 활용된다.

32 정답 ③

ㄱ・ㄷ은 표적 집단면접법(FGI)에 대한 설명이다.

33 정답 ②

① 균형화 : 예상되는 외생변수의 영향을 동일하게 받을 수 있도록 실험집단 및 통제 집단을 선정하는 방법
③ 상쇄 : 외생변수가 작용하는 강도가 다른 상황에 대해 타 실험을 실행함으로써 외생변수 의 영향을 제거
④ 무작위화 : 어떤 외생변수가 작용할지 모르는 상황에서 실험집단 및 통제집단을 무작위로 추출

34 정답 ①

전자 인터뷰법은 컴퓨터 통신을 활용한 조사 방법으로 응답자에 대한 익명성이 보장되며 신속한 조사가 가능하고 접촉의 범위가 넓다. 하지만 인터넷을 사용할 수 있는 응답자들만 응답할 가능성이 높고 응답자들에 대한 응답률이 낮다는 단점이 있다.

35 정답 ②

서열척도는 대상을 어떤 변수에 대해 서열적으로 배열할 경우에 쓰이는 척도이며, 같은 수를 부여받을 수도 있다.

36 정답 ②

복잡한 통계분석을 활용할수록 표본의 크기는 커야 한다.
① 변수의 수가 많을수록 측정에 수반되는 오차가 커지게 되므로 표본의 크기가 커야 한다.
③ 조사 연구대상을 소그룹으로 세분화시키는 조사의 경우 표본의 크기가 커야 한다.
④ 중요한 조사일수록 더 많은 정보를 필요로 하며, 그로 인해 표본의 수가 커야 한다.

37 정답 ②

표본추출과 관련된 오차에는 표본오차와 비표본오차가 있다.
ㄴ·ㄹ은 비표본오차에 대한 설명이다.

38 정답 ③

기호화란 자료의 처리와 분석이 용이하도록 각 응답들에 기호를 할당하는 것을 말한다. 예상되거나 수집된 전체 응답을 상호배타적인 집단으로 분류하고 또한 모든 응답을 포괄할 수 있어야 한다.

39 정답 ③

조사보고서는 객관적이고 투명한 사실 기반 문서이어야 하며, 의뢰기업의 요구에 따라 결과를 왜곡하거나 수정하는 것은 윤리 위반에 해당한다.

40 정답 ④

마케팅 조사는 응답자의 권리 보호와 데이터의 공정한 사용이 전제되어야 한다. 응답자의 개인정보를 상업적 목적으로 활용하는 것은 조사윤리의 중대한 위반이며, 조사자는 객관성, 투명성, 비밀보장, 공정성의 원칙을 지켜야 한다.

독학학위제 2단계 전공기초과정인정시험 답안지(객관식)

컴퓨터용 사인펜만 사용

★ 수험생은 수험번호와 응시과목 코드번호를 표기(마킹)한 후 일치여부를 반드시 확인할 것.

전공분야

성 명

수 험 번 호

(1) 2

(2)

과목코드 / 응시과목

교시코드 ① ② ③ ④

응시과목 번호 1~40 (각 문항 ① ② ③ ④)

과목코드 / 응시과목

교시코드 ① ② ③ ④

응시과목 번호 1~40 (각 문항 ① ② ③ ④)

※ 감독관 확인란

인

관 리 번 호

(연번)

(응시자수)

답안지 작성시 유의사항

1. 답안지는 반드시 **컴퓨터용 사인펜**을 **사용**하여 다음 보기와 같이 표기할 것.
   보기 잘 된 표기: ●   잘못된 표기: ⓥ ⓧ ◑ ⊙ ◐ ○ ◉
2. 수험번호 (1)에는 아라비아 숫자로 쓰고, (2)에는 "●"와 같이 표기할 것.
3. 과목코드는 뒷면 "과목코드번호"를 보고 해당과목의 코드번호를 찾아 표기하고,
   응시과목란에는 응시과목명을 한글로 기재할 것.
4. 교시코드는 문제지 전면 의 교시를 해당란에 "●"와 같이 표기할 것.
5. 한번 표기한 답은 긁거나 수정액 및 스티커 등 어떠한 방법으로도 고쳐서는
   아니되고, 고친 문항은 "0"점 처리함.

[이 답안지는 마킹연습용 모의답안지입니다.]

독학학위제 2단계 전공기초과정인정시험 답안지(객관식)

컴퓨터용 사인펜만 사용

★ 수험생은 수험번호와 응시과목 코드번호를 표기(마킹)한 후 일치여부를 반드시 확인할 것.

전공분야

성 명

수 험 번 호

(1) 2

(2)

과목코드 | 응시과목

교시코드
① ② ③ ④

※ 감독관 확인란

인

관 리 번 호
(연번)
(응시자수)

답안지 작성시 유의사항

1. 답안지는 반드시 **컴퓨터용 사인펜**을 **사용**하여 다음 보기와 같이 표기할 것.
   보기 잘 된 표기: ● 잘못된 표기: ⊘ ⓧ ◑ ⊙ ◐ ○ ◉
2. 수험번호 (1)에는 아라비아 숫자로 쓰고, (2)에는 "●"와 같이 표기할 것.
3. 과목코드는 뒷면 "과목코드번호"를 보고 해당과목의 코드번호를 찾아 표기하고,
   응시과목란에는 응시과목명을 한글로 기재할 것.
4. 교시코드는 문제지 전면 의 교시를 해당란에 "●"와 같이 표기할 것.
5. 한번 표기한 답은 긁거나 수정액 및 스티커 등 어떠한 방법으로도 고쳐서는
   아니되고, 고친 문항은 "0"점 처리함.

[이 답안지는 마킹연습용 모의답안지입니다.]

절취선

독학학위제 2단계 전공기초과정인정시험 답안지(객관식)

컴퓨터용 사인펜만 사용

★ 수험생은 수험번호와 응시과목 코드번호를 표기(마킹)한 후 일치여부를 반드시 확인할 것.

전공분야

성 명

수 험 번 호

(1) 2

(2)

과목코드 / 응시과목

교시코드 ① ② ③ ④

※ 감독관 확인란

(인)

관 리 번 호

(연번)

(응시자수)

답안지 작성시 유의사항

1. 답안지는 반드시 **컴퓨터용 사인펜을 사용**하여 다음 [보기]와 같이 표기할 것.
   [보기] 잘 된 표기: ● 잘못된 표기: ⊘ ⊗ ◑ ⊙ ◓ ○ ◕
2. 수험번호 (1)에는 아라비아 숫자로 쓰고, (2)에는 "●"와 같이 표기할 것.
3. 과목코드는 뒷면 "과목코드번호"를 보고 해당과목의 코드번호를 찾아 표기하고,
   응시과목란에는 응시과목명을 한글로 기재할 것.
4. 교시코드는 문제지 전면 의 교시를 해당란에 "●"와 같이 표기할 것.
5. 한번 표기한 답은 긁거나 수정액 및 스티커 등 어떠한 방법으로도 고쳐서는
   아니되고, 고친 문항은 "0"점 처리함.

[이 답안지는 마킹연습용 모의답안지입니다.]

전칭서

독학학위제 2단계 전공기초과정인정시험 답안지(객관식)

컴퓨터용 사인펜만 사용

★ 수험생은 수험번호와 응시과목 코드번호를 표기(마킹)한 후 일치여부를 반드시 확인할 것.

전공분야

성 명

수 험 번 호

과목코드 / **응시과목** / **교시코드**

답안지 작성시 유의사항

1. 답안지는 반드시 **컴퓨터용 사인펜**을 **사용**하여 다음 [보기]와 같이 표기할 것.
   [보기] 잘 된 표기: ●   잘못된 표기: ⓥ ⊗ ◐ ⊙ ◑ ○ ◧
2. 수험번호 (1)에는 아라비아 숫자로 쓰고, (2)에는 "●"와 같이 표기할 것.
3. 과목코드는 뒷면 "과목코드번호"를 보고 해당과목의 코드번호를 찾아 표기하고,
   응시과목란에는 응시과목명을 한글로 기재할 것.
4. 교시코드는 문제지 전면 의 교시를 해당란에 "●"와 같이 표기할 것.
5. 한번 표기한 답은 긁거나 수정액 및 스티커 등 어떠한 방법으로도 고쳐서는
   아니되고, 고친 문항은 "0"점 처리함.

[이 답안지는 마킹연습용 모의답안지입니다.]

컴퓨터용 사인펜만 사용

독학학위제 2단계 전공기초과정인정시험 답안지(객관식)

★ 수험생은 수험번호와 응시과목 코드번호를 표기(마킹)한 후 일치여부를 반드시 확인할 것.

전공분야

성 명

수 험 번 호

(1) 2 − − −

(2)

과목코드

응시과목

교시코드 ① ② ③ ④

※ 감독관 확인란

인

관 리 번 호

(연번)

(응시자수)

답안지 작성시 유의사항

1. 답안지는 반드시 **컴퓨터용 사인펜**을 **사용**하여 다음 보기와 같이 표기할 것.
   보기 잘 된 표기: ●   잘못된 표기: ⊗ ⊗ ◑ ⊙ ◐ ○ ●
2. 수험번호 (1)에는 아라비아 숫자로 쓰고, (2)에는 "●"와 같이 표기할 것.
3. 과목코드는 뒷면 "과목코드번호"를 보고 해당과목의 코드번호를 찾아 표기하고,
   응시과목란에는 응시과목명을 한글로 기재할 것.
4. 교시코드는 문제지 전면의 교시를 해당란에 "●"와 같이 표기할 것.
5. 한번 표기한 답은 긁거나 수정액 및 스티커 등 어떠한 방법으로도 고쳐서는
   아니되고, 고친 문항은 "0"점 처리함.

[이 답안지는 마킹연습용 모의답안지입니다.]

컴퓨터용 사인펜만 사용

독학학위제 2단계 전공기초과정인정시험 답안지(객관식)

★ 수험생은 수험번호와 응시과목 코드번호를 표기(마킹)한 후 일치여부를 반드시 확인할 것.

전공분야

성 명

답안지 작성시 유의사항

1. 답안지는 반드시 **컴퓨터용 사인펜**을 사용하여 다음 보기와 같이 표기할 것.
   보기 잘 된 표기: ●   잘못된 표기: ⓥ ⊗ ◑ ⊙ ◐ ○ ◙
2. 수험번호 (1)에는 아라비아 숫자로 쓰고, (2)에는 "●"와 같이 표기할 것.
3. 과목코드는 **뒷면** "과목코드번호"를 보고 해당과목의 코드번호를 찾아 표기하고,
   응시과목란에는 응시과목명을 한글로 기재할 것.
4. 교시코드는 **문제지 전면**의 교시를 해당란에 "●"와 같이 표기할 것.
5. 한번 표기한 답은 긁거나 수정액 및 스티커 등 어떠한 방법으로도 고쳐서는
   아니되고, 고친 문항은 "0"점 처리함.

※ 감독관 확인란

(인)

관 리 번 호

(연번)

(응시자수)

[이 답안지는 마킹연습용 모의답안지입니다.]

절취선

독학학위제 2단계 전공기초과정인정시험 답안지(객관식)

★ 수험생은 수험번호와 응시과목 코드번호를 표기(마킹)한 후 일치여부를 반드시 확인할 것.

전공분야

성 명

수 험 번 호

(1) 2

(2)

과목코드	응시과목		
	1 ① ② ③ ④	21 ① ② ③ ④	
	2 ① ② ③ ④	22 ① ② ③ ④	
	3 ① ② ③ ④	23 ① ② ③ ④	
	4 ① ② ③ ④	24 ① ② ③ ④	
	5 ① ② ③ ④	25 ① ② ③ ④	
	6 ① ② ③ ④	26 ① ② ③ ④	
	7 ① ② ③ ④	27 ① ② ③ ④	
	8 ① ② ③ ④	28 ① ② ③ ④	
	9 ① ② ③ ④	29 ① ② ③ ④	
	10 ① ② ③ ④	30 ① ② ③ ④	
교시코드	11 ① ② ③ ④	31 ① ② ③ ④	
① ② ③ ④	12 ① ② ③ ④	32 ① ② ③ ④	
	13 ① ② ③ ④	33 ① ② ③ ④	
	14 ① ② ③ ④	34 ① ② ③ ④	
	15 ① ② ③ ④	35 ① ② ③ ④	
	16 ① ② ③ ④	36 ① ② ③ ④	
	17 ① ② ③ ④	37 ① ② ③ ④	
	18 ① ② ③ ④	38 ① ② ③ ④	
	19 ① ② ③ ④	39 ① ② ③ ④	
	20 ① ② ③ ④	40 ① ② ③ ④	

과목코드	응시과목		
	1 ① ② ③ ④	21 ① ② ③ ④	
	2 ① ② ③ ④	22 ① ② ③ ④	
	3 ① ② ③ ④	23 ① ② ③ ④	
	4 ① ② ③ ④	24 ① ② ③ ④	
	5 ① ② ③ ④	25 ① ② ③ ④	
	6 ① ② ③ ④	26 ① ② ③ ④	
	7 ① ② ③ ④	27 ① ② ③ ④	
	8 ① ② ③ ④	28 ① ② ③ ④	
	9 ① ② ③ ④	29 ① ② ③ ④	
	10 ① ② ③ ④	30 ① ② ③ ④	
교시코드	11 ① ② ③ ④	31 ① ② ③ ④	
① ② ③ ④	12 ① ② ③ ④	32 ① ② ③ ④	
	13 ① ② ③ ④	33 ① ② ③ ④	
	14 ① ② ③ ④	34 ① ② ③ ④	
	15 ① ② ③ ④	35 ① ② ③ ④	
	16 ① ② ③ ④	36 ① ② ③ ④	
	17 ① ② ③ ④	37 ① ② ③ ④	
	18 ① ② ③ ④	38 ① ② ③ ④	
	19 ① ② ③ ④	39 ① ② ③ ④	
	20 ① ② ③ ④	40 ① ② ③ ④	

※ 감독관 확인란

인

관 리 번 호

(연번)

(응시자수)

답안지 작성시 유의사항

1. 답안지는 반드시 컴퓨터용 사인펜을 사용하여 다음 보기와 같이 표기할 것.
   보기 잘 된 표기: ● 　　잘못된 표기: ⊘ ⊗ ◑ ⊙ ◐ ○ ◒
2. 수험번호 (1)에는 아라비아 숫자로 쓰고, (2)에는 " ● "와 같이 표기할 것.
3. 과목코드는 뒷면 "과목코드번호"를 보고 해당과목의 코드번호를 찾아 표기하고,
   응시과목란에는 응시과목명을 한글로 기재할 것.
4. 교시코드는 문제지 전면의 교시를 해당란에 " ● "와 같이 표기할 것.
5. 한번 표기한 답은 긁거나 수정액 및 스티커 등 어떠한 방법으로도 고쳐서는
   아니되고, 고친 문항은 "0"점 처리함.

[이 답안지는 마킹연습용 모의답안지입니다.]

독학학위제 2단계 전공기초과정인정시험 답안지(객관식)

컴퓨터용 사인펜만 사용

★ 수험생은 수험번호와 응시과목 코드번호를 표기(마킹)한 후 일치여부를 반드시 확인할 것.

전공분야

성 명

수 험 번 호

과목코드 응시과목

교시코드

과목코드 응시과목

교시코드

※ 감독관 확인란

(인)

관 리 번 호

(연번)

(응시자수)

절취선

[이 답안지는 마킹연습용 모의답안지입니다.]

시대에듀 독학사 경영학과 2단계 마케팅조사+무료특강

개정14판1쇄 발행	2026년 02월 05일 (인쇄 2026년 01월 15일)
초 판 발 행	2009년 03월 10일 (인쇄 2009년 01월 14일)
발 행 인	박영일
책 임 편 집	이해욱
저 자	윤호정
편 집 진 행	천다솜 · 심수연
표지디자인	박종우
편집디자인	김예슬 · 고현준
발 행 처	(주)시대고시기획
출 판 등 록	제10-1521호
주 소	서울시 마포구 큰우물로 75 [도화동 538 성지 B/D] 9F
전 화	1600-3600
팩 스	02-701-8823
홈 페 이 지	www.sdedu.co.kr

I S B N	979-11-434-0451-0 (13320)
정 가	24,000원

독학사 경영학과 2~4과정 교재 시리즈

독학학위제 공식 평가영역을 100% 반영한 이론과 문제로 구성된 완벽한 최신 기본서 라인업!

START

2과정

▶ **전공 기본서** [7종]
- 경영정보론
- 회계원리
- 조직행동론
- 인적자원관리
- 마케팅원론
- 마케팅조사
- 원가관리회계(4과정 겸용)

▶ **경영학 벼락치기** [통합본 1종]
- 인적자원관리+마케팅원론+
  조직행동론+경영정보론+
  마케팅조사+회계원리

3과정

▶ **전공 기본서** [6종]
- 경영분석
- 소비자행동론
- 경영전략
- 노사관계론
- 재무관리론
- 재무회계(4과정 겸용)

4과정

▶ **전공 기본서** [3종]
- 마케팅관리
- 인사조직론
- 재무관리
- 회계학(2+3과정 겸용)

GOAL!

※ 표지 이미지 및 구성은 변경될 수 있습니다.

➕ **독학사 전문컨설턴트가 개인별 맞춤형 학습플랜을 제공해 드립니다.**

시대에듀 홈페이지 **www.sdedu.co.kr**   상담문의 **1600-3600**   평일 9~18시 / 토요일·공휴일 휴무